Korean Reader for Chinese Characters

Choon-Hak Cho Yeon-Ja Sohn Heisoon Yang

KLEAR Textbooks in Korean Language

Printed in the United States of America

17 7 6 5

This textbook series has been developed by the Korean Language Education and Research Center (KLEAR) with the support of the Korea foundation.

Library of Congress Cataloging-in Publication Data

Korean reader for Chinese characters / Choon-Hak Cho...[et al.] .
p. cm.—(KLEAR textbooks in Korean language)
ISBN 978-0-8248-2499-0 (pbk. : alk. paper)
1. Korean language—Textbooks for foreign speakers—English. I. Choon-Hak Cho II. Series

PL913.I5812 2001
495.7'82421—dc21 00–033782

Camera-ready copy has been provided by KLEAR

University of Hawai'i Press books are printed on acid-free paper and meet the guidelines for permanence and durability of the Council on Library Resources.

CONTENTS

Appendices

PREFACE

Korean Reader for Chinese Characters is the outcome of five years of collaborative efforts by Professors Choon-Hak Cho (Seoul National University), Yeon-Ja Sohn (Yonsei University), and Heisoon Yang (Ewha Woman's University). This book aims to train intermediate and advanced learners of Korean to master some five hundred basic Chinese characters that are frequently encountered in everyday Korea. These characters are evenly presented in forty lessons with interesting and informative reading selections written by the authors. Meticulous exercises are provided to help students study the forms, meanings, and sounds of individual characters and compounds.

Before the nineteenth century, when Western cultures began to permeate East Asia, China had long been the center of East Asian culture and civilization. Chinese culture and civilization spread to neighboring countries mainly through written Chinese, as represented by Chinese characters. Many written Chinese words flooded into Korea (and Japan) from China during the Three Kingdoms, Koryŏ, and Chosŏn periods. Thus, the Chinese script has long been an integral part of the Korean writing system. Before the creation of Han'gŭl by King Sejong in 1446, it was the only system. Although borrowings from Chinese ceased long ago, Chinese characters, because of their ideographic and monosyllabic nature, have been used to coin thousands of new words in Korean and Japanese, as well as in Chinese, to represent new concepts and products. Chinese-character words created in Japanese have been borrowed into Korea on a large scale. All Korean words based on Chinese characters, whether they are borrowings from Chinese, from Japanese, or have been coined in Korea, are called "Sino-Korean" words. Thus, most technical terms in academic fields, politics, economics, law, society, and culture, as well as personal, place, and institutional names, are Sino-Korean words. As a result, Sino-Korean words account for more than sixty percent of the entire Korean vocabulary.

Although Sino-Korean words can be represented by Han'gŭl alone, as in 학교 'school', Chinese characters are still an important part of written Korean. Therefore, Chinese character study is essential in learning Korean, not only for better understanding and appreciation of traditional and contemporary culture and society of Korea but also for accurate comprehension of Sino-Korean words.

In contemporary Korea, although magazines, novels, and street signs are mostly written in Han'gŭl alone, Chinese characters are still widely used in newspapers and, more extensively, in scholarly writings. Anyone intending to read and understand all genres of written Korean must know Chinese characters. This is particularly the case for students who pursue Korean studies in social sciences or humanities, because most scholarly books of the past about Korean tradition, culture, and society are heavily loaded with Chinese characters.

Knowing Chinese characters also greatly facilitates learning Sino-Korean words. Beginning students learn mainly semi-nativized, basic Sino-Korean words (e.g., 학교, 선생, 한국어), but advanced students will be able to acquire advanced Sino-Korean words much more easily if they know Chinese characters. This is because the ideographic nature of Chinese characters gives learners clues to recognizing and remembering the meanings. For instance, once one knows the character 國 (국 'country'), it is easy to learn and memorize 국민 'people', 국가 'nation', 국방 'national defense', 국보 'national treasure', 국사 'national history', 한국 'Korea', 미국 'America', 중국 'China', etc.

Knowledge of Chinese characters is extremely useful in learning and understanding the languages and cultures of China and Japan, because the Chinese script is used solely in China and extensively in Japan.

Although this book can be used profitably by students at any level, it may benefit those at the Advanced Intermediate level the most (based on KLEAR's *Integrated Korean* series). Students using it as a main text can work through it in one year. Those using it as a supplementary text can complete it over two years.

On behalf of the Korean Language Education and Research Center (KLEAR), I extend my sincere thanks to the three authors for their dedicated work. I also wish to express my appreciation to Eun Joo Lee, Seung Bong Baek, Sangseok Yoon, and Gabriel Sylvian for their excellent editorial assistance or English translation. Thanks also go to the Korea Foundation and the University of Hawai'i Press (notably Patricia Crosby, Ann Ludeman, and Nancy Woodington) for making this valuable book appear in the world.

Ho-min Sohn, KLEAR President

INTRODUCTION

I. Principles of Chinese Character Formation

A. The Six Categories

Chinese characters can be explained in terms of six categories based on how the characters have been formed: (1) pictographs, (2) ideographs, (3) logical compounds, (4) phonetic compounds, (5) derivative characters, and (6) borrowed characters.

1. Pictographs, the most primitive Chinese characters, are roughly sketched characters imitating natural objects. Those imitative drafts have gradually been stylized and transformed into modern Chinese characters. Examples include 口, 山, and 木.

Rough Sketch	Character	Reading	Meaning	Explanation
	口	구	mouth	shape of mouth
	山	산	mountain	peaks shooting up
	木	목	tree	trunk of a tree with roots and branches

2. Ideographs are symbols that represent abstract ideas with the help of dots and lines. Examples include 上, 中, 下, 大, and 本.

Rough Sketch	Character	Reading	Meaning	Explanation
	上	상	above	dot **above** a line
	中	중	middle	nail pierced into the **middle** of a top
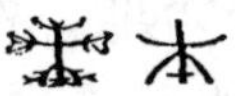	本	본	root	**root** of a tree

3. Logical Compounds are made up of two or more pictographs and/or ideographs. The meaning of a logical compound reflects the meaning of each of its components. Examples include 明, 休, and 信.

Character	Reading	Meaning	Combination
明	명	bright	日(일 'sun') and 月(월 'moon')
休	휴	rest	人(인 'person' taking a rest under 木(목 'tree')
信	신	believe	人(인 'person') who keeps his 言(언 'word')

4. Phonetic Compounds account for most Chinese vocabulary. They are made up of two elements, just as logical compounds are. They differ from logical compounds in that one component of a phonetic compound indicates the meaning and the other the pronunciation. The semantic component is usually the classifying radical. The meaning of the phonetic component may also be considered for the entire meaning of a phonetic compound. Examples include 界, 客, and 誠.

<table>
<tr><th>Character</th><th>Reading</th><th>Meaning</th><th colspan="2">Explanation</th></tr>
<tr><td rowspan="2">界</td><td rowspan="2">계</td><td rowspan="2">boundary</td><td>Radical 'Meaning'
田 'field'</td><td>Phonetic (Reading)
介(개)</td></tr>
<tr><td colspan="2">Note: 界 is composed of 田 'field', which hints at the meaning of 界 'boundary', and 介(개 'unit'), which indicates the pronunciation of 界(계).</td></tr>
<tr><td rowspan="2">客</td><td rowspan="2">객</td><td rowspan="2">guest</td><td>Radical 'Meaning'
宀 'house'</td><td>Phonetic (Reading)
各(각)</td></tr>
<tr><td colspan="2">Note: 客 is composed of 宀 'house', which hints at the meaning of 客 'guest', and 各(각 'each, each person'), which indicates the pronunciation of 客(객).</td></tr>
<tr><td rowspan="2">誠</td><td rowspan="2">성</td><td rowspan="2">sincerity</td><td>Radical 'Meaning'
言 'word'</td><td>Phonetic (Reading)
成(성)</td></tr>
<tr><td colspan="2">Note: 誠 is composed of 言 'speech', which hints at the meaning of 誠 'sincerity', and 成(성 'achieve'), which indicates the pronunciation of 誠(성).</td></tr>
</table>

5. Derivative Characters make up a small group of Chinese words, those used for different or more extended meanings from the original ones. (This category is also called "turned interpretation".) For example, 樂(락/악) originally was a pictograph imitating drums on a wooden stand. Later it came to mean 'music', as drums, quite prevalent in ancient Chinese music, stand for music. Further, the

same character has come to mean 'pleasure' also, since music is supposed to give people pleasure.

6. Borrowed Characters are characters used differently from their original meaning to represent similar-sounding words that are more difficult to picture. For example, 長(장) originally was a pictograph of an elder with a long beard. Later it came to mean 'long', borrowing the sound of the original word. When a character is selected for this kind of borrowing, its meaning is also considered.

B. The Radical

The radical of a Chinese character is the core component according to which the character is classified in dictionaries, just like the alphabet in English. The radical provides a crucial hint at the meaning of the character. Contemporary Chinese has 214 radicals, which are entered in dictionaries according to the number of strokes needed to write them. Within each radical section, characters are listed according to ascending number of strokes

Radicals are classified according to their location when combined with the rest of the character.

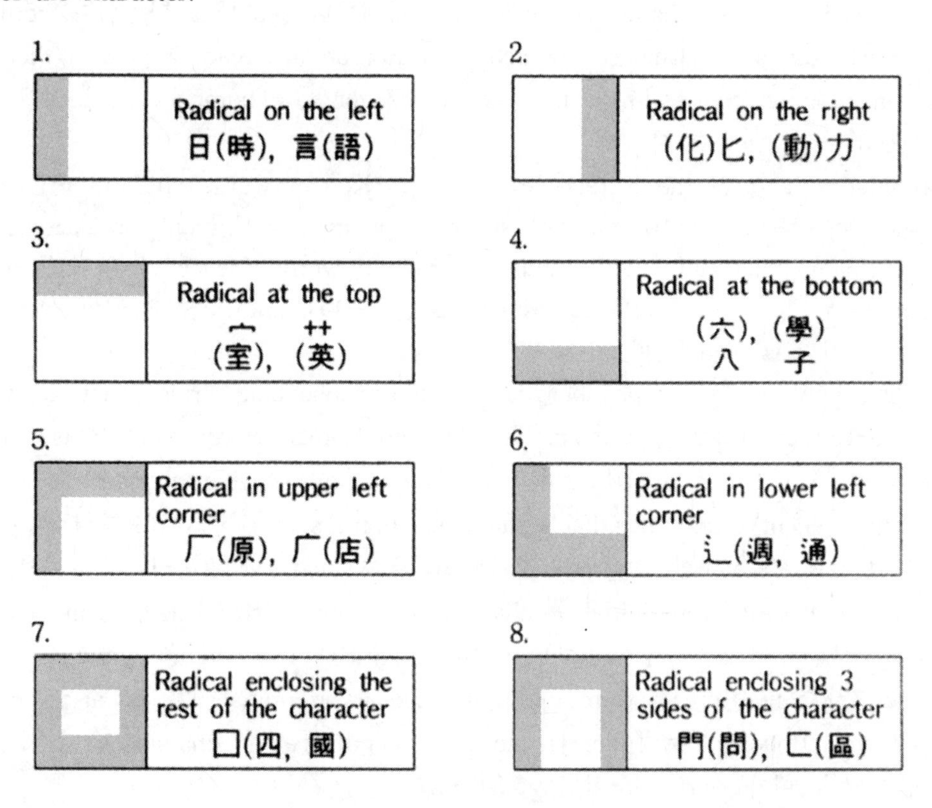

Some radicals have variant forms. The following are examples.

Original Form	Variant	Examples
人 (인 'person')	亻	代(대 'substitute'), 信(신 'believe'), 作(작 'make')
火 (화 'fire')	灬	無(무 'none'), 然(연 'certainly'), 熱(열 'heat')
水 (수 'water')	氵	江(강 'river'), 法(법 'law'), 活(활 'live')
心 (심 'heart')	忄	性(성 'nature') , 情(정 'feeling')
玉 (옥 'bead')	王	王(왕 'king'), 理(리 'principle'), 現(현 'appear')

II. Reading Chinese Characters

Today Korean texts are written either purely in Han'gŭl or in a mixed script in which native words are written in Han'gŭl and Sino-Korean words are written in Chinese characters. Thus, Sino-Korean words are sometimes written in Han'gŭl and sometimes in Chinese characters, as in 나는 학생이다 and 나는 學生이다, both of which mean the same. Chinese characters in Korean are read only with their Sino-Korean pronunciation, with a few exceptions for low numbers as in 二時 which is read 두 시, not 이 시.

As an integral part of the Korean lexicon, Sino-Korean words conform to the general phonological patterns of Korean. Nasalization and tensification, for example, apply in the same fashion to native and Sino-Korean words. Hence, 十年(십년) is pronounced [심년] just as 듣는다 is pronounced [든는다], and 學校(학교) is read [학꾜] just as 작다 is read [작따].

There are, however, some phonological (or morphophonemic) rules that apply only to Sino-Korean words. For examples: (1) Sino-Korean word-initial ㄹ is not pronounced when followed by [i] or [j], so the Han'gŭl spelling changes to ㅇ, which signifies 'silent sound' in syllable-initial position, as in 五・六名(오륙명)/六名(육명), 善良(선량)/良心(양심), 眞理(진리)/理論(이론), and 便利(편리)/利子(이자). Elsewhere, Sino-Korean word-initial ㄹ changes to ㄴ and is so spelled, as in 道路(도로)/路上(노상), 草綠(초록)/綠茶(녹차), 娛樂(오락)/樂觀(낙관), and 過勞(과로)/勞動(노동); and (2) Sino-Korean word-initial ㄴ, like word-initial ㄹ, is also not pronounced when followed by [i] or [j], so the Han'gŭl spelling changes to ㅇ, as in 男女(남녀)/女子(여자) and 十年(십년)/年金(연금).

III. Writing Chinese Characters

Every Chinese character should occupy the same amount of space, no matter how simple or complicated it is. For this purpose, it is helpful to practice writing each character in a square, until your characters look more like those in the first set of boxes.

A. Strokes

1. What is a stroke?

A stroke is a dot or an unbroken straight line or curve drawn in a single motion. Lines and curves may be short or long and plain or hooked. Chinese characters are composed of different types of strokes.

2. Basic strokes

The basic strokes making up Chinese characters are: (a) the dot (丶), (b) the horizontal stroke (一), (c) the vertical stroke (丨), (d) the rising stroke (′), (e) the right-falling stroke (㇏), and (f) the left-falling stroke (㇒). Most Chinese characters contain complicated strokes formed using two or more basic strokes. When the combination of two strokes constitutes a complicated stroke, it must be written as a single unbroken stroke instead of as two separate ones. Some characters have hooks or turns, both of which can be short or long.

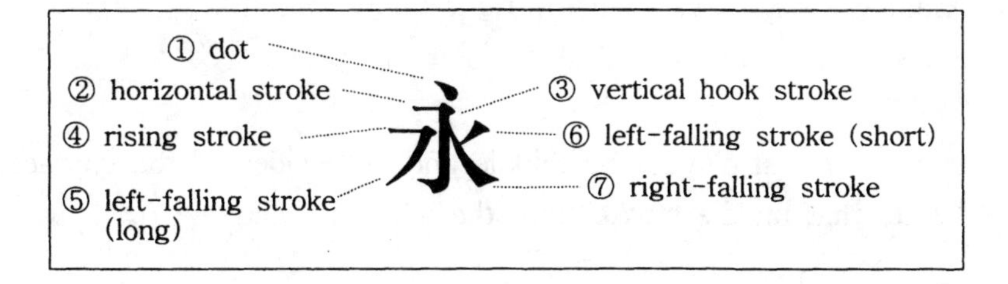

The character 永 consists of five strokes: a dot ①, a combination of a horizontal stroke ② and a vertical hook stroke ③ (the second stroke), another combination, this time of a rising stroke ④ and a left-falling stroke ⑤ (the third stroke), a left-falling stroke ⑥ (the fourth stroke), and last a right-falling stroke ⑦ (the fifth stroke).

B. Stroke Order

Chinese characters must be written using correct stroke order. When correct stroke order is followed, each Chinese character will turn out proportional and well-balanced. Here are the basics of stroke order:

1. Direction

   a. Write from left to right(→). 二

   b. Write from top to bottom(↓). ||

2. Write the top stroke first.

   一 二 三

3. Write the left stroke first.

   丿 川 川

4. Write the horizontal stroke first, then the vertical one.

   一 十

5. When a stroke is superimposed on a character, write that stroke last.

   口 中

6. Write the left-falling stroke first, then the right-falling one.

   丿 九

7. When there is a vertical stroke in the middle and both sides of the character are balanced, write that middle stroke first, the left next, and the right last.

   亅 才 水

8. Write an upper right dot last.

   大 犬

9. Write a left bottom stroke last.

   首 道

10. Write outer strokes before inner strokes.

几 風

11. Write the bottom stroke last.

四 四

IV. How to Look Up a Chinese Character in a Dictionary

Chinese characters in a dictionary are arranged in terms of radicals, and radicals are ordered by number of strokes. Within each radical section, characters are ordered according to the number of strokes needed to write the remainder. There are three ways of finding a Chinese character in a dictionary.

A. Using radical index

1. Determine which radical the character contains.
2. Count the strokes of the radical.
3. Consult the radical index, which usually appears at the front or at the back of the dictionary, and locate the section containing radicals with the same number of strokes as yours. Within that section, find the page number for your radical. Go to that page.
4. Count the strokes needed to write the rest of the character. (Remember that characters are entered under each radical by order of the remaining strokes.)

B. Using the stroke index

When a Chinese character contains two or more radicals, or its radical is obscure, you can consult the stroke index, which is arranged by ascending number of stokes.

C. Using Han'gŭl index

When you know the pronunciation of the character, you can consult the Han'gŭl index, which is arranged in the Han'gŭl alphabetical order.

Suppose that you want to find 學 in a dictionary.

A. Using the radical index

1. Which radical does 學 contain? ⇒ 子
2. How many strokes are needed to write 子? ⇒ 3 strokes
3. Locate radicals of three strokes in the radical index. Then find 子. Go to the page given for characters with the radical 子.
4. How many strokes are needed to write 學? ⇒ 16 strokes. How many strokes are needed for the character excluding the radical? ⇒ 13 strokes. Within 子, locate characters using thirteen strokes in addition to the radical, and find 學.

B. Using the stroke index

When you do not know which radical 學 contains, consult the stroke index.

1. How many strokes are needed to write 學? ⇒ 16 strokes.
2. Consult the stroke index and find 學 under "16 (Strokes)."

C. Using Han'gŭl index

If you know that 學 reads 학, consult the Han'gŭl index and find 學 under 학.

HOW TO USE THIS BOOK

This reader is intended mainly for students who, after having completed the basics of the Korean language, wish to read high-frequency Chinese characters in mixed script. The primary goal here is to foster recognition of the basic Chinese characters used in everyday life in Korea. Ambitious students are encouraged to learn to write these basic characters. This reader is also designed to reinforce skills in reading and writing Korean.

This book introduces 512 Chinese characters, selected on the basis of frequency of use in mixed script in forty lessons. Almost all of these characters are among the 1,800 Chinese characters that the Korean Ministry of Education requires middle school and high school students to learn. Once studied, characters reappear throughout the book so that students may reinforce and consolidate their knowledge.

Each lesson consists of the following sections: (1) new Chinese characters, (2) text, (3) glossary, (4) notes, (5) new words in Chinese characters, (6) let's find more words in Chinese characters, and (7) exercises.

After every five lessons, there is a review lesson followed by practical activities. Each review lesson covers almost all the Chinese characters introduced in the preceding five lessons.

The three appendices to the book include (1) stroke orders for the characters learned in the first twenty lessons, (2) English translations, and (3) an index of Chinese characters according to initial sound.

1. New Chinese characters (새 漢子)

This first section introduces twelve or thirteen new Chinese characters to be learned in the lesson. The characters are listed in their order of appearance in the text.

2. Text (本文)

The texts provide a variety of writings in mixed script: dialogues, letters, descriptions, expositions, narrations, arguments, and so on. The selections are formal or informal, spoken or written. Themes range from everyday experiences to highly academic topics. The texts are carefully designed to provide situations in which students will easily be able to guess the meaning of each Chinese character.

3. Glossary (풀이)

The glossary gives the sounds of the characters, their meanings in both Korean and English, their radicals with superscript numbers indicating the number of remaining (non-radical) strokes, the Korean names of radicals, and their English meanings. Stroke orders of characters introduced in the first twenty lessons are given in Appendix 1 to save space. By the time students reach lesson 21, they will have learned the rules of stroke order thoroughly.

N.B.: In the glossary, Korean verbs are given in dictionary citation form (~하다 or ~다), rather than in the customary ~할 or ~을/ㄹ form, for students' ease of understanding.

4. Notes

The notes provide supplemental explanations, which are often needed for the sounds and meanings of Chinese characters. Many characters have more than one meaning, and some also have more than one sound, resulting in spelling changes. Keep in mind, however, that sound changes conforming to the general phonological or morphophonemic patterns of Korean do not receive special attention in the notes.

5. New words in Chinese characters (새로 나온 漢字語)

Words using a newly introduced character are highlighted in this section. The words are entered in the order of their appearance in the text. Pronunciations of the words are given in brackets only when they do not conform to the general phonological rules of Korean.

6. Let's find more words in Chinese characters (漢字語를 더 찾아 봅시다)

Because Chinese characters are ideographs, they readily combine to make new words. This section expands the students' Sino-Korean vocabulary by combining at least one newly introduced Chinese character with a previously introduced one. The words are listed in the order of appearance of the new character in the text. Students are encouraged to go a step further by finding familiar Sino-Korean words and relating them to their corresponding Chinese characters.

7. Exercises (練習)

The exercises provide practice in reading and writing the Chinese characters introduced in the lesson. Reading exercises are compulsory; the writing exercises are optional, depending on such factors as the purpose of study and students' Korean proficiency, the instructor's intention, class size, and so on.

8. Review and Practice Activities (復習 및 活用)

After every five lessons comes a review lesson presenting a new text in which almost all the Chinese characters studied in the preceding five lessons appear. The review lesson is followed by practice activities intended to strengthen students' knowledge in an enjoyable fashion.

9. Appendices (부록)

The three appendices are (1) Stroke orders of Chinese characters, (2) English translations of the forty texts, and (3) Index of Chinese characters. The stroke orders are given in the order in which the characters appear in the text. Students can practice writing each character, step by step and in the correct order in the space provided. Sounds are repeated here for review. Translations of the forty texts are appended so that students will be able to confirm their understanding of the texts. Characters in the index of Chinese characters are listed alphabetically by sound. The number following each character represents the lesson in which it is first introduced.

第一課 안녕하세요? (Hello!)

새 漢字: 一 二 三 四 五 六 七 八 九 十 日 月 年

김 선생님: 안녕하세요? 오늘은 우리 서로 자기 소개를 해 볼까요? 저는 김영희입니다. 앞으로 一年간 여러분과 함께 한국어와 한자를 공부하겠습니다.

피터: 저는 피터입니다. 연세대학교 대학원에서 철학을 전공하고 있습니다. 오는 五月이면 한국에 온 지 四年이 됩니다. 잘 부탁합니다.

주디: 안녕하세요? 저는 주디예요. 작년 八月에 한국에 왔습니다. 미국에서 한국어를 二年간 공부했고 한국에 온 후 六개월 동안 연세대학교에서 한국어를 공부했습니다.

민지: 제 이름은 김민지입니다. 지난 三月 二日에 이화여자대학교 사학과에 교환 학생으로 왔습니다. 금년 말에 미국으로 돌아갑니다. 지금 이화여대 기숙사에서 살고 있습니다.

폴: 안녕하세요? 저는 폴입니다. 지난 달 九日에 불란서에

서 왔습니다. 한국어는 불란서에서 十개월간 공부했습니다. 학교 근처에서 하숙하고 있는데 여기까지 걸어서 七, 八분 걸립니다. 저희 하숙집에 놀러 오세요.

풀이

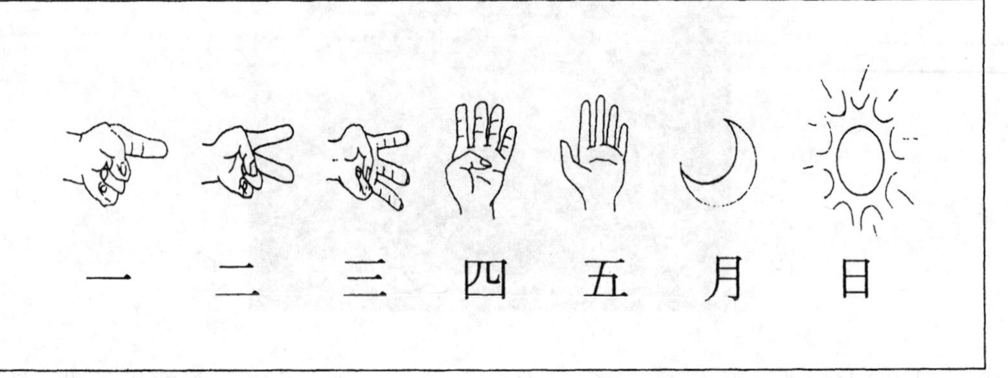

한자	소리	뜻		부수	부수이름	부수뜻
一	일	하나, 한	one	一^{0}	한 일	one
二	이	둘, 두	two	二^{0}	두 이	two
三	삼	셋, 세	three	一^{2}	한 일	one
四	사	넷, 네	four	口^{2}	큰입 구	enclosure
五	오	다섯	five	二^{2}	두 이	two
六	륙/육	여섯	six	八^{2}	여덟 팔	eight
七	칠	일곱	seven	一^{1}	한 일	one
八	팔	여덟	eight	八^{0}	여덟 팔	eight
九	구	아홉	nine	乙^{1}	새 을	hook
十	십	열	ten	十^{0}	열 십	ten
日	일	날	day	日^{0}	날 일	sun
月	월	달	moon, month	月^{0}	달 월	moon
年	년/연	해	year	干^{3}	방패 간	shield

Notes

1. 六 is 육 word-initially and 륙 elsewhere. For example, 六十 'sixty' is 육십, whereas 五・六명 'five or six persons' is 오륙 명.
2. 年 is 연 word-initially and 년 elsewhere, as in 年歲 연세 'age' (honorific) and 一年 일 년 'one year'. (For 歲 세 'age, year', see Lesson 39.)
3. 六月 is 유월, not 육월, and 十月 is 시월, not 십월.
4. Numbers written in Chinese characters (e.g., 十, 二十, 九十九) or in Arabic numerals (e.g., 10, 20, 99) are read with Sino-Korean pronunciations (십, 이십, and 구십구, respectively). The only exception is for hours (duration or o'clock), in which case native Korean pronunciations are used (열, 스물, 아흔 아홉, respectively). (See Lesson 2, n. 1.)
5. Years are written either in Chinese characters (e.g., 一九九九年) or in Arabic numerals (1999年), but are read only with Sino-Korean pronunciations (천구백구십구년 '1000-9-100-9-10-9년'). (For 千 천 'thousand' and 百 백 'hundred', see Lessons 8 and 10, respectively.)

새로 나온 漢字語

一年	one year	五月	May
四年	four years	八月	August
二年	two years	六(개월)	six (months)
三月 二日	March 2	九日	the ninth day (of the month)
十(개월)	ten (months)	七, 八(분)	seven or eight (minutes)

漢字語를 더 찾아봅시다

三三五五	四・一九
六・二五	八・一五
七月 四日	十二月 二十五日

練習

읽기 연습

1. 동물들의 마라톤입니다. 선수 번호를 읽어 보세요.

2. 같은 숫자끼리 연결하세요.

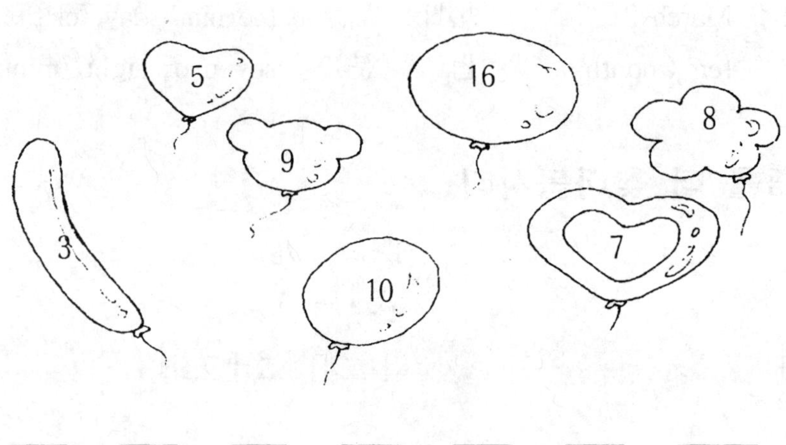

七 九 十 八 五 三 十六

3. 다음 한자어를 읽으세요.

(1) 十日 (2) 七年 (3) 六月
(4) 十月 (5) 三三五五 (6) 十五年
(7) 一月 一日 (8) 十月 九日 (9) 六月 二十五日
(10) 十二月 二十五日

4. 다음 한자어를 읽고 그 뜻을 찾아 연결하세요.

(1) 三月	June
(2) 六月	September 5
(3) 九月 五日	March
(4) 八月 二十五日	the year 1997
(5) 一九九七年	August 15, 1945
(6) 一九四五年 八月 十五日	August 25

5. 다음 문장을 읽으세요.

(1) 四月 五日은 식목일이다.
(2) 五月 五日은 어린이 날이다.
(3) 十二月 二十五日은 크리스마스이다.
(4) 나는 三年 동안 한국어를 공부했다.
(5) 나는 지난 八月 三十日에 한국에 왔다.
(6) 내 생일은 一九八十年 五月 十日이다.
(7) 사람들이 三三五五 짝을 지어 걸어가고 있다.

쓰기 연습

1. 다음 한자를 필순에 맞게 쓰세요.

(1) 四 ☐ (2) 九 ☐ (3) 十 ☐ (4) 日 ☐
(5) 三 ☐ (6) 六 ☐ (7) 五 ☐ (8) 月 ☐
(9) 年 ☐ (10) 八 ☐ (11) 七 ☐ (12) 二 ☐

2. 다음 단어를 한자로 쓰세요.

(1) 십삼 (2) 육십 (3) 팔년

(4) 구일 (5) 일월 (6) 오일

(7) 칠년 (8) 시월 (9) 사월

3. 밑줄 친 부분을 한자로 쓰세요.

(1) 유월( )은 나의 생일이 있는 달이다.

(2) 오월( )은 일년( ) 중 가장 아름다운 달이다.

(3) 우리 집에서 학교까지는 걸어서 십오( ) 분 걸린다.

(4) 나는 시월 이십일( )에 일본에 갈 계획이다.

4. 안에 알맞은 한자를 써 넣으세요.

(1) 一, 二, , 四, , 六, , 八, , 十

(2) 十二, , 十四, , 十六, , 十八

(3) 二十, , 四十, , 六十, , 八十

(4) 三年, , 五年, , 七年, , 九年

(5) 十月, , 八月, , 六月, , 四月

(6) 九日, , 七日, , 五日, , 三日

5. ☐ 안에 알맞은 한자를 써 넣으세요.

(1) 민지: 생년월일이 언제예요?

폴: ☐☐☐☐年 ☐☐月 ☐☐☐日이에요.

(2) 탐: 한국어를 몇 年 공부했어요?

주디: ☐年 공부했어요.

(3) 피터: 전화 번호가 몇 번이에요?

민지: ☐☐☐에 ☐☐☐☐이에요.

第二課 피터의 하루 (Peter's day)

새 漢字: 每 時 半 分 水 金 週 曜 火 木 間 土

저는 每日 아침 六時 半에 일어납니다. 집 근처 초등학교 운동장에서 조깅을 한 후 샤워를 하고 나면 대개 七時 半이 됩니다. 간단히 아침 식사를 하고 八時쯤에 학교에 갑니다. 학교까지는 버스로 三十分쯤 걸립니다.

月曜日, 水曜日, 金曜日 오전에는 어학당에서 三時間씩 한국어와 한자를 공부합니다. 月, 水, 金 오후에는 수업이 없기 때문에 컴퓨터실에서 컴퓨터를 하거나 한자 복습을 합니다. 每週 金曜日 오후에는 테니스를 합니다. 火曜日과 木曜日에는 오후에 대학원 전공 수업이 있습니다. 그래서 오전에는 도서관에서 전공과 관련된 책을 읽습니다.

집에는 대개 六時쯤에 돌아옵니다. 저녁식사 후 좀 쉬다가 九時에는 텔레비전 뉴스를 봅니다. 그리고 나서 二時間쯤 독서를 합니다. 잠은 十二時쯤에 잡니다. 土曜日과 日曜日에는 더 늦게 잠자리에 들 때도 있습니다.

풀이

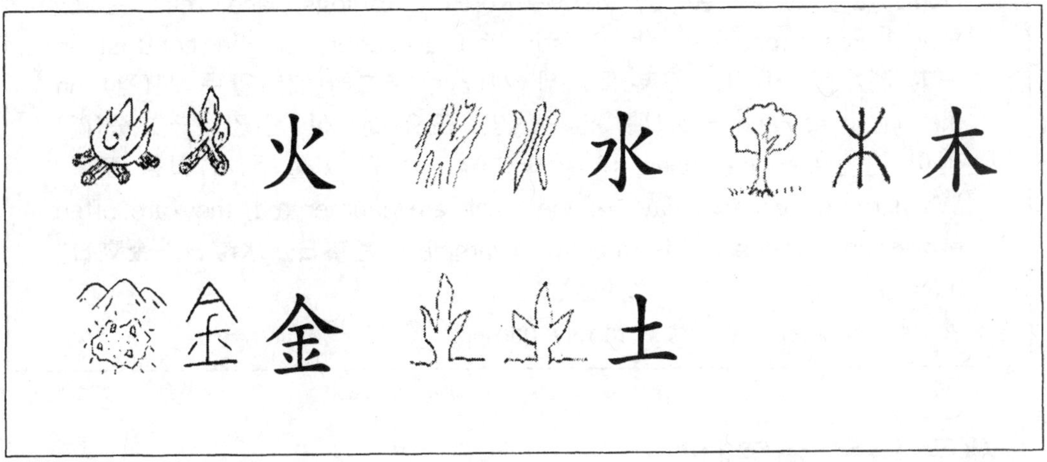

火 水 木

金 土

한자	소리	뜻		부수	부수이름	부수뜻
每	매	늘, 언제나	each, every	毋^{3}	말 무	forbid
時	시	때	time, o'clock	日^{6}	날 일	sun
半	반	반	half	十^{3}	열 십	ten
分	분	나누다	divide; minute	刀^{2}	칼 도	sword
水	수	물	water	水^{0}	물 수	water
金	금	쇠	gold, money;	金^{0}	쇠 금	metal
	김	성	Kim (family name)			
週	주	주일	revolve, cycle; week	辵/辶^{8}	달릴 착	advance
曜	요	요일	day (of the week)	日^{14}	날 일	sun
火	화	불	fire	火^{0}	불 화	fire
木	목	나무	tree	木^{0}	나무 목	tree
間	간	사이	space between; relation(ship)	門^{4}	문 문	gate
土	토	흙	earth, soil	土^{0}	흙 토	earth

Notes

1. Hours are expressed by native Korean readings, and minutes by Sino-Korean readings. This distinction accounts for the contrast in 一時(間) 한 시(간), 三時(間) 세 시(간), 十二時(間) 열두 시(간) on the one hand, and 一分(間) 일 분(간), 三分(間) 삼 분(간), 十二分(間) 십이 분(간) on the other. Thus, 十二時 十八分 is 열두 시 십팔 분.
2. When more than two days of the week are enumerated, they are often expressed as clipped forms. For example, "月曜日, 水曜日, 金曜日" may be clipped as "月, 水, 金".
3. 金 is 김 when used as a family name.

새로 나온 漢字語

每日	every day	六時 半	6:30
七時 半	7:30	八時	8:00
三十分	30 minutes	月曜日	Monday
水曜日	Wednesday	金曜日	Friday
時間	hour	每週	every week
火曜日	Tuesday	木曜日	Thursday
六時	6:00	九時	9:00
十二時	12:00	土曜日	Saturday
日曜日	Sunday		

漢字語를 더 찾아봅시다

每年	每月
每時	半年
五分	年金
週日	每週
曜日	年間

練習

읽기 연습

1. 다음 한자를 읽으세요.

(1) 土 (2) 水 (3) 火 (4) 木 (5) 分
(6) 半 (7) 每 (8) 金 (9) 時 (10) 間
(11) 週 (12) 曜

2. 다음 한자어를 읽으세요.

(1) 每年 (2) 水曜日 (3) 時間 (4) 金曜日 (5) 每週
(6) 每日 (7) 火曜日 (8) 每月 (9) 土曜日 (10) 木曜日

3. 다음 문장을 읽으세요.

(1) 나는 每日 밤 十時 半에 잔다.
(2) 土曜日과 日曜日에는 한국어 수업이 없다.
(3) 철수는 每日 아침 七時 半에 일어난다.
(4) 영희는 每週 金曜日 오후에 수영을 한다.
(5) 나는 지난 土曜日 오후에 一時間 半 동안 테니스를 쳤다.
(6) 우리 학교는 每年 五月 말에 一週日間 축제가 열려요.

4. 다음 메모를 소리내어 읽어 본 후, 언제 어디에서 만나자는 내용인지 메모 옆에 한글로 쓰세요.

다음 週 金曜日
오후 三時 半에
도서관 四층에서
만나요.

5. 다음 한자를 읽고, 그 뜻을 나타내는 그림을 간략하게 그려 보세요.

(1) 月 (2) 日

(3) 土 (4) 水

(5) 火 (6) 金

6. 다음 한자어를 읽고 그 뜻을 찾아 연결하세요.

(1) 每週	half an hour
(2) 水曜日	every hour, hourly
(3) 半 時間	every week, weekly
(4) 七時 十分	Wednesday
(5) 每月 一日	half past six
(6) 六時 半	ten past seven
(7) 每時間	the first day of every month

쓰기 연습

1. 다음 한자를 필순에 맞게 쓰세요.

(1) 火 (2) 土 (3) 木 (4) 水

(5) 金 (6) 分 (7) 半 (8) 每

(9) 時 (10) 間 (11) 週 (12) 曜

2. 다음 단어를 한자로 쓰세요.

(1) 매일 ☐☐　　(2) 토요일 ☐☐☐

(3) 월요일 ☐☐☐　　(4) 일곱 시 반 ☐☐ ☐

(5) 두 시간 ☐☐☐　　(6) 네 시 십 분 ☐☐ ☐☐

3. 무슨 曜日입니까? ☐ 안에 한자를 써서 답하세요.

7월						
일	월	화	수	목	금	토
	1	2	3	4	5	6
7	8	9	10	11	12	13
14	15	16	17	18	19	20
21	22	23	24	25	26	27
28	29	30	31			

(1) 七月 一日은 ☐曜日이다.

(2) 七월 五日은 ☐曜日이다.

(3) 七月 十日은 ☐曜日이다.

(4) 七月 二十日은 ☐曜日이다.

(5) 七月 三十一日은 ☐曜日이다.

4. 밑줄 친 부분을 한자로 쓰세요.

(1) 每日 반 시간(　 　　)씩 뛰면 건강에 좋다.

(2) "집에서 학교까지 時間이 얼마나 걸립니까?"

"걸어서 사십 분(　　　) 걸려요."

(3) 피터는 매주(　　) 금요일(　　　) 오후에 친구들과 테니스를 한다.

(4) 매일(　　) 아침 삼십 분 (　　　)씩 체조를 한다.

(5) 이 수업은 두 시(　　) 오십 분(　　　)에 끝나요.

5. 다음 질문에 한자를 써서 답하세요.

(1) 영희: 오늘이 무슨 曜日이에요?

마사코: ____曜日이에요.

(2) 주디: 오늘 아침 몇 時에 일어났어요?

피터: ________에 일어났어요.

(3) 민지: 집에서 학교까지 버스로 時間이 얼마나 걸려요?

메이링: __________ 걸려요.

第三課 민지의 친구들 (Min-ji's friends)

새 漢字: 韓 國 語 本 大 學 中 先 生 校 英 美 今

민지: 마사코 씨는 韓國語를 잘하셔서 韓國 사람인 줄 알았어요. 어디에서 韓國語를 배우셨어요?

마사코: 잘하긴요 뭘. 日本에서 大學에 다닐 때 韓國語를 전공했어요.

민지: 아, 그렇군요.

마사코: 어려서부터 韓國 친구들이 많았어요. 그래서 韓國을 좋아하고 韓國語를 전공하게 됐지요. 그래도 아직 공부할 게 많아요.

민지: 메이링 씨는 中國語 先生님이시죠? 메이링 先生님이라고 불러야 되겠군요.

메이링: 大學校 一學年 學生들에게 中國語를 가르치고 있어요. 그러나 저도 韓國語를 배우고 있으니 學生이지요.

마사코: 민지 씨도 지금 英語를 가르치시지요?

민지: 아니에요. 저는 美國에서 大學을 다니다가 今年 봄에 교환 學生으로 왔어요. 지금 三學年이에요.

풀이

한자	소리	뜻		부수	부수이름	부수뜻
韓	한	나라 이름	name of a country; Korea	韋[8]	다룸가죽 위	leather
國	국	나라	country	囗[8]	큰입 구	enclosure
語	어	말씀	speech	言[7]	말씀 언	speech
本	본	근본	foundation, source	木[1]	나무 목	tree
大	대	크다	big, great	大[0]	큰 대	big
學	학	배우다	study, learn	子[13]	아들 자	son
中	중	가운데	middle, center	丨[3]	통할 곤	downstroke
先	선	먼저	first	儿[4]	어진사람 인	legs
生	생	태어나다, 생기다	be born	生[0]	날 생	birth
校	교	학교	school	木[6]	나무 목	tree
英	영	꽃부리, 뛰어나다	flower, illustrious	艸/艹[5]	풀 초	grass
美	미	아름답다	beautiful	羊[3]	양 양	sheep
今	금	이제	now	人[2]	사람 인	person

Notes

1. Some language terms include 國(국), whereas others do not. Examples:
   Chinese 中國語 중국어 English 英語 영어 (not 英國語)
   Korean 韓國語 한국어 Japanese 日本語 일본어 (not 日本國語)
2. 大學校(대학교) and 大學(대학) mean 'university' and 'college', respectively. In spoken Korean, however, 大學(대학) is often used as a short form of 大學校(대학교).

새로 나온 漢字語

韓國語	the Korean language	韓國	Korea
日本	Japan	大學	college
中國語	the Chinese language	先生	teacher
大學校	university	一學年	freshman
學生	student	英語	English
美國	the United States of America	今年	this year
三學年	junior (third year of college)		

☞漢字語를 더 찾아봅시다

國語	本國
本土	日本語
中間	中年
水中	年中
生年月日	生日
一生	中學生
中學(校)	學校
英國	美大
美學	今週

練習

읽기 연습

1. 다음 한자를 읽으세요.

(1) 大 (2) 中 (3) 生 (4) 今 (5) 本
(6) 先 (7) 英 (8) 美 (9) 校 (10) 語
(11) 國 (12) 學 (13) 韓

2. 다음 한자어를 읽으세요.

(1) 日本 (2) 先生 (3) 三學年 (4) 韓國語 (5) 學生
(6) 英語 (7) 美國 (8) 一學年 (9) 大學校 (10) 中國語

3. 다음 문장을 읽으세요.

(1) 마사코 씨의 오빠는 日本語 先生이다.
(2) 英國 英語와 美國 英語는 많이 다른가요?
(3) 그는 大學校에서 學生들에게 中國語를 가르친다.
(4) 메이링 씨는 韓國語를 몇 年 동안 배우셨어요?
(5) 四學年 學生들은 취직 준비를 하느라고 바쁘다.
(6) 민지 동생은 今年 여름에 美國에 가서 英語를 공부할 계획이다.

4. 다음 한자어를 읽고 그 뜻을 찾아 연결하세요.

(1) 今年	American English
(2) 大學生	the Japanese language
(3) 四學年	this year
(4) 日本語	teacher of Korean
(5) 美國 英語	college student
(6) 韓國語 先生	senior, a fourth-year student

5. 다음 질문에 답해 보세요.

(1) 영희: 韓國語 先生님의 성함이 어떻게 되세요?

마사코: ______________ 先生님이세요.

(2) 철수: 어느 學校 다녀요?

제니퍼: ____________________에 다니고 있어요.

(3) 메이링: 좋아하는 中國 배우가 누구예요?

피터: ______________ 이에요.

✍ 쓰기 연습

1. 다음 한자를 필순에 맞게 쓰세요.

(1) 大 ☐ (2) 中 ☐ (3) 先 ☐ (4) 今 ☐

(5) 生 ☐ (6) 本 ☐ (7) 美 ☐ (8) 國 ☐

(9) 英 ☐ (10) 語 ☐ (11) 學 ☐ (12) 校 ☐

(13) 韓 ☐

2. 다음 단어를 한자로 쓰세요.

(1) 영어 ☐☐ (2) 대학교 ☐☐☐

(3) 금년 ☐☐ (4) 한국어 ☐☐☐

(5) 일본 ☐☐ (6) 2학년 ☐☐☐

(7) 미국 ☐☐ (8) 중국어 ☐☐☐

(9) 선생 ☐☐ (10) 대학생 ☐☐☐

3. 밑줄 친 부분을 한자로 쓰세요.

(1) 중국(□□)사람들은 영어(□□)를 잘하지요?

(2) 내 동생은 고등學校 2학년 학생(□□□ □□)이다.

(3) 우리 학교(□□)에는 중국어 선생(□□□ □□)님이 두 분 계십니다.

(4) 나는 금년(□□) 봄에 한국어(□□□)를 배우려고 서울에 왔다.

(5) 그는 매주(□□) 토요일(□□□)에 영화를 본다.

(6) 저는 미국(□□)의 대학(□□)에서 三年 동안 일본어(□□□)를 공부했어요.

4. □ 안에 알맞은 한자를 써 넣으세요.

(1) 나는 英□에서 온 교환 學□입니다.

(2) 今□ 여름에는 비가 많이 올 것 같다.

(3) 겐지는 교환 □生으로 고려大學□에서 공부한다.

(4) 나는 每日 一時□씩 中□語 공부를 한다.

(5) 韓□과 日□은 가까운 이웃이다.

(6) 每週 金曜日에는 韓國□ 先□님과 學□들이 점심을 같이 먹는다.

5. 다음 질문에 한자를 써서 답하세요.

(1) 마사코: 지금 뭐하고 계세요?

피터: [| |] 공부하고 있어요.

(2) 주디: 韓國과 제일 가까운 나라는 어느 나라예요?

철수: [|]과 [|]이에요.

(3) 메이링: 어느 나라 요리를 좋아하세요?

민지: [|] 요리를 좋아해요.

第四課 서울의 東西南北
(The four directions of Seoul)

새 漢字: 東 西 南 北 地 下 道 光 化 門 自 動 車

준수: 폴 씨, 어디 가세요?

폴: 택시 타러 가요. 종로서적에 가려구요.

준수: 종로서적은 택시로 갈 필요 없어요. 저 地下道만 건너면 종로 二가 가는 버스가 있거든요.

폴: 종로 二가가 어디에요? 서울의 東西南北을 아직 잘 모르겠어요.

준수: 光化門은 아시죠?

폴: 네.

준수: 光化門 네거리에서 東大門 쪽으로 걸어서 五分쯤 가면 종로 二가예요. 종로서적은 종로 二가에 있는데, 여기서 가자면 오른 쪽에 있어요.

폴: 時間이 얼마나 걸릴까요?

준수: 지금 時間에는 自動車가 많지 않으니까 二十分쯤 걸릴 거예요. 저는 南大門에 가는 길인데 버스 정류장까지 같이 가실까요?

폴: 고맙습니다. 그런데, 서울에 西大門과 北大門도 있나요?

준수: 옛날에는 西大門이 있어서 꽤 오랫동안 사람들이 그 門을 드나들었다고 해요. 지금은 門은 없어졌지만 "西大門구", "西大門 네거리" 같은 이름은 남아 있어요. 北大門도 옛날에 잠시 있었지만 사람들이 드나들지는 못했다고 해요.

풀이

한자	소리	뜻		부수	부수이름	부수뜻
東	동	동쪽	east	木^{4}	나무 목	tree
西	서	서쪽	west	襾/西^{0}	덮을 아	cover
南	남	남쪽	south	十^{7}	열 십	ten
北	북	북쪽	north	匕^{3}	비수 비	spoon
地	지	땅	earth	土^{3}	흙 토	earth
下	하	아래	down	一^{2}	한 일	one
道	도	길	way, road; province (the largest administrative unit)	辵/辶^{9}	달릴 착	advance
光	광	빛	light	儿^{4}	어진사람 인	legs
化	화	되다	become, transform	匕^{2}	비수 비	spoon
門	문	문	gate, door	門^{0}	문 문	gate

自	자	스스로	oneself	$自^{0}$	스스로 자	self
動	동	움직이다	move	$力^{9}$	힘 력	strength
車	차/거	수레	wheeled vehicle	$車^{0}$	수레 거	vehicle

Note
車 has two pronunciations, 차 and 거. 거 is used only in idiomatic compounds such as 人力車(인력거) 'rickshaw' and 自轉車(자전거) 'bicycle'. (See Lessons 8 and 13 for 人(인) 'person' and 力(력/역) 'power', respectively. 轉(전) 'roll' is not introduced in this book.)

새로 나온 漢字語

東西南北 the four directions: east, west, north, south
地下道 an underpass
光化門 Kwanghwamun, the front gate to Kyŏngbok Palace

東大門	the East Gate	自動車	automobile, car
南大門	the South Gate	西大門	the West Gate
北大門	the North Gate	門	door, gate

漢字語를 더 찾아봅시다

中東	中南美
北美	光學
化學	生化學
美化	大門
校門	地下水
土地	水道
車道	下水道
自動門	自動化

練習

읽기 연습

1. 다음 한자를 읽으세요.

(1) 下　(2) 化　(3) 西　(4) 光　(5) 自
(6) 北　(7) 地　(8) 門　(9) 車　(10) 東
(11) 南　(12) 動　(13) 道

2. 다음 한자어를 읽으세요.

(1) 自動門　(2) 西大門　(3) 南大門　(4) 大門
(5) 自動化　(6) 東大門　(7) 地下道　(8) 車道
(9) 光化門　(10) 自動車

3. 다음 문장을 읽으세요.

(1) 光化門 네거리는 서울의 중심이다.
(2) 南大門 옆에는 유명한 시장이 있다.
(3) 地下道를 이용하면 안전하다.
(4) 每日 自動車로 출근하십니까?
(5) 西大門은 사라지고 이름만 남아 있다.
(6) 東大門은 종로의 東쪽 끝에 있다.

4. 다음 한자어를 읽고 그 뜻을 찾아 연결하세요.

(1) 南大門　automobile
(2) 西大門　automatic door
(3) 地下道　east, west, north, south
(4) 自動車　the South Gate
(5) 光化門　underpass
(6) 自動門　Kwanghwamun
(7) 東西南北　the West Gate

쓰기 연습

1. 다음 한자를 필순에 맞게 쓰세요.

(1) 下 (2) 化 (3) 北 (4) 西

(5) 地 (6) 自 (7) 光 (8) 門

(9) 車 (10) 南 (11) 東 (12) 動

(13) 道

2. 다음 단어를 한자로 쓰세요.

(1) 수도 (2) 남대문

(3) 지하도 (4) 광화문

(5) 자동차 (6) 동대문

(7) 서대문 (8) 동서남북

3. 밑줄 친 부분을 한자로 쓰세요.

(1) 南山은 남대문( ) 근처에 있다.

(2) 서울의 혼잡한 거리에는 지하도( )가 있다.

(3) 서울의 북( )쪽에는 북한산, 남( )쪽에는 관악산이 있다.

(4) 광화문( )에서 동대문( )까지는 택시로 十分 걸린다.

(5) 한국(□□)의 동(□)쪽, 서(□)쪽, 남(□)쪽은 바다이다.

(6) 출퇴근 시간(□□)이 되면 거리마다 자동차(□□□) 홍수를 이룬다.

4. □ 안에 알맞은 한자를 써 넣으세요.

(1) 서울역은 南大□ 밖에 있다.

(2) 光化□ 네거리에는 늘 車가 많다.

(3) 서울에서는 自動□보다 지하철이 더 편리하다.

(4) 안개 때문에 東□南□을 구분하기가 어려웠다.

(5) 地□□를 이용하면 안전하게 길을 건널 수 있다.

第五課 教授食堂
(The faculty dining hall)

새 漢字: 教 授 食 堂 圖 書 館 店 業 室 銀 行

메이링: 벌써 十二時가 다 되었네요. 모두들 점심은 어디에서 잡수세요?

민지: 저는 주로 學生食堂에서 먹어요. 어떤 때는 圖書館이나 書店 근처에 있는 食堂에서 라면이나 김밥을 사 먹을 때도 있어요. 메이링 씨는 어디에서 잡수세요?

메이링: 저는 대개 샌드위치를 싸 가지고 와요. 授業이 많거든요. 中國語 가르치면서 韓國語 공부까지 하려니까 食堂에 갈 時間이 없을 때가 많아요.

마사코: 정말 바쁘시겠네요. 그런데 샌드위치를 어디에서 잡수세요? 저도 도시락을 싸오고 싶은데......

메이링: 授業이 없는 빈 教室에서 먹어요. 날씨가 좋을 때는 바깥 잔디밭에서 먹기도 하고요.

마사코: 저는 지난 金曜日에 學校에 있는 銀行에 갔다가 敎授님을 만났는데, 敎授食堂에서 점심을 사 주셨어요. 분위기가 아주 좋았어요.

메이링: 저도 동료 先生님들과 몇 번 가본 적이 있어요.

마사코: 敎授食堂은 學生들이 가면 안되나요?

메이링: 敎授님과 같이 가면 괜찮아요.

민지: 저도 메이링 씨와 함께 敎授食堂에 한번 가 보고 싶군요.

메이링: 좋아요. 오늘 갈까요?

풀이

한자	소리	뜻		부수	부수이름	부수뜻
敎	교	가르치다	teach	支/攵[7]	등글월 문	strike
授	수	주다	give	手/扌[8]	손 수	hand
食	식	먹다	eat	食[0]	밥 식	food
堂	당	집	hall	土[8]	흙 토	earth
圖	도	그림	drawing	囗[11]	큰입 구	enclosure
書	서	글, 책	writing, book	曰[6]	가로 왈	say
館	관	집, 건물	building, hall, house	食[8]	밥 식	food
店	점	가게	shop, store	广[5]	집 엄	roof
業	업	일	trade, occupation	木[9]	나무 목	tree
室	실	집, 방	house, room	宀[6]	집 면	roof
銀	은	은	silver	金[6]	쇠 금	metal
行	행	가다, 행하다	go, do	行[0]	갈 행	go

새로 나온 漢字語

教授食堂	faculty dining hall	食堂	dining hall, cafeteria
圖書館	library	書店	bookstore
授業	class, lesson	教室	classroom
銀行	bank	教授	professor

漢字語를 더 찾아봅시다

地下室	學業
圖書(室)	間食
日食	韓食
韓國語學堂	水銀
行動	本店

練習

읽기 연습

1. 다음 한자를 읽으세요.
   (1) 行 (2) 店 (3) 教 (4) 食 (5) 銀
   (6) 授 (7) 館 (8) 堂 (9) 業 (10) 書
   (11) 室 (12) 圖

2. 다음 한자어를 읽으세요.
   (1) 銀行 (2) 教授 (3) 食堂 (4) 圖書館
   (5) 教室 (6) 書店 (7) 書店 (8) 韓國語 授業

3. 다음 문장을 읽으세요.

(1) 銀行이 學校 안에 있어서 편리하다.

(2) 시험 때마다 圖書館은 초만원이다.

(3) 大學 구내 書店에서 日本語 사전을 샀다.

(4) 韓國語 授業 첫 時間에 敎室을 찾느라고 고생했어요.

(5) 나는 어제 敎授食堂에서 韓國語 先生님과 점심을 먹었다.

4. 다음 한자어에 해당하는 그림을 찾아 연결하세요.

(1) 書店

(2) 銀行

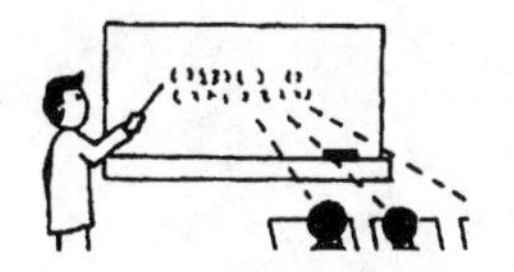

(3) 敎室

(4) 食堂

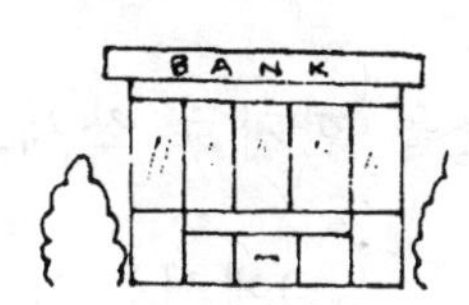

(5) 圖書館

쓰기 연습

1. 다음 한자를 필순에 맞게 쓰세요.

(1) 行 (2) 店 (3) 食 (4) 堂

(5) 室 (6) 書 (7) 敎 (8) 館

(9) 業 (10) 授 (11) 銀 (12) 圖

2. 다음 단어를 한자로 쓰세요.

(1) 수업 (2) 교실

(3) 교수 (4) 은행

(5) 식당 (6) 선생

(7) 서점 (8) 도서관

(9) 행동 (10) 지하실

3. 밑줄 친 부분을 한자로 쓰세요.

(1) 교실(　　)에서는 담배를 피울 수 없다.

(2) 교수식당(　　)이 어디에 있어요?

(3) 도서관(　　)에 책을 빌리러 갔다 왔어요.

(4) 학교(　　) 안에 서점(　　)이 있어서 편하다.

(5) 할아버지는 어렸을 때 서당(　　)에서 한자를 배우셨다.

(6) 한국어 수업(□□□ □□)은 대개 아침 아홉 시 (□□)에 시작된다.

4. □ 안에 알맞은 한자를 써 넣으세요.

(1) 책을 빌리러 □□館에 가야 한다.

(2) 이 책은 우리 學校 書□에서 샀어요.

(3) 英語 授□은 대개 十一□에 끝난다.

(4) 나는 學□ 안에 있는 銀□을 이용해요.

(5) 土曜日에는 授業이 적기 때문에 빈 教□이 많다.

(6) 學生食□은 □授食□보다 음식 값이 싸다.

5. □ 안에 알맞은 한자를 써 넣어 대화를 완성시키세요.

(1) 마사코: 돈을 찾아야 하는데요.

메이링: 저기 □□이 있어요.

(2) 피터: 배가 고픈데요.

민지: 저도 배가 고파요. □□이 어디 있지요?

(3) 철수: 책을 사야 해요.

주디: 같이 가요. 저도 □□에 가는 길이에요.

(4) 윤희: 논문 자료를 찾아야 하는데요.

탐: 그래요? □□□에 같이 갑시다.

復習* 및 活用 (第一課 ~ 第五課)

復習

우리는 새내기!

우리는 새내기! 새 봄에 연세大學校 語學堂에 입학한 一學年들이다. 우리는 東西南北 여러 나라에서 왔다. 美國學生이 三명, 英國學生이 三명, 中國學生이 二명, 日本學生이 四명, 그리고 中東아시아에서 온 學生도 一명이 있다. 그러니까 우리 반 學生은 서양 學生 六명, 동양 學生 七명, 모두 十三명이다. 每週 月, 火, 水, 木, 金曜日에 每日 四時間씩 韓國語를 공부한다. 授業 時間은 오전 九時부터 오후 一時까지이다. 한 학기는 二百時間이고 二年이면 졸업을 한다. 시험은 每학기 二번 본다. 每週 퀴즈를 볼 때도 있다.

學生들은 버스나 지하(地下)철을 타고 學校에 다닌다. 自動車로 오는 學生도 가끔 있다. 우리들은 아직 韓國語를 잘못한다. 그래서 授業 時間마다 敎室에 웃음꽃이 핀다. 學生의 발음이 이상해서 웃고 先生님의 질문을 못 알아들을 때도 웃는다. 우리들의 授業은 늘 재미있다. 우리 반 先生님은 國語學을 전공하신 분인데 아주 예쁘고 친절하시다. 숙제도 많이 주시지 않는다. 學生들 中에는 每日 先生님을 만나고 싶어서 學校에 오는 學生도 있다.

우리는 생활에 필요한 生生한 韓國語를 每日 배운다. 그리고 배운 韓國語를 食堂이나 銀行, 圖書館, 書店 같은 곳에 가서 써 본다.

"안녕하세요?"

"이거 얼마예요?"

"南大門 시장은 어디에 있습니까?"

어디든지 韓國語 敎室이고 언제든지 韓國語 授業 時間이다. 光化門 네거리를 三三五五 지나가는 韓國 사람들도 모두 우리의 先生님이다.

韓國語를 배우는 우리는 새내기! 언제나 즐겁다.

---

*復(복) 'repetition' in 復習(복습) 'review' is not dealt with in this book.

活用

1. 아래 수첩의 빈 칸에 친구들의 이름과 生日을 적어 넣으세요.

이 름	生 日
피 터	十二月 六日
주 디	五月 二十八日

2. 피터의 學校 생활 시간표입니다. 이 시간표를 보고 아래 물음에 한자로 답하세요.

<table>
<tr><th>교시</th><th>時 間</th><th>月</th><th>火</th><th>水</th><th>木</th><th>金</th></tr>
<tr><td>1</td><td>9-9:50</td><td rowspan="3">韓國語/
한자 수업</td><td rowspan="3">도서관</td><td rowspan="3">韓國語/
한자 수업</td><td rowspan="3">도서관</td><td rowspan="3">韓國語/
한자 수업</td></tr>
<tr><td>2</td><td>10-10:50</td></tr>
<tr><td>3</td><td>11-11:50</td></tr>
<tr><td>4</td><td>12-12:50</td><td colspan="5" rowspan="2">점 심</td></tr>
<tr><td>5</td><td>1-1:50</td></tr>
<tr><td>6</td><td>2-2:50</td><td rowspan="3">컴퓨터</td><td rowspan="3">전공수업</td><td rowspan="3">컴퓨터</td><td rowspan="3">전공수업</td><td rowspan="2">컴퓨터</td></tr>
<tr><td>7</td><td>3-3:50</td></tr>
<tr><td>8</td><td>4-4:50</td><td rowspan="2">테니스</td></tr>
<tr><td>9</td><td>5-5:50</td><td></td><td></td><td></td><td></td></tr>
</table>

(1) 피터는 무슨 曜日에 韓國語 授業이 있습니까? 曜日을 다 쓰세요.

____

(2) 전공 授業은 무슨 曜日에 있습니까? 曜日을 다 쓰세요.

____

(3) 테니스는 무슨 曜日에 합니까? ______________

(4) 韓國語 授業은 몇 時부터 몇 時까지 있습니까? __________

(5) 전공 授業은 몇 時부터 몇 時까지 있습니까? __________

3. 다음 週에 해야 할 중요한 일들을 적어 보세요. (날짜와 曜日은 한자로 쓰세요.)

날짜 (__月 __日)	曜日	내 용

4. 다음은 민지의 친구들입니다. 아래 질문에 한글로 답하세요.

이 름	마 사 코	메이링	피 터	폴
나 이	二十三세	二十五세	二十七세	二十一세
생 일	八月 四日	五月 十六日	十一月 十九日	十二月 二十日
국 적	日本	中國	美國	불란서
직 업	學生	學生, 先生	學生	學生

(1) 피터는 어느 나라 사람입니까? ____________

(2) 폴의 生日은 언제입니까? ____________

(3) 가르치는 직업을 가진 사람은 누구입니까? ____________

(4) 나이가 가장 많은 사람은 누구입니까? ____________

5. 다음은 서울 光化門 근처의 약도입니다. 친구와 짝이 되어, 보기와 같이 장소를 묻고 대답해 보세요.

A: 시청에서 서울대병원을 가려면 어떻게 갑니까?

B: 경복궁 쪽으로 가다가 光化門 로터리에서 오른 쪽으로 가세요. 계속 쭉 가다가 종로 五가에서 왼 쪽으로 가세요. 로터리를 하나 지나 곧장 가면 바로 왼 쪽에 있어요.

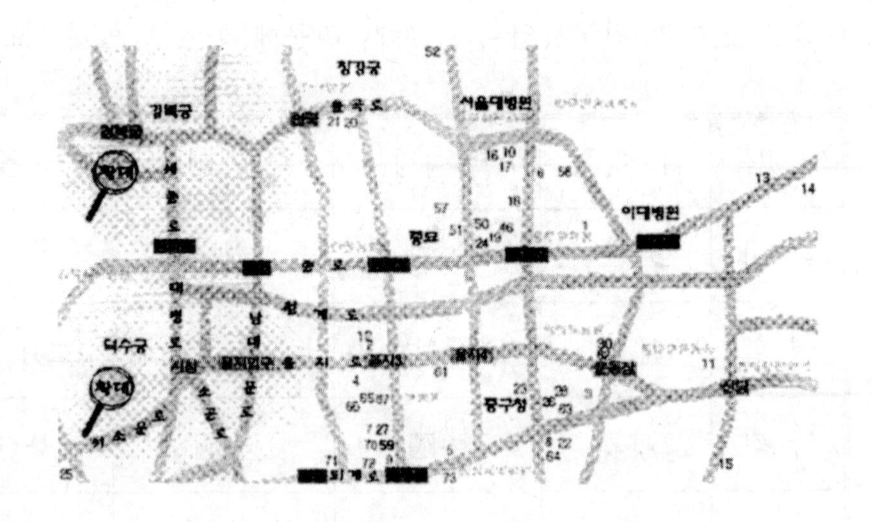

6. 다음은 민지가 다니는 大學 캠퍼스에 있는 표지판입니다. 아래 물음에 답하세요.

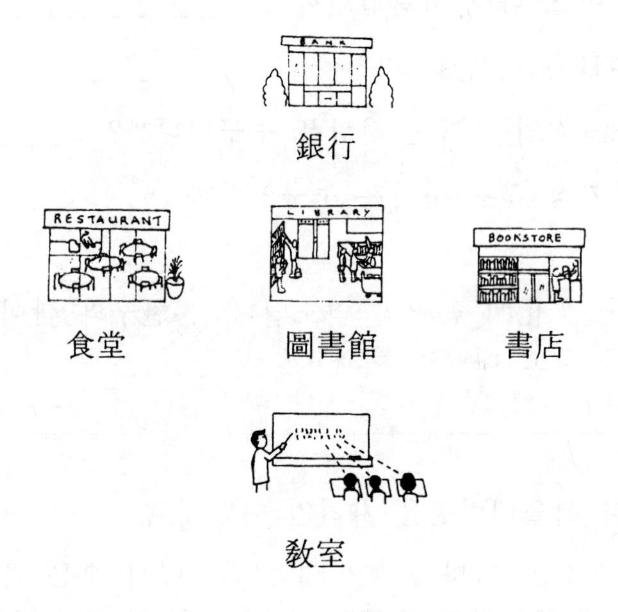

銀行

食堂 圖書館 書店

教室

(1) 圖書館의 北쪽에 있는 건물 이름은 무엇입니까?

(한글로 쓰세요.) ____________________.

(2) 圖書館의 東쪽에 있는 건물 이름은 무엇입니까?

(한글로 쓰세요.) ____________________.

(3) 食堂은 도서관의 어느 쪽에 있습니까? (한자로 쓰세요.) ____쪽

(4) 教室은 도서관의 어느 쪽에 있습니까? (한자로 쓰세요.) ____쪽

(5) 여러분이 살고 있는 도시의 동서남북을 간단히 지도를 그려서 설명해 보세요.

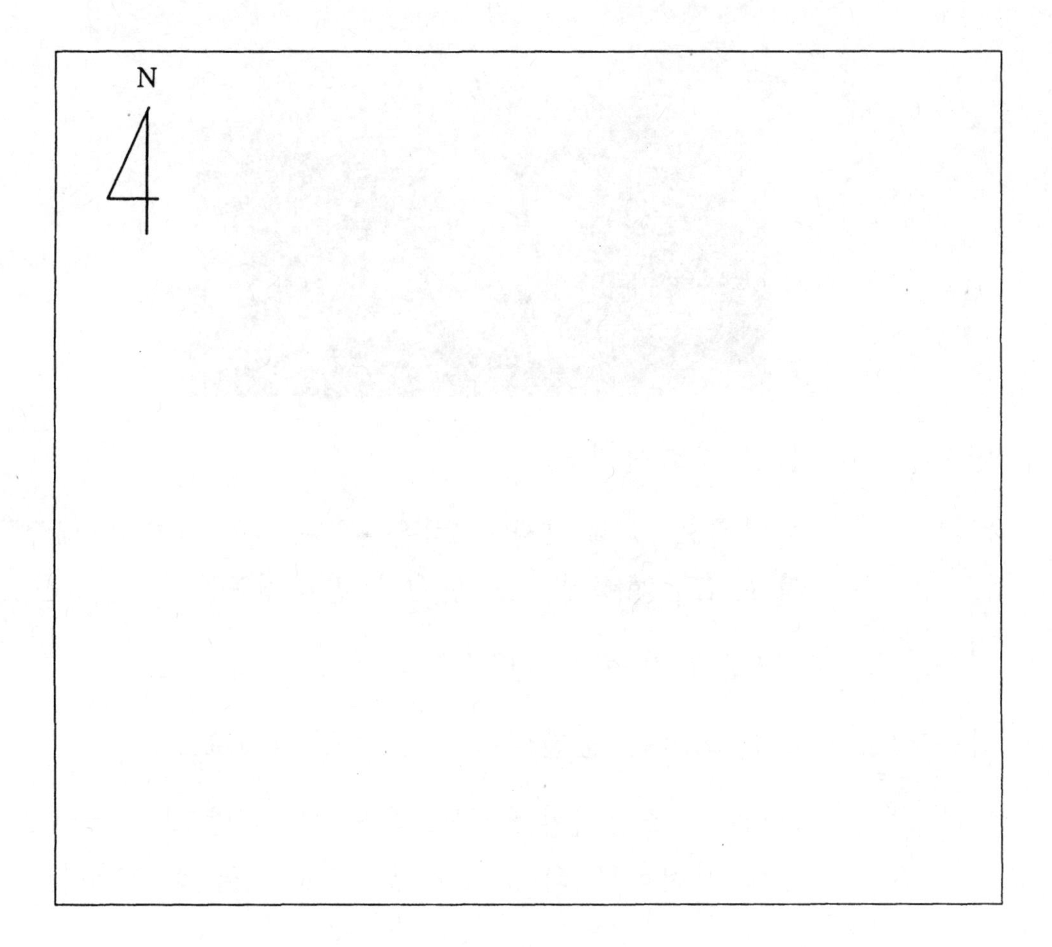

第六課 고속 도로에서 (On the highway)

새 漢字: 左 右 內 外 前 後 多 少 線 上 午 出 入

민우: 운전 잘하시네요.

마사코: 아니에요. 韓國에서는 처음 하는 운전이라서 너무 떨려요. 또, 韓國에서는 *左右*가 반대거든요.

민우: 네? *左右*가 반대라니요?

마사코: 日本 車들은 운전석이 오른쪽에 있어요.

민우: 그래요? 조심해야겠군요. 속도 내지 말고 七十키로 內外로 천천히 달리세요. 前後 *左右*를 잘 살피면서.

마사코: 민우 씨는 운전 잘하시지요?

민우: 잘하긴요. 고속 도로에 처음 나갔을 때는 큰 車들이 너무 속도를 내서 *多少* 겁이 났어요. 이제는 많이 익숙해졌어요.

마사코: 그런데, 下行線은 車가 많네요. 上行線은 별로 없는데.

민우: 午前에는 언제나 그래요. 午後에는 반대로 上行線에 車가 많아요.

마사코: 대전까지 앞으로도 二時間 이상 걸리겠어요. 늦지 않을까요? 十一時가 지나면 회의장 出入을 못할텐데......

민우: 걱정 마세요. 時間은 충분해요.

풀이

한자	소리	뜻		부수	부수이름	부수뜻
左	좌	왼쪽	left	工[2]	장인 공	workman
右	우	오른쪽	right	口[2]	입 구	mouth
內	내	안	inside	入[2]	들 입	enter
外	외	밖	outside	夕[2]	저녁 석	evening
前	전	앞	before, in front	刀/刂[7]	칼 도	sword
後	후	뒤	after, behind	彳[6]	조금걸을 척	limp
多	다	많다	many	夕[3]	저녁 석	evening
少	소	적다	few	小[1]	작을 소	small
線	선	줄	line	糸[9]	실 사	thread
上	상	위	up	一[2]	한 일	one
午	오	낮	noon	十[2]	열 십	ten
出	출	나오다	come out	凵[3]	입벌릴 감	receptacle
入	입	들어가다	enter	入[0]	들 입	enter

새로 나온 漢字語

左右 left and right

內外 approximately; interior and exterior

前後 before and after, front and rear

多少 more or less

下行線 down line; outbound

上行線 up line; inbound

午前 morning (forenoon)

午後 afternoon

出入 exit and entrance; going

漢字語를 더 찾아봅시다

校內

國內

室內

外國

外國語

外食

食前

後門

後食

生後

食後

少年

三八線

上水道

年上

地上

出生

外出

日出

入門

入學

出入國

出入門

練習

읽기 연습

1. 다음 한자를 읽으세요.

(1) 上 (2) 入 (3) 右 (4) 內 (5) 午
(6) 少 (7) 左 (8) 出 (9) 外 (10) 多
(11) 前 (12) 後 (13) 線

2. 다음 한자어를 읽으세요.

(1) 午前 (2) 入行 (3) 北門 (4) 少年 (5) 上行線
(6) 外國 (7) 午後 (8) 校門 (9) 校內 (10) 下水道

3. ( ) 안에 알맞은 한자를 보기에서 고르세요.

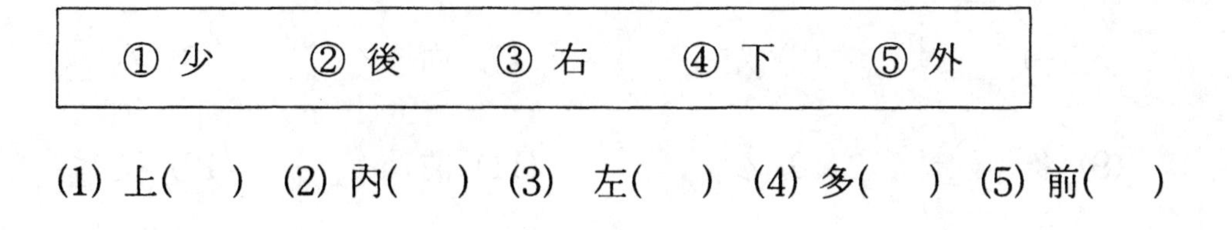
① 少 ② 後 ③ 右 ④ 下 ⑤ 外

(1) 上( ) (2) 內( ) (3) 左( ) (4) 多( ) (5) 前( )

4. 다음 문장을 읽으세요.

(1) "午前"을 "上午", "午後"를 "下午"라고도 한다.
(2) 土曜日 午後 三時 前後에 전화해 주십시오.
(3) 내일 午前에는 바빠서 外出을 못 하겠어요.
(4) 車先生님 內外분은 外國 出入을 자주 하신다.
(5) 每年 추석에는 下行線 기차표 구하기가 어려워요.
(6) 어떤 少年이 一時間前부터 出入門 밖에 서 있다.
(7) 車線을 바꿀 때는 前後 左右를 미리 잘 살펴야 한다.
(8) 午後 늦게까지 집안 청소를 했더니 多少 피곤하다.

5. 다음 한자어를 읽고 그 뜻을 찾아 연결하세요.

(1) 上下	up line; inbound
(2) 左右	front and rear
(3) 午後	foreign language
(4) 前後	up and down, top and bottom
(5) 上行線	left and right
(6) 出入門	afternoon
(7) 上水道	waterworks
(8) 外國語	entrance

✍ 쓰기 연습

1. 다음 한자를 필순에 맞게 쓰세요.

(1) 上 (2) 右 (3) 出 (4) 入

(5) 午 (6) 左 (7) 內 (8) 外

(9) 多 (10) 少 (11) 前 (12) 後

(13) 線

2. 다음 단어를 한자로 쓰세요.

(1) 상하 (2) 내외

(3) 다소 (4) 좌우

(5) 오전 (6) 외국어

(7) 전후 (8) 출입문

(9) 오후 (10) 상하행선

3. 밑줄 친 부분을 한자로 쓰세요.

(1) 月曜日 오후(□□)에는 제가 다소(□□) 바쁩니다.

(2) 이 술집은 학생(□□)들이 많이 출입(□□)한다.

(3) 학교(□□) 교문(□□) 좌우(□□)에 큰 나무가 서 있다.

(4) 토요일(□□□) 午後에는 고속 도로 상하행선 (□□□□)이 다 복잡하다.

(5) 우리 한국어(□□□) 선생(□□)님은 삼십(□□)세 전후(□□)로 보인다.

4. □ 안에 알맞은 한자를 써 넣으세요.

(1) 韓國語 시험이 □少 어려웠다.

(2) 음악회가 시작되면 出□門을 닫아 버린다.

(3) 길을 건널 때는 左□를 잘 살펴야 한다.

(4) 밥을 먹기 □에는 꼭 손을 깨끗이 씻어야 한다.

(5) 저렇게 나이 어린 □年이 3개 國語를 말할 수 있다니!

(6) 나는 每日 午前과 午□에 각각 二時間씩 韓國語를 공부한다.

5. 주어진 한자와 반대되는 뜻을 가진 한자를 ☐ 안에 써 넣어 한자어를 만드세요.

(1)上☐ (2) 前☐ (3) 內☐ (4) ☐少 (5) ☐入

第七課 민우의 家族 (Min-u's family)

새 漢字: 家 族 父 母 兄 男 女 祖 子 親 弟 姉 妹

민우의 家族은 모두 여섯입니다. 父母님, 兄, 그리고 男동생과 女동생이 있습니다. 민우가 여섯 살 때 家族이 다함께 美國으로 이민 갔습니다. 父母님은 현재 美國 뉴욕에서 슈퍼마켓을 운영하시면서 동생들과 함께 살고 계십니다. 兄은 보스턴에서 大學에 다니고 있고, 女동생은 이번 가을 학기에 大學에 들어갑니다. 男동생은 三年後에 大學에 갑니다. 민우는 로스앤젤레스에서 大學에 다니고 있는데 지금은 韓國語를 배우기 위해서 서울에 와 있습니다.

민우의 祖父母님은 시골에서 큰아버지 家族들과 함께 살고 계십니다. 큰아버지 댁은 子女들이 많아 大家族입니다. 그 外에도 시골에는 親家쪽 친척들이 많이 있습니다. 민우의 外家쪽 친척들은 부산에 많이 사시지만 이모님 한 분은 子女들과 함께 서울에서 살고 계십니다.

민우는 家族들이 보고 싶을 때가 많습니다. 특히, 父母, 兄弟, 姉妹 등 온 家族이 함께 모이는 추석이나 설날에는 더욱 家族들 생각이 납니다. 그럴 때는 뉴욕의 父母님이나 보스턴의 兄에게 전화를 하거나 편지를 씁니다.

풀이

한자	소리	뜻		부수	부수이름	부수뜻
家	가	집	house	宀7	집 면	roof
族	족	겨레	clan, people	方7	모 방	square
父	부	아버지	father	父0	아비 부	father
母	모	어머니	mother	毋1	말 무	forbid
兄	형	형	older brother	儿3	어진사람 인	legs
男	남	남자	(human) male	田2	밭 전	field
女	녀/여	여자	(human) female	女0	계집 녀	woman
祖	조	할아버지	grandfather, ancestor	示5	보일 시	exhibit
子	자	아들	son	子0	아들 자	son
親	친	부모	parent	見9	볼 견	see
弟	제	남동생	younger brother	弓4	활 궁	bow
姉	자	누나, 언니	older sister	女5	계집 녀	woman
妹	매	여동생	younger sister	女5	계집 녀	woman

Note
女 is 여 word-initially and 녀 elsewhere, as in 女子 여자 'woman' and 子女 자녀 'sons and daughters, children'.

새로 나온 漢字語

家族	family	父母	parents
兄	older brother	男동생	younger brother
女동생	younger sister	祖父母	grandparents
子女	sons and daughters, children	大家族	large family

親家 father's home
外家 mother's home before marriage
兄弟 brothers
姉妹 sisters

☞漢字語를 더 찾아봅시다

家出	國家
大家	大家族
語族	生父
母國	母國語
男學生	女先生
女學生	男女
母女	少女
祖國	祖上
外祖父	子女
母子	父子
女子	親父母
母親	父親
弟子	男妹

練習

읽기 연습

1. 다음 한자를 읽으세요.

(1) 女 (2) 子 (3) 父 (4) 母 (5) 兄
(6) 弟 (7) 姉 (8) 妹 (9) 男 (10) 家
(11) 族 (12) 祖 (13) 親

2. 다음 한자어를 읽으세요.

(1) 女子 (2) 子女 (3) 父母 (4) 男子 (5) 祖父母
(6) 家出 (7) 兄弟 (8) 外家 (9) 親家 (10) 親祖父母
(11) 家族 (12) 弟子 (13) 男女 (14) 姉妹 (15) 外祖父母

3. 아래 그림에 알맞은 한자어를 보기에서 골라 그 번호를 쓰세요.

① 父母	② 兄弟	③ 姉妹	④ 家族

(1) ( ) (2) ( )
(3) ( ) (4) ( )

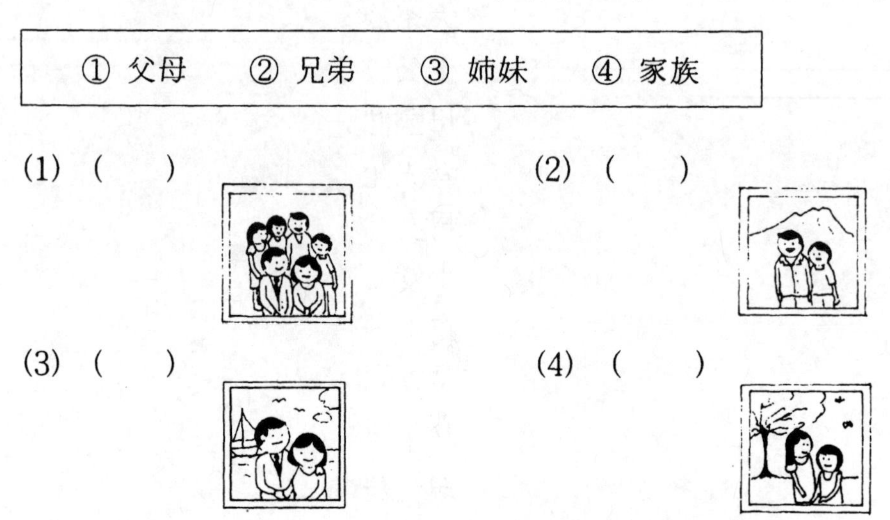

4. 다음 한자어를 읽고 그 뜻을 찾아 연결하세요.

(1) 家族	children, sons and daughters
(2) 父母	grandparents
(3) 兄弟	man and woman
(4) 姉妹	family
(5) 男女	father's home
(6) 子女	parents
(7) 親家	mother's home before marriage
(8) 外家	brothers
(9) 祖父母	sisters

5. 다음 문장을 읽으세요.

(1) 저 女子분의 子女는 모두 훌륭해요.
(2) 오늘 저녁에는 家族 모임이 있어요.

(3) 저 두 少女는 親姉妹보다 더 親하다.
(4) 나는 女子大學보다 男女 공학이 더 좋다.
(5) 저희 父母님께서는 시골에 살고 계십니다.
(6) 母國語를 잘하는 學生이 外國語도 잘해요.
(7) 저의 親祖父母님과 外祖父母님은 한 마을에 살고 계세요.
(8) "홍부전"은 홍부와 놀부 兄弟에 대한 이야기이다.

✍ 쓰기 연습

1. 다음 한자를 필순에 맞게 쓰세요.

(1) 子 ☐ (2) 父 ☐ (3) 母 ☐ (4) 兄 ☐

(5) 女 ☐ (6) 男 ☐ (7) 弟 ☐ (8) 家 ☐

(9) 姉 ☐ (10) 妹 ☐ (11) 祖 ☐ (12) 親 ☐

(13) 族 ☐

2. 다음 단어를 한자로 쓰세요.

(1) 부모 ☐☐ (2) 자녀 ☐☐

(3) 남자 ☐☐ (4) 남녀 ☐☐

(5) 외출 ☐☐ (6) 외가 ☐☐

(7) 형제 ☐☐ (8) 남매 ☐☐

(9) 친가 ☐☐ (10) 가족 ☐☐

(11) 자매 ☐☐ (12) 조부모 ☐☐☐

3. 밑줄 친 부분을 한자로 쓰세요.

(1) 지금은 외출(　　) 中이니 메모를 남겨 주세요.

(2) 저희 조부모(　　　)님은 시골에서 살고 계십니다.

(3) 저는 아직 여자(　　)친구가 없으니 소개해 주세요.

(4) 李선생(　　)님의 자녀(　　)들은 다 美男美女예요.

(5) 우리 형제(　　)는 서울에서 대학(　　)에 다니고 있다.

(6) 土曜日 저녁에는 가끔 온 가족(　　)이 함께 外出하여

외식(　　)을 한다.

4. □ 안에 알맞은 한자를 써 넣으세요.

(1) 저희 □族은 취미가 각각입니다.

(2) 저 女子 가수들은 쌍둥이 姉□다.

(3) 父母님의 父母님을 □父母님이라고 한다.

(4) 우리 親家는 서울이지만 □家는 부산이다.

(5) 저는 英語와 中國語를 □國語로 선택했습니다.

(6) 나는 美國에 계시는 父□님과 큰□에게 전화를 했다.

第八課 韓國人의 姓名 (Korean names)

새 漢字: 姓 名 氏 人 李 朴 孫 千 安 白 全 王 方

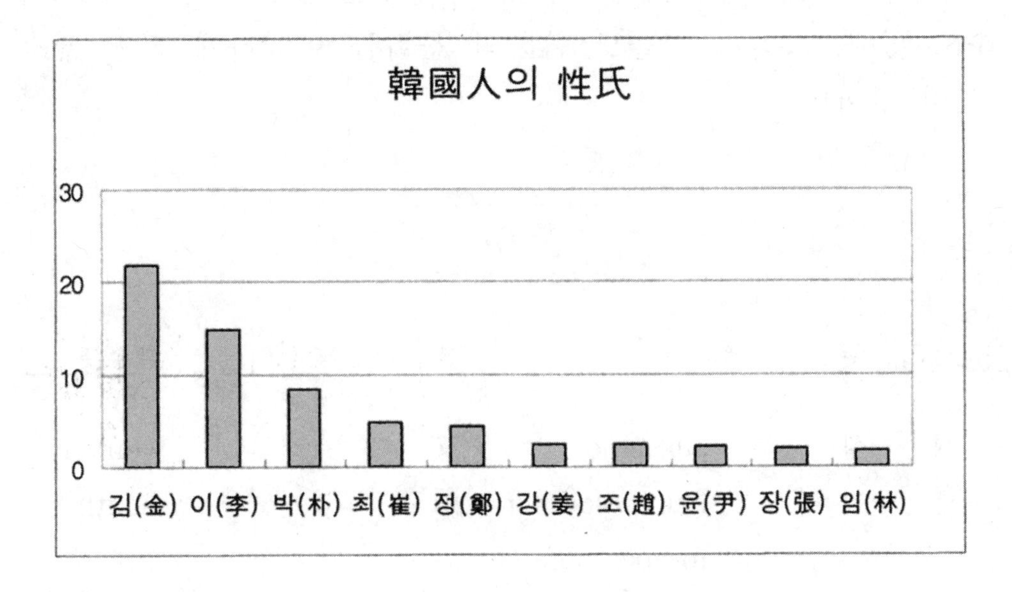

"남산에서 돌을 던지면 金氏 머리 위에 떨어진다"라는 말이 있다. 어떤 外國人들은 韓國人 세 사람 中 한 사람은 金氏라는 농담도 한다. 그만큼 韓國人들 中에는 金氏 姓이 많다. 그 다음으로 흔한 姓은 李氏, 朴氏이고 崔(최)氏, 鄭(정)氏도 흔한 편이다. 반면, 孫, 千, 安, 白, 全과 같은 姓은 흔하지 않고, 王氏나 方氏 같은 姓은 매우 드물다.

韓國에서 姓名을 부르는 관습은 서양과 다르다. 서양에서는 이름을 먼저 부르고 姓을 나중에 부르나, 韓國에서는 姓을 먼저 부르고 이름을 나중에 부른다. 예를 들어, 姓이 金이고 이름이 光美이면 "金光美"라고 부른다. 모르는 사람끼리나 직장 동료들 사이에서는 내개 姓名 뒤에 氏를 붙여 "金光美氏"라고 부른다. 그러나 친척이나 나이 많은 어른, 혹은 직장 상사에게 이렇게 부르면 예의에 어긋난다. 특히, 이름을 빼고 姓 다음에 氏를 붙여 "金氏"라고 하면 크게 실례가 되는 경우가 많으므로 조심해야 한다. 또, 韓國人들은 兄이나, 언니, 누나를 이름으로 부르지 않고, 그냥 "큰兄",

"작은언니", "셋째 누나" 등으로 부른다. 學校 선배에게도 家族처럼 "형", "언니", "누나"라고 부르기도 한다.

韓國人의 姓名 사용 관습이 外國人들에게는 多少 복잡하게 생각될 수도 있다. 그러나 그들도 韓國의 문화를 이해하게 되면 점점 익숙해질 것이다.

풀이

한자	소리	뜻		부수	부수이름	부수뜻
姓	성	성	surname	女[5]	계집 녀	woman
名	명	이름	name, counter for persons	口[3]	입 구	mouth
氏	씨	성	clan	氏[0]	각시 씨	family name
人	인	사람	person; human being	人[0]	사람 인	person
李	리/이	오얏나무 성	plum; a family name	木[3]	나무 목	tree
朴	박	성	a family name	木[2]	나무 목	tree
孫	손	손자 성	grandson; a family name	子[7]	아들 자	son
千	천	일천, 성	thousand; a family name	十[1]	열 십	ten
安	안	편안하다 성	peaceful; a family name	宀[3]	집 면	roof
白	백	희다 성	white; a family name	白[0]	흰 백	white

全	전	온전하다	whole;	入[4]	들 입	enter
		성	a family name			
王	왕	임금	king;	玉/王[0]	구슬 옥	jade
		성	a family name			
方	방	모, 방법	square, method;	方[0]	모 방	square
		성	a family name			

> **Note**
> 李 is 이 word-initially as in 李氏 'Mr. Yi' and 리 elsewhere.

새로 나온 漢字語

韓國人	Korean	姓名	full name
外國人	foreigner	姓	family name
李氏	Mr. Yi	朴氏	Mr. Pak
孫(氏)	(Mr.) Son	千(氏)	(Mr.) Ch'ŏn
安(氏)	(Mr.) An	白(氏)	(Mr.) Paek
全(氏)	(Mr.) Chŏn	王(氏)	(Mr.) Wang
方氏	Mr. Pang	姓氏	(hon.) esteemed surname

漢字語를 더 찾아봅시다

名門	校名
氏族	人間
人道	人名
美男	美女
美人	孫女
孫子	子孫
子子孫孫	千年
白人	白日
安全	全校

全國	王家
王國	王孫
王子	國王
女王	東方
四方	西方
地方	八方美人
行方	

練習

읽기 연습

1. 다음 한자를 읽으세요.
   (1) 人 (2) 王 (3) 千 (4) 白 (5) 方
   (6) 全 (7) 氏 (8) 名 (9) 朴 (10) 安
   (11) 李 (12) 姓 (13) 孫

2. 다음 한자어를 읽으세요.
   (1) 白人 (2) 千年 (3) 人間 (4) 美人 (5) 內國人
   (6) 安全 (7) 姓名 (8) 姓氏 (9) 全國 (10) 外國人

3. 다음 문장을 읽으세요.
   (1) 姓名을 분명하게 써 주세요.
   (2) 人間은 생각하는 동물이다.
   (3) 그분의 姓氏가 무엇입니까?
   (4) 저 집은 子孫들이 귀한 집안이다.
   (5) 그의 거짓말이 白日下에 드러났다.
   (6) 나는 孫子가 넷, 孫女가 셋 있어요.
   (7) 韓國은 수 千年의 역사를 자랑하는 國家다.
   (8) 여러분을 목적지까지 安全하게 모시겠습니다.
   (9) 그는 八方美人이라 못하는 것이 없다.

4. 다음 한자어를 읽고 그 뜻을 찾아 연결하세요.

(1) 安全	full name
(2) 朴氏	offspring
(3) 王家	safety, security
(4) 姓名	Mr. Pak
(5) 子孫	royal family

5. 다음 카드의 빈 칸을 채우세요.

姓名:	(姓:)
生年月日:	
母國語:	
外國語:	

쓰기 연습

1. 다음 한자를 필순에 맞게 쓰세요.

(1) 人 ☐ (2) 王 ☐ (3) 白 ☐ (4) 方 ☐

(5) 千 ☐ (6) 安 ☐ (7) 全 ☐ (8) 朴 ☐

(9) 名 ☐ (10) 氏 ☐ (11) 李 ☐ (12) 姓 ☐

(13) 孫 ☐

2. 다음 단어를 한자로 쓰세요.

(1) 천년 (2) 미인

(3) 안전 (4) 왕가

(5) 성명 (6) 성씨

(7) 자손 (8) 한국인

3. 밑줄 친 부분을 한자로 쓰세요.

(1) 姓氏( )가 어떻게 되십니까?

(2) 어제는 전국( )적으로 비가 많이 왔다.

(3) 기차가 버스보다 안전( )하고 편하다.

(4) 英國 왕가( )의 결혼식은 굉장히 화려하다.

(5) 朴永先 교수( )님 사모님은 아주 미인( )이시다.

(6) 새 천년( )을 맞이하여 나라마다 다양한 행사를 가졌다.

(7) 성명( )과 생년월일( )을 한자로 써 주세요.

4. □ 안에 알맞은 한자를 써 넣으세요.

(1) 공사장에서는 □全이 제일 중요하다.

(2) 韓國에서 가장 흔한 姓은 □氏이다.

(3) 나는 孫子와 ☐女가 둘씩 있어요.

(4) 韓國에는 대통령이 있고 태국에는 ☐이 있다.

(5) 어제 파티에 참석한 사람이 모두 몇 ☐쯤 될까요?

第九課 누구를 닮았을까요?
(Whom do I resemble?)

새 漢字: 洗 手 耳 目 口 鼻 小 相 足 之 心 身 體

나는 父母 中에 누구를 닮았을까요? 親家에서는 아빠를 닮았다고 하고 外家에서는 엄마를 닮았다고 해요. 어느 날 내가 洗手를 하고 나오자 할머니께서 보시고 "어쩌면 그렇게 耳目口鼻가 네 아빠하고 똑같으냐."라고 하셨어요.

東小門에 사시는 外祖母님 댁에 가면 "우리 外孫女는 제 엄마하고 相이 똑같아. 手足도 닮았고."라고 하세요. 그럴 때마다 난 그냥 웃어요. 왜냐고요? 난 두 분한테 똑같이 孫女가 되니까지요.

家族은 서로 닮아요. 어떤 家族은 父女가, 또 어떤 家族은 母子가 닮기도 해요. 父子之間이 한 兄弟 같고 母女之間이 한 姉妹 같은 그런 家族도 있어요. 祖孫間이 닮은 家族도 있어요.

쌍둥이는 어느 한 쪽의 心身이 피곤하거나 身體 中의 어디가 아프면 다른 한 쪽도 그렇게 되는 경우가 있다고 해요. 그 정도로 서로 닮는다는 말이겠지요.

父母는 子女를 사랑하고 子女는 父母를 사랑해요. 그래서 家族은 耳目口鼻, 手足 같은 身體는 물론 성격까지도 닮나 봐요.

풀이

한자	소리	뜻		부수	부수이름	부수뜻
洗	세	씻다	wash	水/氵6	물 수	water
手	수	손	hand	手0	손 수	hand
耳	이	귀	ear	耳0	귀 이	ear
目	목	눈	eye	目0	눈 목	eye
口	구	입	mouth	口0	입 구	mouth
鼻	비	코	nose	鼻0	코 비	nose
小	소	작다	small	小0	작을 소	small
相	상	서로	mutual	目4	눈 목	eye
足	족	발, 넉넉하다	foot, enough	足0	발 족	foot
之	지	~의	of, 's (possessive)	ノ3	삐침 별	left stroke
心	심	마음	mind	心0	마음 심	heart
身	신	몸	body	身0	몸 신	body
體	체	몸	body	骨13	뼈 골	bone

새로 나온 漢字語

洗手	wash one's hands (and face), wash up
耳目口鼻	ears, eyes, mouth, and nose; face
東小門	area in Seoul, (*lit.* east small gate)
相	features, face
手足	hands and feet
父子之間	between father and son, father-son relation
母女之間	between mother and daughter, mother-daughter relation
心身	mind and body
身體	body

☞漢字語를 더 찾아봅시다

洗車	手中
木手	小人
目前	名目
耳目	食口
人口	出入口
身上	全身
出身	人體
全體	左右之間
本心	小心
安心	人心
中心	心中
手相	外相

練習

읽기 연습

1. 다음 한자를 읽으세요.

(1) 口 (2) 小 (3) 之 (4) 心 (5) 目
(6) 耳 (7) 手 (8) 足 (9) 洗 (10) 相
(11) 身 (12) 鼻 (13) 體

2. 다음 한자어를 읽으세요.

(1) 大小 (2) 本心 (3) 心身 (4) 手足 (5) 兄弟之間
(6) 身體 (7) 人心 (8) 洗手 (9) 出口 (10) 耳目口鼻

3. 다음 그림에서 漢字에 해당되는 身體부위를 찾아 線으로 연결하세요.

(1) 耳

(2) 手

(3) 目

(4) 足

(5) 口

(6) 鼻

4. 다음 문장을 읽으세요.

(1) 건강한 身體에 건강한 정신!
(2) 그 청년은 耳目口鼻가 잘 생겼다.
(3) 本心은 착한 사람이니 이해해 주세요.
(4) 兄弟之間에 싸우지 말고 사이좋게 지내거라.
(5) 우리 하숙집 주인 아주머니는 人心이 후하다.
(6) 우리 할아버지는 手足이 불편하시다.
(7) 남의 耳目이 두려워서 큰 소리로 말할 수가 없었다.
(8) 어제 밤에는 너무 피곤해서 洗手도 하지 않고 잤다.
(9) "걸리버 여행기"에 나오는 小人國 이야기는 늘 재미있다.
(10) 고등學校 學生들은 大學 入學 시험 준비로 心身이 고달프다.

5. 다음 한자어를 읽고 그 뜻을 찾아 연결하세요.

(1) 洗手	ears, eyes, mouth and nose; face
(2) 身體	wash one's hands (and face)
(3) 人心	sisterhood
(4) 手足	body
(5) 耳目口鼻	hands and feet
(6) 姉妹之間	man's mind, hospitality

✍ 쓰기 연습

1. 다음 한자를 필순에 맞게 쓰세요.

(1) 之 (2) 口 (3) 目 (4) 小

(5) 心 (6) 耳 (7) 手 (8) 洗

(9) 足 (10) 身 (11) 相 (12) 鼻

(13) 體

2. 다음 단어를 한자로 쓰세요.

(1) 이목 (2) 세수

(3) 소인 (4) 수족

(5) 신체 (6) 심신

(7) 인심 (8) 이목구비

(9) 본심 (10) 좌우지간

3. 밑줄 친 부분을 한자로 쓰세요.

(1) 그 사건은 세상 사람들의 이목(   )을 끌었다.

(2) 빨리 세수(   )하고 밥 먹고, 학교(   ) 가거라.

(3) 외국(   ) 여행을 다녀왔더니 심신(   )이 상쾌하다.

(4) 우리 이모는 이목구비(　　　　)가 뚜렷한

미인(　　)이다.

(5) 신체(　　) 건강한 대한민국 남자(　　)는 군대에 갈

의무가 있다.

4. □ 안에 알맞은 한자를 써 넣으세요.

(1) 우리 고향은 예로부터 人□이 참 좋다.

(2) 우리 兄은 耳目□□가 다 잘생겼어요.

(3) 兄弟□間에 너무 내 것 네 것 따지지 말아라.

(4) 이 양로원에는 手□을 잘 못쓰는 노인들이 많다.

(5) 男子들이 군대 가기 前에 모두 身□검사를 받는다.

(6) 인수야, 아침에 일어나면 우선 □手부터 깨끗이 해라.

第十課 한글과 漢字 (Han'gŭl and Hancha)

새 漢字: 漢 字 文 世 宗 訓 民 正 音 百 洋 表 意

"나라의 말이 中國과 달라서 文字로는 서로 통하지 않는다. 이런 이유로 어리석은 백성들이 말하고자 하는 것이 있어도 제 뜻을 펴지 못하는 사람이 많다. 내가 이를 불쌍히 생각해서 새로 스물여덟 자를 만들었으니 사람마다 쉽게 익혀서 날마다 쓸 때에 편안하게 하고자 할 뿐이다."

이것은 世宗大王이 訓民正音을 만드신 後 百姓들에게 하신 말씀이다. 약 五百年前 訓民正音을 만드신 世宗大王의 뜻이 잘 나타나 있다.

東洋과 西洋에는 많은 나라가 있다. 그러나 제 나라 文字가 있는 나라는 그리 많지 않다. 제 나라 文字가 있는 나라는 先祖들께 감사할 일이다.

한글은 表音文字이다. 소리글자라는 뜻이다. 소리글자는 世上의 모든 말을 거의 다 적을 수 있다. 漢字는 表意文字이어서 文字마다 뜻이 있다. 그러므로 漢字는 그 수가 많아 배울 때에 時間이 걸린다. 그러나 表意文字인 漢字는 하나를 보면 열을 알게 된다.

풀이

한자	소리	뜻		부수	부수이름	부수뜻
漢	한	한나라	Han dynasty of China	水/氵11	물 수	water
字	자	글자	letter	子3	아들 자	son
文	문	글월	writing	文0	글월 문	letter
世	세	인간	world	一4	한 일	one
宗	종	으뜸, 겨레	main; ancestral	宀5	집 면	roof
訓	훈	가르치다	instruct	言3	말씀 언	speech
民	민	백성	the people	氏1	각시 씨	family name
正	정	옳다	right, correct	止1	그칠 지	stop
音	음	소리	sound	音0	소리 음	sound
百	백	일백	hundred	白1	흰 백	white
洋	양	큰 바다	ocean	水/氵6	물 수	water
表	표	겉, 나타내다	surface; express	衣3	옷 의	clothes
意	의	뜻	intention, will	心9	마음 심	heart

새로 나온 漢字語

漢字[한짜]	Chinese character	文字[문짜]	letter, script
世宗大王	the Great King Sejong	訓民正音	Korean script, Han'gŭl
百姓	people	東洋	Orient, the East
西洋	Occident, the West	表音文字	phonetic letter
表意文字	ideographic letter		

☞漢字語를 더 찾아봅시다

字母 英字
文學 文化
本文 漢文
世上 出世
宗家 宗敎
家訓 校訓
民間人 民心
國民 正午
正月 正正堂堂
母音 子音
百日 意外
意中 本意
洋食 五大洋
表出

練習

읽기 연습

1. 다음 漢字를 읽으세요.
   (1) 文 (2) 百 (3) 正 (4) 民 (5) 世
   (6) 字 (7) 音 (8) 宗 (9) 洋 (10) 意
   (11) 訓 (12) 表 (13) 漢

2. 다음 漢字語를 읽으세요.
   (1) 世上 (2) 文字 (3) 西洋 (4) 表音文字
   (5) 百姓 (6) 宗敎 (7) 民間人 (8) 世宗大王
   (9) 東洋 (10) 漢字 (11) 東西洋 (12) 表意文字

3. 다음 문장을 읽으세요.
   (1) 姓名을 漢字로 써 주세요.
   (2) 東西洋의 文化에는 상당한 차이가 있다.
   (3) 저의 아버지는 祖父님한테서 漢文을 배웠어요.
   (4) 家出 少年을 百方으로 찾아보았으나 찾지 못했다.
   (5) 이 노래는 音이 너무 높아서 따라 부르기가 힘들다.
   (6) 다른 사람의 意中을 정확하게 알기는 쉽지 않다.
   (7) 우리 어머니는 宗家집 큰며느리로 살림을 잘하신다.
   (8) 世宗大王은 韓國 역사상 가장 훌륭한 王이다.

4. 다음 漢字語를 읽고 그 뜻을 찾아 연결하세요.

(1) 世上	phonetic letter
(2) 百姓	Korean script
(3) 漢字	world
(4) 世宗大王	ideographic letter
(5) 訓民正音	people
(6) 表音文字	Chinese character
(7) 表意文字	Great King Sejong

5. 다음 四字성어가 적절하게 사용된 것을 고르세요.

   "正正堂堂"

   (1) 나는 밤새도록 正正堂堂하게 공부를 열심히 했다.
   (2) 父母님께 正正堂堂하게 효도해야 한다.
   (3) 우리는 축구대회에서 正正堂堂하게 싸워 이겼다.
   (4) 그는 교통사고 소식을 듣고 正正堂堂하게 놀랐다.

쓰기 연습

1. 다음 漢字를 필순에 맞게 쓰세요.

   (1) 文 ☐ (2) 百 ☐ (3) 正 ☐ (4) 世 ☐

(5) 字 ☐　(6) 民 ☐　(7) 宗 ☐　(8) 音 ☐

(9) 訓 ☐　(10) 意 ☐　(11) 洋 ☐　(12) 表 ☐

(13) 漢 ☐

2. 다음 단어를 漢字로 쓰세요.

(1) 세상 ☐☐　(2) 민간인 ☐☐☐

(3) 동양 ☐☐　(4) 표의문자 ☐☐☐☐

(5) 한자 ☐☐　(6) 세종대왕 ☐☐☐☐

(7) 서양 ☐☐　(8) 표음문자 ☐☐☐☐

(9) 백성 ☐☐　(10) 정정당당 ☐☐☐☐

3. 밑줄 친 부분을 漢字로 쓰세요.

(1) "민심(☐☐)이 천심(天心)이다"라는 말이 있다.

(2) 저는 서양(☐☐) 음식보다 한국(☐☐) 음식을 더 좋아해요.

(3) 이 세상(☐☐)에는 제 나라 문자(☐☐)가 없는 나라가 많다.

(4) 하루에 두 시간(☐☐☐)씩 한자(☐☐)를 공부해요.

(5) 세종대왕(☐☐☐☐)은 백성(☐☐)을 사랑하셔서 訓民正音을 만드셨다.

4. □ 안에 알맞은 漢字를 써 넣으세요.

(1) 저 곳은 군사지역이므로 □間人 出入이 안된다.

(2) 내일 □午 十一時에 學校 後門에서 만나요.

(3) 訓□□音은 □□大王이 만드셨다.

(4) 한글은 表音文□이고 漢字는 表□□□이다.

(5) 내 전공은 東□學인데 그 中에서도 韓國□에 관심이 많다.

復習 및 活用 (第六課 ~ 第十課)

復習

1. 맞선

오늘은 우리 언니가 맞선을 보러 나가는 날이다. 언니는 아침 일찍 일어나 洗手를 하고 정성스럽게 화장을 했다. 그리고 이 옷 저 옷을 꺼내 입어 보면서 午前 내내 外出 준비를 했다. 언니는 원래 手足이 자그마한 東洋 美人인데 오늘은 더 예뻐 보였다. 함께 나가시는 어머니도 한복을 곱게 차려 입으시니 다른 날보다 더 젊어 보이셨다. 다정하게 大門을 나서는 어머니와 언니는 母女之間이라기보다 姉妹之間으로 보였다.

언니가 선을 보기로 한 時間이 가까워지자 나는 너무나 궁금해서 참을 수가 없었다. 그래서 약속 장소인 호텔 커피숍으로 나가 보았다. 멀리 창가 쪽으로 어머니와 언니가 나란히 앉아 있는 뒷모습이 보였다. 맞은편에는 身體가 건장한 청년과 어머니로 보이는 中年 부인이 앉아 있었다. 나는 눈에 뜨이지 않는 구석 자리에 安全하게 앉아서 신랑감을 자세히 살펴보았다. 光化門에 있는 컴퓨터 회사에 다닌다는 신랑감은 耳目口鼻가 잘생긴 美男이었다. 大學때 國文學을 전공하고 지금은 中學校 國語 先生인 언니와 잘 어울려 보였다. 小心하고 신중한 언니의 意中을 알 수는 없지만 얼굴 표정을 보니 신랑감이 마음에 드는 것 같았다. 나에게도 곧 형부가 생길 모양이다.

2. 성묘

지난 한식날이 마침 日曜日이어서 온 家族이 함께 성묘를 갔다. 날씨가 좋아서인지 성묘객이 유난히 많았다. 공원묘지 入口가 가까워지자 四車線 도로가 自動車로 가득 찼다. 경찰 白車까지 와서 교통정리를 해야 했다. 우리는 正午가 다 되어서야 공원묘지에 도착했다. 보통 때보다 二時間이나 더 걸렸다.

우선 親祖父母님의 산소를 찾았다. 父母님께서 준비해 온 음식을 차려 놓고 먼저 절을 올리셨고 뒤따라 우리 兄弟도 절을 했다. 공원묘지에는 우리 外에 百名도 넘는 사람들이 前後左右 四方에서 祖上의 묘에 절을 하고 있었다. 우리 옆에서는 한 中年 女人이 男妹로 보이는 열 살 內外의 少年, 少女와 함께 성묘를 하고 있었다.

점심 後에는 공원묘지 여기저기를 돌아보았다. 묘 앞에 세워진 비석마다 돌아가신 분의 姓名이 漢字로 써 있었다. 李氏, 朴氏와 같은 姓은 읽을 수 있었지만, 그 外의 漢字는 어려워서 읽을 수가 없었다. 한글로 썼더라면 다 읽을 수 있을 텐데. 訓民正音을 만드신 世宗大王이 새삼 고마웠다.

午後 늦게 집에 도착했을 때는 多少 피곤했다. 그러나 祖上의 산소를 찾아 성묘를 하고 오니 子孫의 도리를 다한 것 같아 마음이 흡족했다.

活用

1. 아래 自動車의 "위"와 "아래", "앞"과 "뒤", 그리고 "안"과 "밖"에 있는 빈 칸에 해당되는 漢字를 써 넣으세요.

2. 다음은 빌의 家族사진입니다. 빌의 "할아버지", "할머니", "아버지", "어머니", "여동생"을 찾아서 빈 칸에 漢字로 써 넣으세요.

3. 다음은 철수의 兄 결혼식에 참석한 손님들의 명단을 적은 방명록 입니다. 漢字 姓名을 한글로 바꾸어 옆에 써 넣으세요.

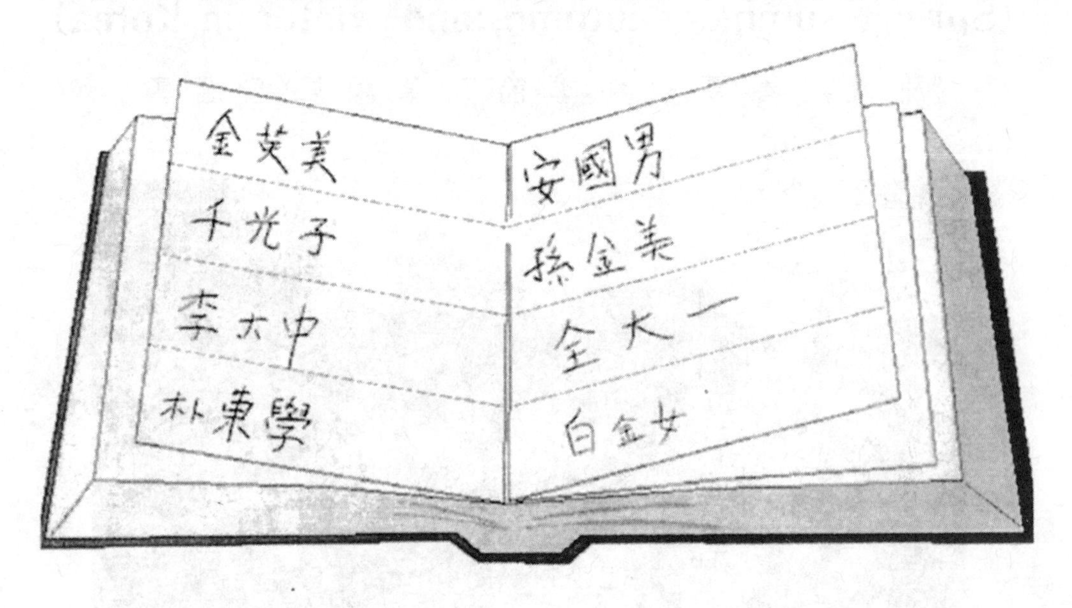

4. 身體의 부분을 나타내는 다음 漢字의 音을 (   ) 안에 한글로 쓰세요. 그리고, 그림에서 해당되는 身體 부분과 연결하세요.

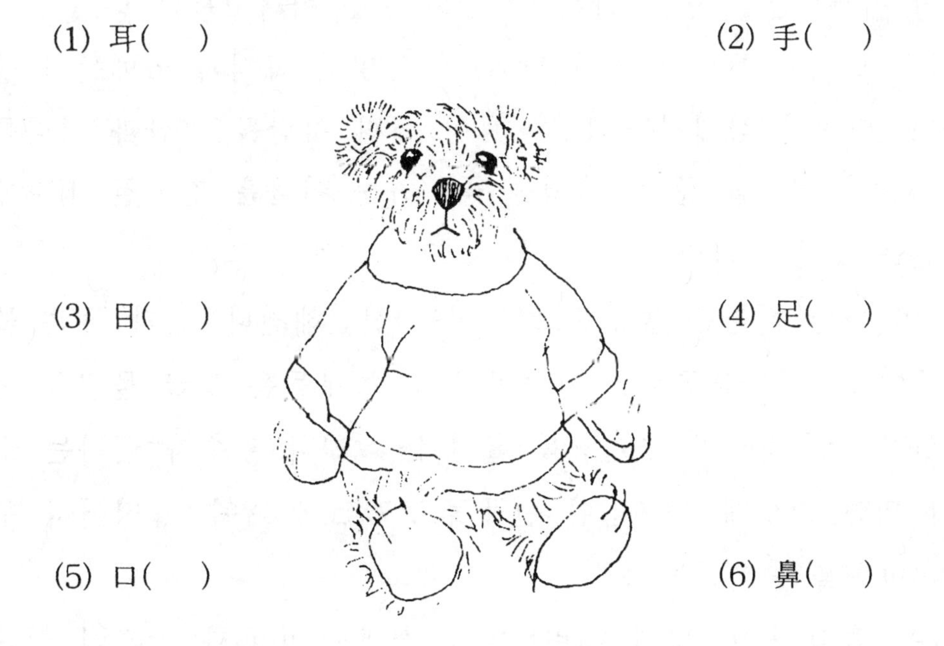

(1) 耳(   )　　(2) 手(   )

(3) 目(   )　　(4) 足(   )

(5) 口(   )　　(6) 鼻(   )

第十一課　韓國의 春夏秋冬
(Spring, summer, autumn, and winter in Korea)

새 漢字: 春 夏 秋 冬 季 節 花 草 雨 風 寒 溫 雪

韓國은 春夏秋冬 四季節의 변화가 뚜렷하다. 날씨가 따뜻한 봄에는 百花가 만발하고 草木들은 날로 푸름을 더해 간다. 특히 年中 가장 아름다운 달인 五月은 "季節의 女王"이라고들 한다.

여름은 날씨가 무덥고 비가 많이 와 논밭의 곡식과 열매들이 살쪄 간다. 더위가 심해지는 七, 八月이 되면 사람들은 산과 바다를 찾아 心身의 피로를 푼다. 여행을 좋아하는 이들은 장마철 雨中에도 자연을 찾아 떠난다.

가을이 되면 하늘은 높푸르고 날씨는 선선해진다. 산과 들은 물감을 풀어놓은 듯 울긋불긋 단풍이 들고 농부들은 황금 물결을 이룬 벼들을 추수하느라 구슬땀을 흘린다. 그러나 추수가 끝나는 十一月이 되면 그렇게 아름답던 단풍들도 秋風에 우수수 떨어져 우리들의 마음을 쓸쓸하게 한다.

겨울은 춥고 눈이 많이 내린다. 그 中에도 小寒과 大寒이 있는

一月은 一年 中 제일 춥다. 다행히 三日은 춥고 四日은 따뜻한 三寒四溫 덕분에 겨울 나기가 多少 수월한 편이었는데 요즘은 이상기온 때문에 이러한 특징이 사라져 간다.

무엇보다도 겨울의 정취는 雪花에 있다. 눈이 내린 겨울날 아침에 창문을 열면 앙상한 나뭇가지마다 피어난 하얀 눈꽃들! 이들 순백의 雪花를 보고 있으면 잠시 하늘나라 화원에 있는 느낌이 든다.

풀이

한자	소리	뜻		부수	부수이름	부수뜻
春	춘	봄	spring	日^{5}	날 일	sun
夏	하	여름	summer	夊^{7}	뒤져올 치	walk slowly
秋	추	가을	autumn	禾^{4}	벼 화	rice
冬	동	겨울	winter	冫^{3}	얼음 빙	ice
季	계	끝, 계절	last; season	子^{5}	아들 자	son
節	절	마디	joint	竹^{9}	대 죽	bamboo
花	화	꽃	flower	艸/艹^{4}	풀 초	grass
草	초	풀	grass	艸/艹^{6}	풀 초	grass
雨	우	비	rain	雨^{0}	비 우	rain
風	풍	바람	wind	風^{0}	바람 풍	wind
寒	한	춥다	cold	宀^{9}	집 면	roof
溫	온	따뜻하다	warm	水/氵^{10}	물 수	water
雪	설	눈	snow	雨^{3}	비 우	rain

새로 나온 漢字語

春夏秋冬	spring, summer, autumn, and winter	四季節	four seasons
草木	grass and trees	百花	all kinds of flowers
雨中	in the rain	季節	season
小寒	beginning of the severest cold	秋風	autumn wind
雪花	snow flower	大寒	height of the winter cold
		三寒四溫	cycle of three cold days and four warm days

漢字語를 더 찾아봅시다

春雪	夏季
春秋	冬季
四季	名節
時節	音節
雨水	風車
季節風	寒食
溫水	溫室
水溫	體溫
大雪	白雪

練習

읽기 연습

1. 다음 漢字를 읽으세요.

(1) 春 (2) 雨 (3) 秋 (4) 冬 (5) 季
(6) 草 (7) 花 (8) 夏 (9) 寒 (10) 溫
(11) 風 (12) 節 (13) 雪

2. 다음 漢字語를 읽으세요.

(1) 白雪　(2) 草木　(3) 百花　(4) 季節風　(5) 春夏秋冬
(6) 春雨　(7) 溫室　(8) 秋風　(9) 四季節　(10) 三寒四溫

3. 다음 漢字語를 읽고 그 뜻을 찾아 연결하세요.

(1) 秋風

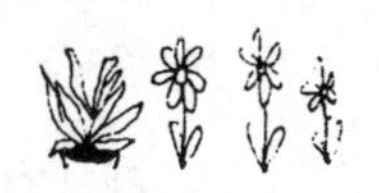

(2) 冬節

(3) 風雨

(4) 草木

(5) 四季節

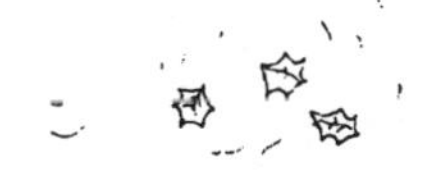

4. (　　)안에 알맞은 漢字語를 보기에서 고르세요.

① 草木	② 春雪	③ 春風	④ 大寒
⑤ 季節	⑥ 溫室	⑦ 冬季	⑧ 大雪

(1) 韓國은 春夏秋冬 四(　　)의 변화가 뚜렷하다
(2) 그는 캘거리 (　　) 올림픽에서 金메달을 획득했다.

(3) 봄에 내리는 눈을 (   )이라고 한다.
(4) (   )에서 자란 花草는 風雨에 약하다.
(5) 春雨와 (   )에 百花가 활짝 피었다.
(6) 外國에서 오래 살다 보니 祖國의 산천과 (   )이 다 그립다.

✍ 쓰기 연습

1. 다음 漢字를 필순에 맞게 쓰세요.

(1) 春 □ (2) 夏 □ (3) 秋 □ (4) 冬 □
(5) 季 □ (6) 節 □ (7) 花 □ (8) 雨 □
(9) 風 □ (10) 溫 □ (11) 寒 □ (12) 草 □
(13) 雪 □

2. 다음 단어를 漢字로 쓰세요.

(1) 풍우 □□ (2) 온실 □□
(3) 화초 □□ (4) 춘설 □□
(5) 백설 □□ (6) 춘하추동 □□□□
(7) 추계 □□ (8) 삼한사온 □□□□
(9) 사계절 □□□

3. 밑줄 친 부분을 漢字로 쓰세요.

(1) 春夏秋冬 各 계절(□□)마다 피는 꽃이 다르다.
(2) 집에 화초(□□)가 많으면 분위기가 좋다.

(3) 우수(□□)가 되면 맵던 추위가 한풀 꺾인다.

(4) 풍차(□□)는 튤립 꽃의 나라인 네덜란드의 상징이다.

(5) 韓國의 겨울에는 삼한사온(□□□□)의 특징이 있다.

4. 다음은 韓國의 四季節에 관한 사진입니다. 사진에 알맞은 季節을 漢字 한 글자로 쓰세요.

(1) □

(2) □

(3) □

(4) □

5. ☐ 안에 알맞은 漢字를 써 넣으세요.

節 春 雪 風 寒 雨 草 季 夏 秋 花

(1) 올 봄에도 春☐ 농구 대회가 잠실 체육관에서 열린다.

(2) 나는 一年 四季☐ 中에서 가을을 제일 좋아한다.

(3) 뭐니뭐니해도 小☐이 있는 一月이 제일 춥다.

(4) 올해는 三月에도 春☐이 내리는 등 꽃샘추위가 매서웠다.

(5) 우리 祖父님은 여름 장마철 ☐中에도 산책을 즐기신다.

6. 다음의 풀이를 읽고 알맞은 漢字語를 쓰세요.

(1) 흰 눈: ☐☐

(2) 가을 바람: ☐☐

(3) 봄에 내리는 비: ☐☐

(4) 풀과 나무: ☐☐

(5) 사흘은 춥고 나흘은 따뜻한 날씨: ☐☐☐☐

7. ☐ 안에 적당한 漢字를 넣어서 四字성어를 완성한 後 짧은 글을 지으세요.

(1) 三☐五☐ :

(2) ☐後☐右 :

(3) 三 ☐ 四 ☐ :

(4) ☐ 目 ☐ 鼻 :

(5) 春 ☐ 秋 ☐ :

8. 배운 漢字를 써서 다음의 제목으로 글을 써 보세요.

제목: 韓國의 四季節

____

____

____

____

____

____

____

____

____

____

____

____

____

第十二課 제주도에서 (On Cheju Island)

새 漢字: 然 青 綠 色 植 物 園 赤 黃 黑 山 江 川

보고 싶은 아저씨께,

아저씨, 그동안 안녕하셨어요? 저는 지금 제주도에서 이 편지를 쓰고 있어요. 제주도는 韓國에서 가장 南쪽에 있는 섬이에요. 그래서 이곳은 겨울에도 따뜻해요. 또한 공기가 맑고 自然이 아름답기 때문에 春夏秋冬 一年 내내 관광객이 많아요.

어제는 하루 종일 바닷가에서 보냈어요. 青綠色 바다와 푸른 하늘이 끝없이 펼쳐져 있었어요. 오늘은 植物園에 갔는데 서울에서는 볼 수 없는 南國의 花草가 많았어요. 특히 赤黃色의 꽃들이 綠色의 나뭇잎과 잘 어울려서 보는 이들의 눈을 즐겁게 했어요. 植物園에서 돌아오는 길에 제주도의 특산물인 돌하루방을 샀어요. "돌하루방"이란 "돌로 만든 할아버지"라는 뜻의 제주도 사투리예요. 구멍이 숭숭 뚫린 黑色 火山돌로 만든 돌하루방은 제주도 어디서나 볼 수 있지요.

내일은 한라산 등산을 하려고 해요. 한라산은 韓國에서 둘째로 높은 山이에요. 날씨가 맑은 날에는 山 꼭대기 어디에서나 바다가 한눈에 보인다고 해요. 내일도 오늘처럼 날씨가 맑을 것 같은데 山을 오르는 동안 어떻게 변할 지 모르겠네요. 제주도는 섬이기 때문에 이렇게 바다와 山을 함께 즐길 수 있어요.

아저씨께서는 늘 韓國의 아름다운 江山을 잊을 수 없다고 말씀하셨지요? 정말 韓國은 山川이 아름다운 나라예요. 언젠가 아저씨와 함께 다시 제주도에 오고 싶어요. 그럼 오늘은 이만 줄입니다. 안녕히 계십시오.

2002年 8月 7日

제주도에서 민지 올림

풀이

한자	소리	뜻		부수	부수이름	부수뜻
然	연	그렇다	yes, certainly	火/灬 8	불 화	fire
靑	청	푸른 (색)	blue	靑 0	푸를 청	blue
綠	록/녹	초록 (색)	green	糸 8	실 사	thread
色	색	색	color	色 0	빛 색	color
植	식	심다	plant	木 8	나무 목	tree
物	물	만물	matter, thing	牛 4	소 우	ox
園	원	동산	garden	口 10	큰입 구	enclosure
赤	적	붉은 (색)	red	赤 0	붉을 적	red
黃	황	노란 (색)	yellow	黃 0	누를 황	yellow

黑	흑	검은 (색)	black	黑^0	검을 흑	black
山	산	산	mountain	山^0	메 산	mountain
江	강	물	river	水/氵^3	물 수	water
川	천	내	stream	巛/川^0	내 천	stream

Note
綠 is 녹 word-initially and 록 elsewhere, as in 綠色 녹색 'green color', 綠茶 녹차 'green tea', 草綠 초록 'green', and 靑綠 청록 'bluish green'. (For 茶 차/다 'tea', see Lesson 35.)

새로 나온 漢字語

自然	nature	靑綠色	bluish-green color
植物園	botanical garden, arboretum	赤黃色	reddish-yellow color
綠色	green color	黑色	black color
火山	volcano	山	mountain
江山	rivers and mountains	山川	mountains and streams

漢字語를 더 찾아봅시다

自然美	靑年
靑春	綠地
草綠	靑色
植木日	植物
生物	動物
動物園	人物
草食動物	赤道
赤十字	赤字
黃金	黑白
黑人	黑字

南山　　北漢山
漢江　　山川草木

練習

읽기 연습

1. 다음 漢字를 읽으세요

(1) 山 (2) 川 (3) 色 (4) 江 (5) 赤
(6) 青 (7) 園 (8) 物 (9) 黃 (10) 黑
(11) 植 (12) 然 (13) 綠

2. 다음 漢字語를 읽으세요.

(1) 山川 (2) 人物 (3) 生物 (4) 植物園 (5) 動物
(6) 黑色 (7) 自然 (8) 江山 (9) 青綠色 (10) 赤黃色

3. 다음 漢字語를 읽고 그 뜻을 찾아 연결하세요.

(1) 黃金	green color
(2) 自然	gold
(3) 花草	flowering plants
(4) 綠色	four seasons
(5) 植物園	nature
(6) 四季節	botanical garden

4. 관계있는 그림을 찾아 연결하세요.

(1) 白色

(2) 綠色

(3) 黃色

(4) 赤色

(5) 赤黃色

(6) 靑色

5. 다음 문장을 읽으세요.

(1) 가을에는 山川草木이 靑綠色에서 赤黃色으로 변한다.
(2) 서울 대공원에는 植物園도 있고 動物園도 있다.
(3) "十年이면 江山도 변한다"는 속담을 아세요?.
(4) 이 世上에는 黃人, 黑人, 白人들이 다 함께 모여 산다.
(5) 人間이 自然을 보호하면 自然은 人間을 보호한다.

✍ 쓰기 연습

1. 다음 漢字를 필순에 맞게 쓰세요.

(1) 川 (2) 山 (3) 色 (4) 江

(5) 物 (6) 靑 (7) 赤 (8) 植

(9) 然 (10) 黃 (11) 黑 (12) 綠

(13) 園

2. 다음 단어를 漢字로 쓰세요.

(1) 백색 (2) 흑색

(3) 청색 (4) 적색

(5) 자연 (6) 산천

(7) 식물 (8) 한강

3. 밑줄 친 부분을 漢字로 쓰세요.

(1) 동해에 도착하니 청록색( ) 바다가 우리를 반겼다.

(2) 韓國의 정원은 자연미( )를 그대로 살리는 게 특징이다.

(3) 황금색( ) 옷은 화려해 보인다.

(4) 韓國은 全 國土의 七할이 산( )이고 강( )들도 많다.

(5) 우리 반 學生들은 스탕달의 "적( )과 흑( )"을 읽고 독후감을 썼다.

(6) 이번 생물 시간( )에는 동물( )과 식물( )에 대해서 배웠다.

(7) 춘우(　　)에 산천초목(　　　　)이 한결 푸르다.

4. □ 안에 알맞은 漢字를 써 넣으세요.

(1) 이번 달에는 지출이 많아서 가계부가 □字이다.
① 赤 ② 青

(2) 초록색 십자가 모양의 □十字 깃발이 환경 단체 건물에 걸려 있다.
① 赤 ② 綠

(3) 동물원은 昨年에 가 보았으니 이번에는 □物園 구경을 갑시다.
① 植 ② 動

(4) 世上에는 피부 色이 하얀 白人도 있고 검은 □人도 있다.
① 黑 ② 黃

(5) 山□은 옛날과 같은데 마을은 간 곳이 없구나.
① 川 ② 江

第十三課 電氣불과 호롱불
(Electric light and gaslight)

새 漢字: 電 氣 工 場 所 發 昨 力 見 原 來 空 活

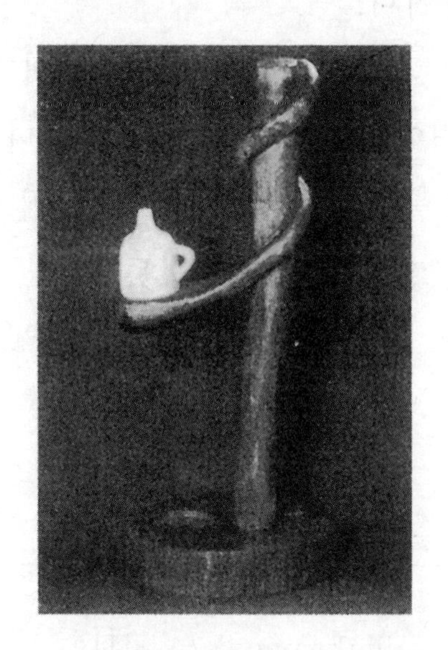

電氣가 없던 옛날에는 밤이면 호롱불 밑에서 책을 읽었다. 아직 산업이 발달되지 않았던 그 時節에는 電氣가 없어도 큰 불편이 없었을 지도 모른다. 호롱불 밑에서 책을 읽는 선비의 모습은 얼마나 옛스러운가? 그러나 이제 현대인은 電氣없이 하루도 살아갈 수 없게 되었다. 잠시, 하루 동안 정전이 되었다고 상상을 해 보자. 우선 컴퓨터와 관련된 모든 업무가 중단되고 工場의 기계들이 움직이지 않아 생산이 멈출 것이다. 또한 지하철 운행이 정지되고 고층 건물의 엘리베이터가 작동되지 않는 등 도시 전체가 마비될 것이다.

오늘날 電氣는 어느 場所에서나 필요하지만 특히 환자를 치료하는 병원에서는 필수적이다. 그래서 병원이나 실험실 같은 곳에서는 電氣가 나가는 경우를 대비해서 自家發電 시설을 갖추고 있다.

昨年에 나는 친구들과 함께 水力 發電所를 見學한 적이 있는데 그 규모가 엄청나서 놀랐다. 水力 發電所와 火力 發電所 外에 原子力 發電所가 생긴 지도 오래 前이다. 來日은 또 어떤 發電所가 생겨 날 지 모를 일이다.

人間이 空氣 없이 살아갈 수 없듯이 현대인은 電氣 없이는 하루도 生活하기가 어렵게 되었다. 그런데도 나는 가끔 밝은 電氣불 대신 따사로운 호롱불 아래서 밤새 책을 읽고 싶을 때가 있다. 밝은 태양보다 은은한 달빛이 더 그립듯이.

풀이

한자	소리	뜻		부수	부수이름	부수뜻
電	전	번개	lightning	雨 5	비 우	rain
氣	기	기운, 숨	air, breath	气 6	기운 기	vapor
工	공	장인	craftsman	工 0	장인 공	workman
場	장	마당	ground, place	土 9	흙 토	earth
所	소	자리, 위치	place	戶 4	지게 호	door
發	발	쏘다, 떠나다	shoot, issue depart	癶 7	걸을 발	walk
昨	작	어제	yester-	日 5	날 일	sun
力	력/역	힘	power	力 0	힘 력	strength
見	견	보다	see	見 0	볼 견	see
原	원	근본	basis	厂 8	기슭 엄	cliff
來	래/내	오다	come	人 6	사람 인	person
空	공	비다	empty	穴 3	구멍 혈	hole
活	활	살다	live	水/氵 6	물 수	water

Notes

1. 力 is 역 word-initially and 력 elsewhere, as in 力說 역설 'assertion' and 原子力 원자력 'atomic power'. (See Lesson 37 for 說 설 'speech').
2. 來 is 내 word-initially and 래 elsewhere, as in 來日 내일, 來世 내세 'afterworld', 去來 거래 'transactions', and 本來 본래 'originally'. (For 去 거 'go', see Lesson 32.)

새로 나온 漢字語

電氣	electricity	工場	factory
場所	place	自家發電[-발전]	independent power source
昨年	last year	水力 發電所	hydroelectric power plant
見學	field trip, observation	火力 發電所	thermoelectric power plant
空氣	air	原子力 發電所	atomic power plant
來日	tomorrow	生活	living, life

漢字語를 더 찾아봅시다

電子	節電
氣溫	人氣
日氣	工業
場內	場面
場外	發見
發表	發行
出發	人力
自力	全力
電力	活力
見物生心	見本
所見	原木

原本	來年
來世	空間
空白	空中
活氣	活動
活字	活火山

練習

읽기 연습

1. 다음 漢字를 읽으세요.

(1) 工 (2) 力 (3) 見 (4) 活 (5) 空
(6) 所 (7) 來 (8) 原 (9) 昨 (10) 場
(11) 氣 (12) 發 (13) 電

2. 다음 漢字語를 읽으세요.

(1) 生活 (2) 見學 (3) 空氣 (4) 原子力 (5) 水力發電
(6) 場所 (7) 電氣 (8) 昨年 (9) 來日 (10) 自家發電
(11) 工場 (12) 見物生心

3. 다음 漢字語를 읽고 그 뜻을 찾아 연결하세요.

(1) 電氣	air
(2) 空氣	place
(3) 場所	learning by observation
(4) 見學	atomic power
(5) 原子力	power plant
(6) 發電所	electricity

4. 다음 문장을 읽으세요.

(1) 自動車가 많아지면서 공기 오염이 심해졌다.

(2) 來年에는 이 場所에 水力 發電所를 세울 계획이라고 한다.

(3) 電氣가 갑자기 나갈 경우 우리 工場에서는 自家發電을 한다.

(4) 三學年 學生들은 來日 原子力 發電所로 見學을 간다.

(5) 美國 대륙을 처음 發見한 사람은 누구인가요?

(6) 저 英國人은 昨年부터 韓國에서 살았다고 한다.

✍ 쓰기 연습

1. 다음 漢字를 필순에 맞게 쓰세요.

(1) 工 (2) 力 (3) 見 (4) 空

(5) 來 (6) 發 (7) 所 (8) 氣

(9) 原 (10) 活 (11) 場 (12) 電

(13) 昨

2. 다음 단어를 漢字로 쓰세요.

(1) 견학 (2) 인력

(3) 공기 (4) 자가발전

(5) 수력 (6) 자연생활

(7) 전기 (8) 공장견학

(9) 작년

3. 밑줄 친 부분을 漢字로 쓰세요.

(1) 검소하고 성실한 생활인(　　　)이 됩시다.

(2) 그 식물(　　)을 처음 발견(　　)한 사람은 누구인가요?

(3) 현대인은 전기(　　) 없이 단 한 시간(　　)도 생활(　　)하기 어렵다.

(4) 이 水力 발전소(　　　)에는 견학(　　)을 오는 학생(　　)들이 많다.

(5) 원래(　　) 이 공장(　　)은 로보트를 만드는 곳이었다.

(6) 그는 부모(　　)의 도움 없이 자력(　　)으로 생활(　　)한다.

4. □ 안에 알맞은 漢字를 써 넣으세요.

(1) 시골에서 사니 空□가 맑아서 좋다.

(2) 그는 韓國에서 제일 유명한 김치 □場의 사장이었다.

(3) 인류의 역사는 위대한 發□과 발명에 의해 발전해 왔다.

(4) □年에는 三月 하순에 꽃이 피었는데 올해는 아직 꽃소식이 없다.

(5) [ ] 年에는 우리 家族 모두 日本으로 여행을 가기로 했다.

5. 다음 四字성어의 뜻을 풀이하고 관련된 짧은 글을 써 보세요.

"見物生心"

(1) 뜻 풀이:

(2) 짧은 글

____

____

____

____

____

第十四課 중매 좀 서 주세요
(Please be my go-between)

새 漢字: 農 村 邑 面 里 都 市 天 夫 區 洞 郡

결혼은 一生을 左右하는 가장 큰 일이다. 그런데 요즈음 農村 青年들의 결혼 문제가 보통 일이 아니다. 邑이나 面, 里 같은 農村의 젊은 女子들이 大都市로 떠나기 때문이다.

"世上 天地에 제일 힘든 일이 뭔지 아세요? 농사짓는 일이에요. 난 우리 父母님처럼 살고 싶지 않아요. 이 좋은 世上에 무엇 때문에 그렇게 힘들게 살아요?"

農夫의 아내로 一生을 살기는 싫다는 게 그들의 생각이다. 父母들도 子女가 邑이나 面, 里 같은 村에서 農民으로 사는 것을 원하지 않는다. 그래서 어떤 農村 男子는 결혼을 하기 위해 都市로 나갔다가 결혼한 後 다시 農村으로 돌아오기도 한다. 신부감을 國內가 아닌 國外에서 구하는 사람도 있다고 한다.

都市로 나가는 家口는 해마다 늘어난다. 그래서 農村에 있는 學校들이 門을 닫는 일도 생기게 된다.

얼마 前 "西大門區의 처녀들, 江原道 農村 총각들과 맞선!"이라는 신문 기사를 본 일이 있다. 西大門區 연희 一洞에 사는 어떤 사업가가 自身이 태어난 郡의 青年들을 서울로 초대해서 西大門區 처녀들과 맞선을 보게 했다는 것이다. 그 사람은 分明히 고향을 사랑하는 사람일 것이다.

여러분, 農村 총각들에게 중매 좀 서 주세요!

풀이

한자	소리	뜻		부수	부수이름	부수뜻
農	농	농사	farming	辰6	별 진	star
村	촌	마을	village	木3	나무 목	tree
邑	읍	고을	town	邑0	고을 읍	town
面	면	고을, 낯	sub-county, face, side	面0	낯 면	face
里	리/이	마을	village (the smallest administrative unit)	里0	마을 리	hamlet
都	도	도읍	metropolis	邑/阝9	고을 읍	town
市	시	시장, 도시	market; city	巾2	수건 건	towel
天	천	하늘	heaven	大1	큰 대	big
夫	부	남편	husband	大1	큰 대	big
區	구	나누다 구역	divide; district	匚9	상자 방	box
洞	동	마을	village; administrative subdivision	水/氵6	물 수	water
郡	군	고을	county	邑/阝7	고을 읍	town

Notes

1. 里 is 이 word-initially and 리 elsewhere, as in 里長 이장 'head of a village' and 洞里 동리 'village, neighborhood'.
2. Korean may be called a "macro-to-micro" language, in that larger units precede smaller ones. In writing addresses, for example, administrative units come in the order of their size, with the largest first: 道 도 > 郡 군 > 邑 읍 > 面 면 > 里 리.

새로 나온 漢字語

農村	farming village	邑	town community
面	subdivision of county	里	sub-subdivision of county
大都市	big city	天地	heaven and earth; universe
農夫	farmer	村	village community
農民	farmer	都市	city
區	district (of a city)	洞	village, administrative subdivision
郡	county, district		

☞漢字語를 더 찾아봅시다

農家
農場
邑民
場面
小都市
市民
天國
天上
天體
夫人
區分

農園
自然農園
面前
表面
市內
市長
天文學
天然色
天下
人夫
郡民

練習

읽기 연습

1. 다음 漢字를 읽으세요.
   (1) 天 (2) 村 (3) 夫 (4) 市 (5) 面
   (6) 邑 (7) 里 (8) 區 (9) 洞 (10) 郡
   (11) 農 (12) 都

2. 다음 漢字語를 읽으세요.
   (1) 都市 (2) 木洞 (3) 天地 (4) 郡民 (5) 邑
   (6) 都農 (7) 農家 (8) 農民 (9) 農村 (10) 村家
   (11) 大都市 (12) 天上天下

3. 다음 漢字語를 읽고 그 뜻을 찾아 연결하세요.

(1) 農村	big city
(2) 農夫	farming village
(3) 天國	heaven and earth, universe
(4) 天地	farmer
(5) 大都市	heaven

4. 다음 문장을 읽으세요.
   (1) 都市生活과 農村生活의 차이점을 말해 보세요.
   (2) 昨年부터 農村으로 돌아오는 農民들이 늘었어요.
   (3) 주소를 쓸 때는 道, 郡, 邑, 面, 里의 순서로 쓴다.
   (4) 土曜日에 西大門區와 東大門區의 區民 대항 축구 시합이 있다.
   (5) 저 動物農場에는 外國에서 온 動物들이 많이 있어요.
   (6) 父母가 자식을 버려요? 左右之間, 世上天地에 그런 법은 없어요.
   (7) 文來洞 근처에 있는 木洞은 신시가지가 되어 살기 좋은 아파트 村이 되었다.

✍ 쓰기 연습

1. 다음 漢字를 필순에 맞게 쓰세요.

(1) 天 (2) 面 (3) 里 (4) 市

(5) 村 (6) 夫 (7) 邑 (8) 郡

(9) 洞 (10) 農 (11) 都 (12) 區

2. 다음 단어를 漢字로 쓰세요.

(1) 천하 (2) 천지

(3) 농부 (4) 군민

(5) 농촌 (6) 장면

(7) 농민 (8) 시민

(9) 시내 (10) 소도시

(11) 서대문구

3. 밑줄 친 부분을 漢字로 쓰세요.

(1) 요즘은 농촌( )과 도시( )의 生活 수준에 별 차이가 없다.

(2) 지난 五月에는 강원도( )에 사는 농부( )들이 단체로 海外여행을 다녀왔다.

(3) 슈바이처 박사의 이름이 온 천하(　　)에 알려졌다.

(4) 東大門區의 구민(　　)들은 생활(　　)이 어려운 이웃을 돕기로 했다.

(5) 각 도(　)에는 군(　), 읍(　), 면(　), 리(　)가 있다.

4. □ 안에 알맞은 漢字를 써 넣으세요.

(1) 農□들의 一生은 근면과 성실 그 自體이다.

(2) 어머니는 □內에 볼 일이 있으셔서 外出하셨어요.

(3) 大□市로 이사 간 兄님 家族은 名節 때마다 고향을 찾아온다.

(4) 이번 여름 방학에는 한 달 동안 農□ 生活을 경험하기로 했다.

(5) "□國과 지옥"이라는 영화의 女子 주인공을 기억하십니까?

第十五課 放送局에 다녀요
(He works at a broadcasting station)

새 漢字: 放 送 局 公 社 新 聞 記 者 言 論 界 近

우리 큰 兄은 大學에서 新聞放送學을 전공했어요. 지금은 韓國放送公社에 다니고 있는데 學生 때의 꿈은 新聞記者였대요. 그런데 韓國放送公社에 入社한 後에는 사진 記者가 되었어요. 新聞社나 放送局이나 다 같은 言論界이니까 꿈을 이룬 셈이에요.

近年에 와서 新聞社나 放送局의 記者를 지망하는 男女 大學生들이 참 많아졌대요. 그래서 三, 四學年 때부터 시험 준비를 하느라고 야단이래요. 요즘에는 新聞보다 放送이 人氣가 있대요. 소식을 빠르고 生生하게 전해서 그런가 봐요.

우리 큰 兄은 아주 바빠요. 春夏秋冬 一年 三百六十五日, 바쁘지 않은 날이 없어요. 뉴스가 있는 곳이면 郡이나 邑, 面, 里, 어디나 다 가거든요. 都市이든 農村이든 東西南北 四方八方 안 가는 데가 없어요. 兄은 自身의 生日이 언제인지도 몰라요. 家族의 生日을 잊은 지는 벌써 오래 前이에요. 애인이 있냐고요? 물론 없지요. 사귈 時間이 없대요.

어쨌든 나는 우리 큰 兄이 放送局에 다녀서 참 좋아요. 兄 덕분에 人氣있는 탤런트들을 만날 수 있거든요. 그래서 친구들은 나를 아주 부러워해요.

풀이

한자	소리	뜻		부수	부수이름	부수뜻
放	방	놓다	release	攵[4]	등글월 문	strike
送	송	보내다	send	辵/辶[6]	달릴 착	advance
局	국	판국, 관놓다	release	攵[4]	등글월 문	strike
公	공	공평하다	fair; public	八[2]	여덟 팔	eight
社	사	모임	group, institution	示[3]	보일 시	exhibit
新	신	새	new	斤[9]	도끼 근	ax
聞	문	듣다	hear	耳[8]	귀 이	ear
記	기	기록	record	言[3]	말씀 언	speech
者	자	놈, 사람	one who does . . .	老/耂[5]	늙을 로	old person
言	언	말씀	speech	言[0]	말씀 언	speech
論	론/논	의논	discussion	言[8]	말씀 인	speech
界	계	지경	boundary	田[4]	밭 전	field
近	근	가깝다	near	辵/辶[4]	달릴 착	advance

Note

論 is 논 word-initially and 론 elsewhere, as in 論文 논문 'article, thesis' and 言論 언론 'press'.

새로 나온 漢字語

放送局	broadcasting station
新聞放送學	mass communication
韓國放送公社	Korea Broadcasting System (KBS)
新聞記者	newspaper reporter
入社	becoming a member of a company
記者	reporter
新聞社	newspaper publishing company
言論界	the media
近年	recent years
新聞	newspaper
放送	broadcasting

漢字語를 더 찾아봅시다

放心	放學
生放送	送金
發送	局面
公文書	公園
公正	新年
新人	新入生
見聞	風聞
記入	日記
言語(學)	一口二言
論文	文化界
世界	學者
近來	近方

練習

읽기 연습

1. 다음 漢字를 읽으세요.

(1) 言	(2) 公	(3) 界	(4) 記	(5) 者
(6) 局	(7) 送	(8) 社	(9) 新	(10) 聞
(11) 放	(12) 論	(13) 近		

2. 다음 漢字語를 읽으세요.

(1) 記者	(2) 新聞	(3) 放送	(4) 言論	(5) 近方
(6) 入社	(7) 學者	(8) 公社	(9) 世界	(10) 見聞
(11) 論文	(12) 言語	(13) 放學	(14) 日記	(15) 新入生

3. 다음 문장을 읽으세요.

(1) 그는 一生 동안 言論界에 종사했다.
(2) 나는 아침에 일어나면 新聞부터 읽는다.
(3) 公文書의 내용은 정확해야 한다.
(4) 新聞記者의 生活은 누구보다도 바쁘다.
(5) 言語와 文化는 어떤 관계가 있나요?
(6) 이 거리는 新聞社와 放送局이 있어서 늘 복잡하다.

4. 다음 단어를 읽고 그 뜻을 찾아 연결하세요.

(1) 放學	world
(2) 言語	vacation
(3) 世界化	broadcasting station
(4) 世界	language
(5) 新入生	freshman
(6) 放送局	globalization

5. 나는 무엇을 하는 사람입니까? ( ) 안에 漢字로 쓰세요.
   (1) 나는 學校에서 英語를 가르칩니다. → (英語 先生)
   (2) 나는 學校에서 韓國語를 배웁니다. → ( )
   (3) 나는 農村에서 논일 밭일을 합니다. → ( )
   (4) 나는 옛날에 나라와 百姓을 다스린 군주였습니다. → ( )
   (5) 나는 國民의 "알 권리"를 위해 기사를 씁니다. → ( )

✍ 쓰기 연습

1. 다음 漢字를 필순에 맞게 쓰세요.

(1) 言 (2) 公 (3) 界 (4) 記
(5) 放 (6) 送 (7) 聞 (8) 新
(9) 近 (10) 論 (11) 者 (12) 局
(13) 社

2. 다음 단어를 漢字로 쓰세요.

(1) 언론 (2) 신문
(3) 학자 (4) 세계
(5) 근년 (6) 방송
(7) 기자 (8) 공사
(9) 공문 (10) 논문
(11) 학계 (12) 근방

3. 밑줄 친 부분을 漢字로 쓰세요.

(1) 이번 신입생( ) 환영회에 꼭 나오세요.

(2) 來日은 신문사( )로 견학( )을 가기로 했다.

(3) 이번 放學이 끝나기 전에 졸업 논문( )을 다 쓸 예정이다.

(4) 기자( )가 되려면 어떤 공부를 해야 하나요?

(5) 언론( )의 자유 없이는 민주주의의 발전을 생각할 수가 없다.

(6) 요즘은 방송국( )의 인기( )가 높아서 입사( )하기가 쉽지 않다고 한다.

4. □ 안에 알맞은 漢字를 써 넣으세요

(1) 지금은 □送 中이니 조용히 하세요.

① 方 ② 放

(2) 新□에 교통사고 기사가 크게 났다.

① 問 ② 聞

(3) □文을 보낼 때는 신속 정확해야 한다.

① 公 ② 空

(4) 그는 대기업에 ☐社하려고 열심히 시험 준비를 하고 있다.

① 入 ② 人

(5) 그분은 一生을 言☐社에서 일했다.

① 語 ② 論

(6) ☐聞을 넓히려면 여행을 많이 하는 것이 좋다.

① 目 ② 見

(7) 나는 어렸을 때부터 日☐를 써 왔다.

① 氣 ② 記

復習 및 活用 (第十一課 ~ 第十五課)

復習

고향

내 고향은 멀리 南쪽에 있는 조그만 農村 마을이다. 지금 내가 살고 있는 곳은 서울시 西大門區 대현洞 럭키아파트 103동 402호이지만 내가 태어난 곳은 전라南道 보성郡 득량面 송곡里 943번지이다. 아주 작은 마을이지만 山川이 아름답고 人心이 좋기로 道에서 유명하다. 주위에 工場이 없어서 空氣가 항상 맑았고 近方에 水力發電所가 있어시 오래 前부터 電氣가 들어와 生活하기가 편리했다. 가끔 學校에서 소풍 대신 發電所 見學을 가기도 했다.

우리 집이 있던 마을 뒤쪽으로 조그만 山이 있었는데 이 山은 春夏秋冬 季節이 바뀔 때마다 다른 모습을 보여 주는 커다란 植物園이었다. 雨水가 지나 모든 생명이 겨울잠에서 깨어나는 봄에는 色色의 꽃들이 아름다웠고 여름에는 草木이 푸르러 青綠色 물감을 칠해 놓은 것 같았다. 가을에는 赤色과 黃金色 단풍으로 山 전체가 불타올랐다. 눈이 내려 天地가 하얀 겨울에는 빈 나뭇가지마다 핀 雪花가 얼어붙은 마음을 녹여 주었다.

나는 초등學校를 졸업할 때까지 고향에서 자랐다. 논과 밭, 山과 江, 모든 自然이 우리들의 놀이터였고, 소, 돼지, 닭이 우리들의 친구였다. 三寒四溫이 뚜렷한 겨울철이면 추운 날에는 방에서 고구마를 구워 먹고, 날씨가 따뜻해지면 골목에 나가 팽이치기와 구슬치기를 하느라고 해가 지는 줄도 몰랐다.

昨年 말에 韓國放送公社에서 텔레비전으로 우리 고향을 소개한 적이 있다. 요즈음 거의 모든 農村들이 都市化하는데 우리 마을은 아름다운 自然과 農村의 옛 모습을 그대로 지니고 있다고 放送局 記者는 말했다. 또한 우리 마을의 山水가 빼어나다는 風水地理學者의 해설도 덧붙였다. 조그만 面에 불과한 내 고향을 言論에서 그렇게 크게 소개하니 감개가 무량했다.

活用

1. 다음 그림에 맞는 季節을 漢字 한 字로 쓰세요.

( ) ( ) ( ) ( )

2. ( ) 안에 알맞은 색깔을 漢字로 쓰세요.

(1) 혈액 ( ) (2) 적십자 ( ) (3) 석탄 ( )
(4) 소금 ( ) (5) 눈사람 ( ) (6) 금반지 ( )
(7) 흑판 ( ) (8) 파랑새 ( ) (9) 푸른 나뭇잎 ( )

3. 다음 주소를 읽고 편지 봉투에 한글로 써 보세요.

(1) 보내는 사람: 서울 특별市 中區 西小門洞 五의 四十六 孫美英

(2) 받는 사람: 江原道 春川市 月內洞 三十의 七十八 (金東雨 氏 方)
金宗世 귀하

보내는 사람:

받는 사람:

4. 다음은 日氣예보에 "의복지수"를 싣겠다는 어느 新聞의 예보 기사입니다. 기사의 漢字를 한글로 바꾸어 ( ) 안에 쓰세요.

> **每週 月曜日 日氣란에 "의복지수" 게재**
>
> 今日( )부터 每週( ) 月曜日字( ) 日氣( )란에 "의복지수"를 싣기로 합니다. 民間( ) 日氣 서비스 業體( )인 타이로스정보사가 一週日分( )씩 보내 주는 의복지수는 氣溫( ), 바람, 최근 日氣 등을 종합적으로 고려한 生活日氣( )지수입니다.
>
> "의복지수"는 半( )소매 → 春秋( ) 정장 → 冬( )복 정장 → 얇은 코트 → 두꺼운 코트 → 방한복 등 六( )단계로 區分( ), 曜日別( )로 알맞은 옷을 안내하게 됩니다.
>
> 李銀雪( ) 記者( )

5. 다음을 읽고 관계있는 것끼리 연결하세요.

(1) 韓國의 放送局	KBS
(2) 英國의 新聞社	朝日新聞
(3) 美國의 유명한 放送人	人民일보
(4) 日本의 新聞社	런던타임즈
(5) 中國의 新聞社	바바라 월터스

第十六課 韓國의 오페라, 판소리
(*P'ansori*, Korean traditional opera)

새 漢字: 死 幸 福 不 現 反 對 長 短 高 低 感 情

저는 美國 대사관의 외교관 스티브입니다. 韓國의 오페라, 판소리를 좋아합니다. 판소리는 조선시대 중기 이후에 발달했다고 합니다. 西洋의 오페라와 마찬가지로 판소리도 人間의 生과 死, 幸福과 不幸, 男女間의 사랑, 그런 것들을 노래로 表現합니다.

그러나 판소리와 오페라는 여러 가지로 다릅니다. 우선 목소리입니다. 오페라 가수와는 反對로 판소리 소리꾼의 목소리는 거친 듯 쉰 듯한 데다가 변화가 많습니다. 그 다음에는 등장 人物입니다. 오페라에는 수많은 등장 人物이 있는데 판소리는 소리꾼과 북으로 長短을 맞추는 고수 두 사람만이 무대에 나옵니다. 두 사람만이라 심심하지 않겠냐고요? 천만에요. 소리꾼이 노랫말에 맞추어 高低長短의 변화를 줄 때마다 고수는 북을 치면서 "얼쑤!" "좋다!"라는 말로 흥을 돋굽니다. 이것을 추임새라고 합니다. 구경꾼

들도 적당한 때에 추임새를 하며 분위기를 이끌어 갑니다. 그러면 무대와 객석은 곧 하나가 됩니다. 西洋의 오페라에서는 볼 수 없는 場面이지요.

韓國의 오페라, 판소리를 알고 싶습니까? 生과 死, 幸福과 不幸, 男女間의 사랑에 對한 韓國人의 感情을 알고 싶습니까? 그러면 여기 現地로 와서 직접 들어보십시오. 高低長短의 변화 많은 목소리로 人間의 感情을 表現하는 판소리! 그 소리를 들으면 분명히 깊은 感動을 맛보실 겁니다.

풀이

한자	소리	뜻		부수	부수이름	부수뜻
死	사	죽다	die	歹 2	죽을 알	death
幸	행	다행	(good) luck, fortune	干 5	방패 간	shield
福	복	복	luck, fortune	示 9	보일 시	exhibit
不	불/부	아니	not, un-	一 3	한 일	one
現	현	나타나다	appear	玉/王 7	구슬 옥	gem
反	반	돌이키다	turn back, against	又 2	또 우	again
對	대	대하다	face	寸 11	마디 촌	inch
長	장	길다	long	長 0	길 장	long
短	단	짧다	short	矢 7	화살 시	arrow
高	고	높다	high	高 0	높을 고	high
低	저	낮다	low	人/亻 5	사람 인	person
感	감	느끼다	feel	心 9	마음 심	heart
情	정	뜻	feeling	心/忄 8	마음 심	heart

Note

不 has two pronunciations: 불 and 부. It tends to be 부 when followed by a syllable beginning with the sound ㄷ or ㅈ, as in 不道德 부도덕 'immorality', 不正 부정 'injustice', and 不足 부족 'insufficiency'. (For 德 덕 'virtue', see Lesson 38.) Otherwise, it is 불, as in 不法 불법 'unlawfulness', 不安 불안 'anxiety', and 不幸 불행 'unhappiness'. (For 法 법 'law', see Lesson 23.)

새로 나온 漢字語

死	death	幸福	happiness
不幸	unhappiness	表現	expression
反對	opposition	長短	rhythm
高低長短	high and low, long and short (relative height and length)	感情	emotion
		現地	actual place, spot
		感動	impression

漢字語를 더 찾아봅시다

死火山	死活
九死一生	生死
多幸	不幸中 多幸
福音	多福
人福	不自然
不正	不足
不安	現場
反面	反論
對內外	對面
對人	相對
長男	長女
家長	銀行長
短身	一長一短

高山 高音
高地低音 感氣
感化 反感
六感 多情
多情多感 溫情

練習

읽기 연습

1. 다음 漢字를 읽으세요.
(1) 不 (2) 反 (3) 幸 (4) 長 (5) 死
(6) 感 (7) 現 (8) 短 (9) 情 (10) 高
(11) 低 (12) 福 (13) 對

2. 다음 漢字語를 읽으세요.
(1) 不正 (2) 現地 (3) 幸福 (4) 反對 (5) 感情
(6) 生死 (7) 表現 (8) 高低 (9) 長短 (10) 不幸
(11) 感動 (12) 反感 (13) 多幸 (14) 對人 (15) 人福

3. 다음 문장을 읽으세요.
(1) 幸福과 不幸은 마음에 달려 있다.
(2) 山川草木이 다 너무 아름다워서 말로 表現할 수가 없다.
(3) 그 영화는 마지막 場面이 제일 感動적이에요.
(4) 이 운동은 長身인 사람이나 短身인 사람이나 다 할 수 있어요.
(5) 전쟁은 끝났지만 父親의 生死는 알 수가 없었어요.
(6) 우리 祖父님은 전쟁 中에 九死一生으로 살아나셨어요.
(7) 이번 放學의 여행 계획은 反對하는 사람이 많아서 취소되었다.

4. 다음 漢字를 읽고 그 뜻을 찾아 연결하세요.

(1) 高山 feeling, emotion
(2) 低音 high mountain
(3) 反論 blessings of having good children
(4) 感情 low voice
(5) 子女福 counterargument

5. 다음 表現이 적절하지 않은 경우를 고르세요.

"不幸中 多幸이다."

(1) 도둑을 맞았는데 결혼반지는 그대로 있어요.
(2) 불이 났지만 인명 피해는 없었어요.
(3) 대기업에 취직했는데 아주 대우가 좋아요.
(4) 교통 사고가 났는데 크게 다친 사람은 없어요.

쓰기 연습

1. 다음 漢字를 필순에 맞게 쓰세요.

(1) 不 (2) 反 (3) 幸 (4) 福
(5) 對 (6) 長 (7) 情 (8) 死
(9) 現 (10) 高 (11) 低 (12) 感
(13) 短

2. 다음 단어를 漢字로 쓰세요.

(1) 고산 (2) 반감
(3) 장음 (4) 단음

(5) 다정 □□　　(6) 불행 □□

(7) 인복 □□　　(8) 감동 □□

(9) 사후 □□　　(10) 생사 □□

(11) 저음 □□　　(12) 감정 □□

3. 밑줄 친 부분을 漢字로 쓰세요.

(1) 그는 韓國의 고산(□□) 植物에 對해서 관심이 많다.

(2) 예술가들은 감정(□□)이 풍부하다.

(3) 전쟁은 끝났지만 생사(□□)를 알 수 없는 사람이 많다.

(4) 그 意見에 반대(□□)하는 사람은 한 名뿐이다.

(5) 그 가수는 高音과 저음(□□)을 마음대로 낸다.

(6) 그분이 돌아가신 것은 國家적인 불행(□□)이었다.

4. □ 안에 알맞은 漢字를 써 넣으세요.

(1) 저 부부는 아주 □福해 보인다.

① 行　　② 幸

(2) 우리 어머니는 多□多感한 분이어서 친구가 많다.

① 正　　② 情

(3) 나는 죽은 다음에도 □後 世界가 있다고 믿는다.

① 死　　② 社

(4) 그 소설은 읽는 사람들에게 큰 感☐을 준다.

① 洞 ② 動

(5) 그 계획은 反☐하는 사람이 많아서 취소되었다.

① 對 ② 大

5. 주어진 漢字와 뜻이 反對되는 것을 보기에서 골라 ☐ 안에 써 넣어 漢字語를 만드세요.

보기:	右	低	死	北	西	短
	黑	白	後	上	下	工

(1) 生☐ (2) 高☐ (3) 前☐ (4) 長☐

(5) 左☐ (6) 南☐ (7) 黑☐ (8) 上☐

第十七課 校門에 붙인 엿
(*Yŏt*-candy on the school gate)

새 漢字: 試 驗 期 末 問 題 答 主 觀 式 客 合 格

試驗을 안 보고 一生을 사는 사람이 있을까? 大學生이면 누구나 中間試驗이다 期末試驗이다 해서 머리가 아팠을 것이다. 問題를 내야 하는 敎授도 答을 써야 하는 學生도 힘들기는 마찬가지이다.

試驗에는 主觀式과 客觀式 試驗의 두 가지가 있다. 客觀式 試驗은 問題마다 몇 개의 答이 있고 그 中에서 正答 하나를 고른다. 自身의 意見을 쓰는 試驗인 主觀式 試驗에서는 出題한 敎授의 意中을 잘 알아야 한다. 그렇지 않으면 東問西答이 될 수가 있다.

一生을 左右하는 大學校 入學試驗은 試驗 中의 試驗이다. 高校 三學年生들과 學父母들은 이 試驗의 合格, 不合格에 큰 관심을 가진다. 그래서일까? 어떤 學父母는 子女가 入學試驗 보는 날 校門에다 엿을 붙이기도 한다. 엿은 잘 붙는 성질이 있다. 그런데 "試驗에 붙다"와 "試驗에 合格하다"는 같은 의미이다. 그러므로 校門

에다 엿을 붙이는 것은 꼭 試驗에 合格하라는 간절한 마음의 표시인 셈이다.

學生들은 누구나 試驗을 싫어한다. 이는 東洋이나 西洋이나 마찬가지일 것이다. 試驗만 없으면 學校는 아주 즐거운 곳이 될 것이다. 試驗이 없는 世上은 언제나 올까?

풀이

한자	소리	뜻		부수	부수이름	부수뜻
試	시	시험	test, try	言^{6}	말씀 언	speech
驗	험	증험하다	test	馬^{13}	말 마	horse
期	기	기약	pledge; period of time	月^{8}	달 월	moon
末	말	끝	last part, end of a period	木^{1}	나무 목	tree
問	문	묻다	ask	口^{8}	입 구	mouth
題	제	제목	topic	頁^{9}	머리 혈	head
答	답	대답	reply	竹^{6}	대 죽	bamboo
主	주	주인	master, lord	丶^{4}	점 주	dot
觀	관	보다	see, view	見^{18}	볼 견	see
式	식	법	form, pattern	弋^{3}	주살 익	dart
客	객	손님	guest	宀^{6}	집 면	roof
合	합	합하다	combine	口^{3}	입 구	mouth
格	격	법식	form, type	木^{6}	나무 목	tree

새로 나온 漢字語

試驗	exam, test	中間試驗	midterm exam
期末試驗	final exam	問題	question

答	answer	主觀式	subjective type
客觀式	objective type	正答	correct answer
出題[출제]	making up exam questions	東問西答	irrelevant answer
入學試驗	entrance exam	合格	passing a test
不合格	failing to pass a test		

☞漢字語를 더 찾아봅시다

試圖	試食
期間	期日
末期	末年
年末	月末
週末	反問
題目	對答
問答	主人
主日	主人公
主題	公主
觀光	觀相
世界觀	人生觀
方式	新式
觀客	合金
合力	合心
合意	合一
試合	格式

練習

읽기 연습

1. 다음 漢字를 읽으세요.

(1) 主 (2) 末 (3) 合 (4) 格 (5) 問
(6) 式 (7) 答 (8) 試 (9) 客 (10) 期
(11) 題 (12) 驗 (13) 觀

2. 다음 漢字語를 읽으세요.

(1) 試驗 (2) 期末 (3) 問題 (4) 對答 (5) 人生觀
(6) 題目 (7) 合格 (8) 格上 (9) 客觀式 (10) 世界觀
(11) 主客 (12) 新式 (13) 化合 (14) 主觀式

3. 다음 문장을 읽으세요

(1) 問題가 어려워서 試驗을 잘못 보았다.
(2) 이 소설에는 작가의 人生觀과 世界觀이 잘 나타나 있다.
(3) 우리 祖父母님은 新式 결혼을 하셨대요.
(4) 主人보다 客의 목소리가 더 크군요.
(5) 열심히 공부하더니 드디어 大學 入學試驗에 合格했구나.
(6) 너무 主觀적으로만 생각하지 말고 客觀적으로도 생각해 봐요.
(7) 그 소설의 男子 主人公은 身分의 格上을 人生의 目的으로 삼았다.

4. 다음 漢字를 읽고 그 뜻을 찾아 연결하세요.

(1) 期末	objective (type) test
(2) 主觀式 試驗	subjective (type) test
(3) 問答	final exam (of semester)
(4) 期末試驗	failing to pass a test
(5) 不合格 試驗	question and answer
(6) 客觀式	last part of semester

5. 다음 表現의 내용과 맞지 <u>않은</u> 것을 고르세요.

(1) "결혼은 一生을 左右한다".

① 결혼을 하느냐에 안 하느냐에 따라서 人生이 달라진다.
② 결혼을 언제 하느냐에 따라서 人生이 달라진다.
③ 결혼을 어떤 사람과 하느냐에 幸福이 달려 있다.
④ 결혼식을 어디에서 올리느냐가 人生에서 아주 중요하다.

(2) "東問西答"

① 어디 아프냐고 물었더니 날씨가 참 좋다고 對答했다.
② 결혼신청을 했는데 같이 영화구경을 가자고 한다.
③ "客觀式"의 反對語를 물어서 "主觀式이"라고 對答했다.
④ 사랑을 고백하니까 음식이 맛있다고 말했다.

쓰기 연습

1. 다음 漢字를 필순에 맞게 쓰세요.

(1) 主 (2) 合 (3) 期 (4) 末
(5) 問 (6) 式 (7) 答 (8) 客
(9) 格 (10) 試 (11) 題 (12) 驗
(13) 觀

2. 다음 단어를 漢字로 쓰세요.

(1) 시험 (2) 합격
(3) 기말 (4) 대답

(5) 문제 [|]　　(6) 주객 [|]

(7) 주관 [|]　　(8) 객관 [|]

(9) 정답 [|]　　(10) 화합 [|]

(11) 격식 [|]　　(12) 인생관 [| |]

3. 밑줄 친 부분을 漢字로 쓰세요.

(1) 金先生님한테는 늘 문제( ) 있는 學生들이 찾아온다.

(2) 면접 試驗 때 대답( )을 잘하도록 미리 준비해라.

(3) 인생( )에는 정답( )이 없어요.

(4) 주인( )과 손님을 주객( )이라고 해요.

(5) 社長님은 월말( )에 영국( )으로 출장 가신다.

(6) 이번 試驗에도 불합격( )하면 이 도시( ) 를 떠날 생각이다.

4. [ ] 안에 알맞은 漢字를 써 넣으세요.

(1) 問題가 어려워서 對[ ]을 잘못했다.

(2) 千社長은 [ ]式을 차리는 것을 싫어한다.

(3) 高等學校 校長이 되신 後 그분의 人[ ]은 달라졌다.

(4) 學生들이 安教授님을 좋아하는 이유는 試[ ]問題를 쉽게 내시기 때문이다.

(5) 그 가게 [ ]人은 친절해서 단골 손님이 많다.

(6) 姉妹가 모두 그 大學에 合[ ]해서 크게 한턱을 낸대요.

5. 다음 말의 反對語를 漢字로 쓰세요.

(1) 主觀 — (　　　) (2) 合格 — (　　　)

(3) 質問 — (　　　) (4) 格上 — (　　　)

(5) 出口 — (　　　)

第十八課 頂上會談 (The summit meeting)

새 漢字: 頂 會 談 共 同 元 首 話 各 平 和 戰 爭

우리는 新聞이나 放送을 통해서 頂上會談에 관한 얘기를 자주 접한다. 頂上會談에서는 두 나라의 頂上이 만나 共同의 問題를 논의하고 意見을 교환한다. 때로는 여러 나라의 頂上들이 모이는 경우도 있다. 예를 들면 유럽 共同體 頂上會談이다. 이 會談에서는 유럽 共同體 國家의 元首들이 한자리에 모여 유럽 共同의 발전과 이익을 위해 對話를 나눈다. 물론 이들 各國 元首들은 各各 自國의 이익을 우선적으로 생각할 것이다. 그러나 美國이나 日本 같은 國家들과 경쟁하기 위해서 이들 유럽 國家들은 하나의 共同體를 이루어 共同의 발전을 추구한다.

2000年 六月 十三日, 韓國 평양에서는 역사적인 南北韓 頂上會談이 열렸다. 이어서 六月 十五에는 南北韓 頂上 共同 선언문이 발표되었다. 이 선언문에는 화해와 통일, 平和의 확립, 이산 家族 상봉, 경제 협력 및 文化 교류 증대 등의 내용이 포함되어 있다.

韓國戰爭 이후로 南北 赤十字 會談은 몇 차례 열렸으나 頂上會談이 열린 것은 처음이기 때문에 온 나라가 축제 분위기였다. 이렇게 南北對話를 계속하다 보면 머지않아 南北 平和 통일도 가능해질 것이다. 그러나 무엇보다도 중요한 것은 이제 한반도에서 戰爭에 대한 不安이 사라졌다는 사실이다.

풀이

한자	소리	뜻		부수	부수이름	부수뜻
頂	정	꼭대기	top, head, extreme	頁2	머리 혈	head
會	회	모이다	meet	曰9	가로 왈	say
談	담	말씀	talk, remark	言8	말씀 언	speech
共	공	함께	together	八4	여덟 팔	eight
同	동	한가지, 같은	same	口3	입 구	mouth
元	원	으뜸, 머리	first, head	儿2	어진사람 인	legs
首	수	머리	head	首0	머리 수	neck
話	화	말씀	speech	言6	말씀 언	speech
各	각	각각	each	口3	입 구	mouth
平	평	평평하다	even, flat	干2	방패 간	shield
和	화	어울리다	harmonize	口5	입 구	mouth
戰	전	싸우다	battle	戈12	창 과	spear
爭	쟁	다투다	fight	爪/爫4	손톱 조	claw

새로 나온 漢字語

頂上會談 summit meeting

頂上 summit, top, peak

共同	common, mutual
共同體	community
元首	chief of state
對話	dialogue
各國	each nation
各各	respectively, individually
南北韓 頂上會談	North and South Korea summit meeting
平和	peace
韓國戰爭	the Korean War
南北 赤十字 會談	Red Cross talks between North and South Korea
南北對話	talks between North and South Korea

☞漢字語를 더 찾아봅시다

山頂	會見
會社	會食
會場	會長
會話	面會
社會	美談
情談	共感
共和國	同感
同一	同情
同化	共同生活
不同	元來
元祖	首相
話題	電話
各自	各人各色
平安	不平

和氣	和合
不和	溫和
人和	內戰
論爭	言爭

練習

읽기 연습

1. 다음 漢字를 읽으세요.

(1) 元　(2) 平　(3) 首　(4) 共　(5) 同
(6) 各　(7) 會　(8) 頂　(9) 話　(10) 和
(11) 爭　(12) 談　(13) 戰

2. 다음 漢字語를 읽으세요.

(1) 頂上　(2) 會談　(3) 共同　(4) 元首　(5) 各國
(6) 談話　(7) 戰爭　(8) 平和　(9) 會長　(10) 不同
(11) 電話　(12) 話題　(13) 和合　(14) 各各　(15) 各人各色

3. 다음 漢字를 읽고, 그 뜻을 찾아 연결하세요.

(1) 頂上	common
(2) 戰爭	complaint
(3) 平和	war
(4) 不平	peace
(5) 公共	harmony
(6) 共同	summit
(7) 和合	public

4. 다음 문장을 읽으세요.
   (1) 대통령은 國家의 元首이다.
   (2) 戰爭은 무엇 때문에 일어날까요?
   (3) 그분은 世界의 平和를 위하여 노력했다.
   (4) 放送局에서는 曜日마다 各各 다른 프로그램을 방영한다.
   (5) 耳目口鼻를 보고 會長을 뽑는 것은 아니겠지요?
   (6) 山 頂上에까지 가려면 二時間이 걸려요.
   (7) 新聞에 의하면 南北 頂上會談이 곧 또 열릴 것이라고 한다.

5. 밑줄 친 부분에 맞지 않은 말을 고르세요.
   "______ 各人各色이다."
   (1) 취미가
   (2) 생각이
   (3) 건물이
   (4) 얼굴이

✍ 쓰기 연습

1. 다음 漢字를 필순에 맞게 쓰세요.

(1) 平 (2) 元 (3) 首 (4) 共
(5) 同 (6) 各 (7) 和 (8) 爭
(9) 會 (10) 頂 (11) 話 (12) 談
(13) 戰

2. 다음의 말을 漢字로 쓰세요.

(1) 전쟁 (2) 평화

(3) 회담 　　(4) 공동

(5) 원수 　　(6) 각각

(7) 공공 　　(8) 화제

(9) 동감 　　(10) 동화

(11) 불평 　　(12) 담화문

3. 밑줄 친 부분을 漢字로 쓰세요.

(1) 不安해 하지 말고 마음을 평안(　　)하게 가지세요.

(2) 南北 赤十字 회담(　　)은 다음 月曜日 금강산에서 열린다.

(3) 이번 放學에는 공동체(　　　) 生活을 경험하기로 했다.

(4) 各自 서로의 마음을 털어놓고 대화(　　)를 오해가 안 생긴다.

(5) 放送局에서는 그가 에베레스트 정상(　　)에 오르는 것을 生放送으로 중계했다.

(6) 姉妹之間이라도 나이 차가 많으면 별로 화제(　　) 거리가 없다.

4. □ 안에 알맞은 漢字를 써 넣으세요.

(1) 山이 너무 높아서 □上까지 올라가기가 힘들다.

(2) 말로 싸우는 것을 言☐이라고 해요.

(3) 사과와 복숭아를 各☐ 다섯 개씩 샀어요.

(4) 늘 不☐을 하는 사람은 共同體 生活을 못해요.

(5) "戰爭과 平☐"라는 소설을 읽어 보셨어요?

(6) 지금 서울에서는 아시아 各國 元☐들이 모여서 회의를 하고 있다.

5. ☐ 안에 알맞은 漢字를 골라 쓰세요.

(1) 南北의 대표는 ☐話의 場으로 나와야 합니다.
① 大 ② 對

(2) 오늘날 유럽은 하나의 ☐同體를 이루어 발전하고 있다.
① 共 ② 工

(3) 各國의 元首들이 모여 ☐上會談을 하였다.
① 情 ② 頂

(4) 平和를 위해 일한다는데 ☐對할 사람이 있나요?
① 半 ② 反

(5) 그분은 國家 ☐首의 대우를 받아야 마땅할 분이시다.
① 園 ② 元

第十九課 취미가 뭐예요?
(What's your hobby?)

새 漢字: 樂 旅 運 登 寫 眞 最 讀 映 畵 無 通 信

피터: 주디氏는 취미가 뭐예요?

주디: 音樂감상이에요. 旅行도 좋아하구요. 피터氏는 運動을 좋아하시지요?

피터: 네, 저는 運動은 다 좋아해요. 특히 테니스와 登山을 좋아해요. 지난 週末에는 도봉산을 登山했어요.

민지: 다음에 登山할 때는 저도 같이 가요. 寫眞을 멋있게 찍어드릴께요.

피터: 아, 민지氏는 寫眞을 잘 찍으시지요? 다음 土曜日에는 北漢山을 登山하는데 꼭 오세요. 山은 北漢山이 最高예요.

민지: 몇 時에 어디에서 모여요?

폴: 민지氏, 다음 土曜日에 우리 讀書클럽에서 映畵구경 가기로 한 것 잊으셨어요?

민지: 어머, 내 정신 좀 봐. 登山은 다음에 가야겠군요.

피터: 그렇게 하세요. 그런데, 폴氏는 햄(ham)이라는 無線通信에만 열중하는 줄 알았는데, 책은 언제 읽어요?

폴: 讀書클럽 회원들끼리도 無線으로 通信하니까 저는 두 가지 취미 活動을 同時에 하는 셈이랍니다.

풀이

한자	소리	뜻		부수	부수이름	부수뜻
樂	악	풍류	music;	木 11	나무 목	tree
	락/낙	즐거울	pleasant, gratifying			
旅	려/여	나그네	traveler	方 6	모 방	side
運	운	움직이다	move, revolve	辵/辶 9	달릴 착	advance
登	등	오르다	ascend	癶 7	걸을 발	walk
寫	사	그림	copy; picture	宀 12	집 면	roof
眞	진	참	true	目 5	눈 목	eye
最	최	가장	most, ~est	曰 8	가로 왈	say
讀	독	읽다	read	言 15	말씀 언	speech
映	영	비치다	reflect, shine	日 5	날 일	sun
畫	화	그림	painting	田 7	밭 전	field
無	무	없다	not having, ~less	火/灬 8	불 화	fire
通	통	통하다	go through	辵/辶 7	달릴 착	advance
信	신	믿다	believe	人/亻 7	사람 인	person

Notes

1. 樂 has two meanings: 'music' and 'pleasant'. When 樂 means 'music', it is always read 악, as in 音樂 음악 'music' and 樂長 악장 'bandmaster'. When it means 'pleasant', it shows 락/낙 alternation, as in 娛樂 오락 'amusement' and 樂園 낙원 'paradise'. (娛 오 'rejoice, pleasure' is not introduced in this book.)
2. 旅 is 여 word-initially and 려 elsewhere, as in 旅行 여행 'travel' and 行旅者 행려자 'wayfarer'.

새로 나온 漢字語

音樂	music
運動	(physical) exercise, sports
寫眞	photo
讀書	reading
無線通信	wireless communication
通信	communication
旅行	travel, trip
登山	mountain climbing
最高	the best, the top
映畵	movie, film
無線	wireless, radio

☞漢字語를 더 찾아봅시다

樂觀論
樂天家
音樂家
旅館
運行
幸運
登場
靑寫眞
眞意
最近
最大
最小
最低
樂園
樂長
旅客
運動場
不運
登校
寫眞館
眞心
眞情
最多
最上
最新
最下

最後	讀者
讀後感	畵家
畵室	無氣力
無名	無人
無情	前無後無
通信社	通話
不通	信心
信者	不信

練習

읽기 연습

1. 다음 漢字를 읽으세요.

(1) 信 (2) 眞 (3) 映 (4) 登 (5) 寫
(6) 運 (7) 最 (8) 讀 (9) 旅 (10) 畵
(11) 無 (12) 通 (13) 樂

2. 다음 漢字語를 읽으세요.

(1) 音樂 (2) 運動 (3) 旅行 (4) 登山 (5) 寫眞
(6) 最高 (7) 讀書 (8) 映畵 (9) 無線 (10) 通信
(11) 最低 (12) 眞意

3. 다음 문장을 읽으세요.

(1) 우리 家族의 취미는 旅行과 無線通信입니다.
(2) 이 寫眞은 外祖父님이 運動하시는 것을 찍은 거예요.
(3) 登山을 갈까 하다가 비가 와서 친구와 映畵를 보았어요.
(4) 내 친구 英民이는 學校에서 讀書王으로 뽑혔다고 한다.
(5) 社長님의 眞意가 무엇인지 모르겠군요.
(6) 그는 今年 농구 시즌에서 最多 득점을 기록했다.

4. 다음 그림과 관계있는 것을 찾아 연결하세요.

(1) 畵家

(2) 登山

(3) 映畵

(4) 音樂家

(5) 運動

(6) 旅行

(7) 寫眞館

쓰기 연습

1. 다음 漢字를 필순에 맞게 쓰세요.

(1) 信 (2) 映 (3) 旅 (4) 登

(5) 寫 (6) 樂 (7) 最 (8) 眞

(9) 運 (10) 畵 (11) 無 (12) 通

(13) 讀

2. 다음의 단어를 漢字로 쓰세요.

(1) 음악 ☐☐　　(2) 운동 ☐☐

(3) 여행 ☐☐　　(4) 사진 ☐☐

(5) 독서 ☐☐　　(6) 최고 ☐☐

(7) 무선 ☐☐　　(8) 통신 ☐☐

(9) 통화 ☐☐　　(10) 최하 ☐☐

(11) 진심 ☐☐　　(12) 영화 ☐☐

3. 밑줄 친 부분을 漢字로 쓰세요.

(1) 每日 아침 운동(☐☐)을 하니까 氣分이 좋아요.

(2) 每週 北漢山으로 등산(☐☐)을 갑시다.

(3) 이제 文字 電送은 물론 위성 통화(☐☐)까지 가능해졌다.

(4) 우리 會社는 무선(☐☐) 멀티미디어의 꿈을 실현하기 위해 노력한다.

(5) 내 꿈은 전공 분야에서 최고(☐☐)가 되는 것이다.

(6) 이 사진(☐☐)을 볼 때마다 幸福했던 大學 時節이 생각난다.

4. □ 안에 알맞은 漢字를 써 넣으세요.

(1) 朴先生님은 讀□를 너무 많이 해서 눈이 나빠지셨대요.

(2) 베토벤은 全世界人들이 좋아하는 音□家입니다.

(3) 放學 동안 外國 □行을 할 생각이에요.

(4) 今週의 □高 人氣 가수는 누구입니까?

(5) 그 寫□館 主人은 유명한 運動선수였대요.

5. 다음 말의 反對語를 漢字로 쓰세요.

(1) 登校 ― (　　　　) (2) 最高 ― (　　　　)

(3) 最多 ― (　　　　) (4) 最上 ― (　　　　)

(5) 最大 ― (　　　　) (6) 不運 ― (　　　　)

第二十課 尊敬하는 祖父님
(My esteemed grandfather)

새 漢字: 尊 敬 初 等 卒 京 獨 立 完 院 休 朝 夕

우리 祖父님은 一生 동안 여러 번의 戰爭을 경험하셨다. 어렸을 적 書堂에 다니실 때는 中國 만주에서 戰爭이 일어났다. 初等學校 때에는 日本과 中國間의 싸움인 中日戰爭이 있었다. 그 後 祖父님이 中學校에 다니실 때에는 제2차 世界大戰이 發生했다. 이 戰爭이 계속되는 동안 祖父님은 中學校를 卒業하시고 中國에 있는 北京大學으로 유학을 가셨다.

北京大學 유학 後 귀국하시어 다시 大學에 다니시던 1945年에 八 · 一五 해방이 되었다. 그러나 全國民이 바라던 獨立의 기쁨도 잠깐이었다. 1950年에 六 · 二五가 일어났기 때문이다. 六 · 二五 때문에 한반도의 平和는 完全히 사라져 버렸다. 이 戰爭은 大學院

을 卒業하신 1953年 봄까지 계속되었고 그해 七月에 休戰이 되었다.

休戰後 祖父님은 朝夕으로 食口들의 生活을 걱정해야 하셨다. 그 때는 너나할 것 없이 朝夕거리가 어려웠던 時節이었다. 그런 中에도 祖父님은 大學 敎授가 되시어 열심히 가르치셨고 學生들한테서는 尊敬을 받으셨다. 孫子인 나 역시 우리 祖父님을 世上에서 제일 尊敬한다.

풀이

한자	소리	뜻		부수	부수이름	부수뜻
尊	존	높이다	respect	寸[9]	마디 촌	inch
敬	경	공경하다	respect	攵[9]	등글월 문	tap
初	초	처음	early part	刀[5]	칼 도	sword
等	등	등급 따위	grade, group; etc.	竹[6]	대 죽	bamboo
卒	졸	마치다	complete	十[6]	열 십	ten
京	경	서울	capital (city)	亠[6]	덮을 두	lid
獨	독	혼자	alone	犬/犭[13]	개 견	dog
立	립/입	서다	stand	立[0]	설 립	stand
完	완	완전	complete	宀[4]	집 면	roof
院	원	집	house, institute	邑/阝[7]	고을 읍	town
休	휴	쉬다	rest	人/亻[4]	사람 인	person
朝	조	아침	morning	月[8]	달 월	moon
夕	석	저녁	evening	夕[0]	저녁 석	evening

Note
立 is 입 word-initially and 립 elsewhere, as in 立場 입장 'position, situation' and 獨立 독립 'independence'.

새로 나온 漢字語

尊敬	respect	初等學校	elementary school
卒業	graduation	北京大學	Beijing University
獨立	independence	完全(히)	completely, entirely
大學院	graduate school	休戰	truce, armistice
朝夕	morning and evening		

漢字語를 더 찾아봅시다

自尊心 敬語
敬意 不敬
初期 初面
最初 高等學校
同等 一等
平等 卒業生
卒業式 上京
獨白 獨立國
獨立戰爭 獨立運動
無男獨女 立場
公立 市立
自立 院長
學院 休日
休戰線 休學
公休日 年中無休
朝會 秋夕

練習

읽기 연습

1. 다음 漢字를 읽으세요.

(1) 夕 (2) 立 (3) 卒 (4) 完 (5) 京
(6) 休 (7) 初 (8) 等 (9) 敬 (10) 院
(11) 尊 (12) 朝 (13) 獨

2. 다음 漢字語를 읽으세요.

(1) 尊敬 (2) 東京 (3) 卒業 (4) 大學院 (5) 獨立運動
(6) 獨立 (7) 休戰 (8) 朝夕 (9) 休日 (10) 高等學校
(11) 北京 (12) 獨白 (13) 完全 (14) 初等學校

3. 다음 문장을 읽으세요.

(1) 大學院 入學 試驗은 언제입니까?
(2) 우리 會社 社長님은 初等學校만 卒業하신 분이에요.
(3) 戰爭을 시작한 지 一年後에 休戰이 되었다.
(4) 日本 東京으로 旅行을 갔다 왔어요.
(5) 그분은 一生 동안 獨立을 위해 싸우셨다.
(6) 병원에 入院한 친구한테 朝夕으로 問安 電話를 했다.
(7) 이번 公休日에는 家族과 함께 獨立기념관을 구경가려고 해요.

4. 다음 漢字語를 읽고 그 뜻을 찾아 연결하세요.

(1) 休戰 monologue
(2) 朝夕 graduate school
(3) 獨立 truce
(4) 獨白 morning and evening
(5) 卒業式 respect
(6) 尊敬 graduation ceremony
(7) 大學院 independence

5. 관계있는 것끼리 연결하세요.

(1) 八 · 一五　　正初
(2) 六 · 二五　　한글날
(3) 三 · 一節　　해방
(4) 十月 九日　　戰爭
(5) 一月 一日　　獨立運動

쓰기 연습

1. 다음 漢字를 필순에 맞게 쓰세요.

(1) 立 (2) 夕 (3) 初 (4) 等
(5) 卒 (6) 京 (7) 休 (8) 完
(9) 朝 (10) 院 (11) 敬 (12) 尊
(13) 獨

2. 다음의 말을 漢字로 쓰세요.

(1) 존경 (2) 초등
(3) 졸업 (4) 북경
(5) 독립 (6) 완전
(7) 휴전 (8) 조석
(9) 휴일 (10) 최초
(11) 원장 (12) 대학원

3. 밑줄 친 부분을 漢字로 쓰세요.

(1) 昨年은 卒業生들의 취업률이 최고(   )를 기록한 해였다.

(2) 그분은 國民의 존경(   )을 한 몸에 받으시던 國父이셨다.

(3) 휴전(   )後, 全國民은 파괴된 건물을 새로 짓는데 온 힘을 쏟았다.

(4) 金先生님의 長女는 독신(   )으로 살면서 社會 봉사 活動을 많이 하고 있다.

(5) 나는 지난 공휴일(   ) 休戰線 近方에 사는 친척집을 방문했다.

4. □ 안에 알맞은 漢字를 써 넣으세요.

(1) 언제 어디서나 尊□받는 사람이 되세요.
① 京 ② 敬

(2) 로보트를 最□로 만든 사람은 누구인가요?
① 初 ② 草

(3) 어느 누구도 完□한 사람은 없다.
① 全 ② 電

(4) 우리 兄은 東京大學 大學院을 卒業한 後 다시 □國으로 유학을 갔다.
① 英 ② 映

(5) 父親께서 사업에 실패한 後, 우리 家族은 [ ]夕으로 먹을 것을 걱정해야 했다.

① 朝 ② 祖

(6) 國家가 [ ]立을 하려면 무엇보다 全國民의 合心이 필요하다.

① 讀 ② 獨

5. 다음 말의 反對語를 漢字로 쓰세요.

(1) 最初 — ( ) (2) 卒業 — ( )

(3) 月初 — ( ) (4) 高等動物 — ( )

復習 및 活用 (第十六課 ~ 第二十課)

復習

學期末 試驗 一週日前

一學年 學期末 試驗이 一週日後로 다가왔다. 이번 試驗은 客觀式과 主觀式 問題가 半半이라고 한다. 客觀式 試驗은 正答을 고르기가 까다롭고 主觀式 試驗은 배운 것 全體를 다 이해하고 있어야 된다. 그러니까 어렵기는 두 試驗이 다 마찬가지이다.

初等學校에서부터 中學校, 高等學校, 大學까지 그동안 참 많은 試驗을 보았다. 그 中에서 大學 入學試驗이 제일 힘들었던 것 같다. 試驗에 合格하기 위해 나는 朝夕으로 열심히 공부했다. 이젠 모든 試驗에서 完全히 벗어나고 싶다. 어서 試驗이 끝나 放學이 되었으면 좋겠다.

"試驗 공부 그만두고 映畵나 보러 갈까?"

혼자서 중얼거려 본다.

요즘 "生과 死"라는 映畵가 人氣가 있다. 내가 제일 좋아하는 배우가 主人公이어서 더 관심이 간다. 無線通信 장교로 戰爭에 出戰했던 主人公은 休戰이 되기 半時間前, 山 頂上에서 最後를 맞이한다. 休戰 半 時間前에 生死를 달리하다니! 안타까운 일이다. 映畵에서는 이 場面의 배경 音樂을 북소리로 처리했는데 그 소리의 高低長短이 퍽 感動적이라고 한다.

시계를 보니 벌써 뉴스 時間이다. 잠시 쉴 겸 텔레비전을 켰다.

"오늘 中國 北京에서는 美國, 中國, 러시아 等의 國家 元首들이 頂上會談을 가졌습니다. 各國의 元首들은 自國은 물론 世界의 平和를 위해 共同으로 대처하기로 合意했습니다."

美男 아나운서의 목소리라 듣기가 더 좋다. 그렇지만 畵面에 放映되는 頂上會談 場面은 아침 新聞의 기사와 同一했다. 나는 텔레비전을 끄고 다시 책상에 앉았다.

活用

1. 다음 그림에 알맞은 漢字를 쓰세요.

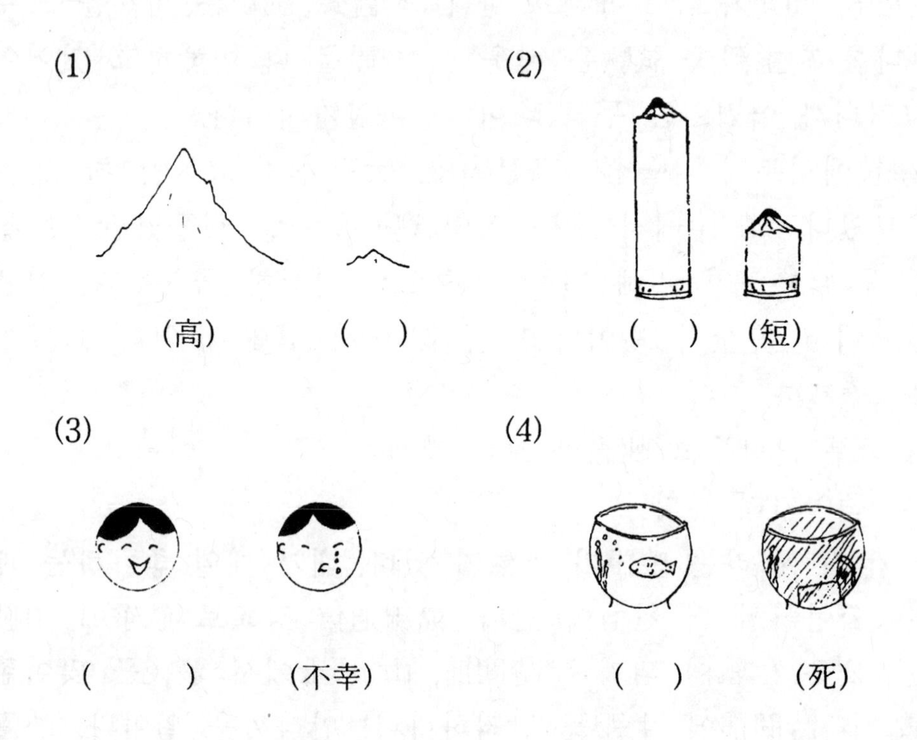

2. 다음은 어떤 趣味를 가진 사람입니까? ( ) 안에 漢字로 쓰세요.

(1) 집에다 通信 장비를 차려 놓았다. (無線通信)

(2) 一週日에 한 번씩 山을 오른다. (　　　)

(3) 오페라 아리아를 좋아해서 늘 듣는다. (　　　)

(4) 좋아하는 여배우가 나오면 모두 다 본다. (　　　)

(5) 항상 카메라를 가지고 다니며 좋은 풍경을 찍는다. (　　　)

3. 여러분이 卒業한 學校의 이름을 써 넣으세요.

	學校 이름
初等學校	
中・高等學校	
大學校	
大學院	

4. 다음 漢字語들을 이용하여 글을 써 보세요.

頂上	會談	共同	元首	戰爭	平和

第二十一課　花郎道
(The way of the *hwarang*)

새 漢字: 郎 育 重 要 羅 忠 誠 孝 義 理 勇 殺 果

青少年은 그 나라의 희망이다. 나라의 앞날은 青少年에게 달려 있다. 그러므로 青少年을 教育하는 일은 아주 重要하다. 그래서 어느 國家든지 青少年 教育에 힘을 쏟는다. 一千五百年前 新羅에는 花郎道라는 제도가 있었다. 이는 全國에서 뽑은 우수한 青少年인 花郎들에게 全人教育을 시키는 것이었다.

花郎들은 全國에 있는 有名한 山과 들에서 心身을 단련하였다. 그들은 國家와 父母에게 忠誠과 孝를 다하는 教育을 받았다. 또한 花郎들은 義理를 重하게 생각했으며 戰爭에 임해서는 勇氣있게 行動했다.

花郎이 지킨 다섯 가지의 道理는 다음과 같다.

一. 國家에 忠誠한다.

二. 父母에게 孝道한다.

三. 친구는 信義로 사귄다.

四. 殺生은 가려서 한다.

五. 戰爭을 할 때는 물러나지 않는다.

後日, 花郞들은 果然 新羅의 훌륭한 일꾼들이 되었다. 이 모두가 잘 가르친 敎育의 결과이다. 그리고 이 花郞 정신은 韓國人의 삶의 원천이 되어 왔다.

풀이

한자	소리	뜻		부수	부수이름	부수뜻
郞	랑/낭	사나이	young man	邑/⻏ 7	고을 읍	town
育	육	기르다	foster, bring up	肉/月 4	고기 육	flesh
重	중	무겁다	heavy	里 2	마을 리	hamlet
要	요	중요하다	important	西 3	서녘 서	west
羅	라	새 그물	(bird) net	网/罒 14	그물 망	net
忠	충	충성	loyalty	心 4	마음 심	heart
誠	성	정성	sincerity	言 7	말씀 언	speech
孝	효	효도	filial piety	子 4	아들 자	son
義	의	옳다	righteous	羊 7	양 양	sheep
理	리/이	이치	principle, reason	玉/王 7	구슬 옥	gem
勇	용	씩씩하다	brave	力 7	힘 력	force
殺	살	죽이다	kill	殳 7	갖은등글월 문	beat
果	과	과실	fruit	木 4	나무 목	tree

Notes

1. 郞 is 낭 word-initially and 랑 elsewhere, as in 郞君 낭군 'bride' (archaic) and 花郞 화랑 'elite youth of the Shilla dynasty'. (For 君 군 'king', see Lesson 38.)
2. Like 里 (noted in Lesson 14), 理 is 이 word-initially and 리 elsewhere, as in 理論 이론 'theory' and 眞理 진리 'truth'.

새로 나온 漢字語

花郞道	the way of the *hwarang*
敎育	education
重要(하다)	important
新羅	Shilla, one of the three kingdoms of ancient Korea
花郞	*hwarang*
全人敎育	education designed to produce a well-rounded person
忠誠	loyalty
孝	filial duty
義理	faithfulness
勇氣	courage
道理	reason, propriety, principle
孝道	(ways of) filial duty
信義	truthfulness
殺生[살생]	killing
果然	as expected, naturally

漢字語를 더 찾아봅시다

新郞	發育
體育	重大
重力	所重
自重	要所

主要	全羅南道
全羅北道	忠心
誠意	孝女
孝心	孝子
不孝	忠孝
民主主義	不義
正義	理論
論理	物理
生理	地理
眞理	殺人者
自殺	青果物

練習

읽기 연습

1. 다음 漢字를 읽으세요.

(1) 育 (2) 重 (3) 要 (4) 理 (5) 忠
(6) 果 (7) 孝 (8) 勇 (9) 誠 (10) 郎
(11) 殺 (12) 義 (13) 羅

2. 다음 漢字語를 읽으세요.

(1) 青果 (2) 車道 (3) 重要 (4) 所重 (5) 忠誠
(6) 孝道 (7) 物理 (8) 勇氣 (9) 道理 (10) 教育
(11) 正義 (12) 信義 (13) 義理 (14) 殺人 (15) 花郎道
(16) 果然 (17) 孝誠 (18) 新羅 (19) 殺生 (20) 民主主義

3. ( ) 안에 알맞은 漢字語를 고르세요.

① 全人教育	② 民主主義

(1) 韓國은 ( ) 國家이다.
(2) 우리 學校의 教育 목표는 ( )이다.

① 忠誠	② 孝道

(3) 우리 父母님은 祖父母님께 ( )를 다하셨어요.
(4) 군인들은 國家에 ( )할 것을 맹세했다.

4. ( ) 안에 알맞은 漢字語를 보기에서 고르세요.

보기:	① 重要	② 道理	③ 物理	④ 孝心
	⑤ 所重	⑥ 果然	⑦ 花郎道	⑧ 殺人者

(1) 나는 애인의 寫眞을 ( )하게 간직하고 있다.
(2) 나는 과학 과목 중에서 ( )와 化學을 좋아한다.
(3) 내 行動이 ( ) 옳은 行動이었을까?
(4) 民主主義 社會에서는 개인의 자유가 무엇보다도 ( )하다.
(5) 그는 조용히 자기 할 ( )를 다하고 있다.
(6) 어느 社會에서나 ( )는 용서받지 못한다.
(7) 우리 兄과 누나는 孝子 孝女인데 나는 ( )이 不足한 것 같다.

5. 다음 漢字語를 읽고 그 뜻을 찾아 연결하세요.

(1) 教育	killing, taking life
(2) 忠孝	courage
(3) 信義	importance
(4) 殺生	faithfulness
(5) 勇氣	loyalty and filial piety
(6) 重要	education, teaching

✍ 쓰기 연습

1. 다음 漢字를 필순에 맞게 쓰세요.

(1) 理 (2) 孝 (3) 重 (4) 要

(5) 果 (6) 育 (7) 忠 (8) 勇

(9) 誠 (10) 義 (11) 殺

2. 다음 단어를 漢字로 쓰세요.

(1) 중요 (2) 교육

(3) 효자 (4) 충효

(5) 도리 (6) 용기

(7) 신의 (8) 차도

(9) 과연

3. 밑줄 친 부분을 漢字로 쓰세요.

(1) 우리 삼촌은 中學校 체육(　　) 先生님이다.

(2) 그들은 平生 신의(　　)를 지키며 살았다.

(3) 신하들은 王에게 충성(　　)을 다 바쳤다.

(4) 요즈음은 효도(　　)觀光이 일반화되었다.

(5) 참으로 용기(　　)있는 者는 물러설 줄도 안다.

4. □ 안에 알맞은 漢字를 써 넣으세요.

(1) 듣고 보니 □然 네 말이 옳구나.

(2) 아인슈타인은 상대성 □論으로 노벨상을 받았다.

(3) 韓國의 父母들은 子女 教□에 관심이 많다.

(4) 車는 車道로, 사람은 人□로!

(5) "심청전"은 □心이 지극한 少女 심청에 對한 이야기이다.

第二十二課 재미있는 漢字의 原理

(Some interesting principles of Chinese characters)

새 漢字: 必 使 用 事 明 示 可 味 便 利 數 萬

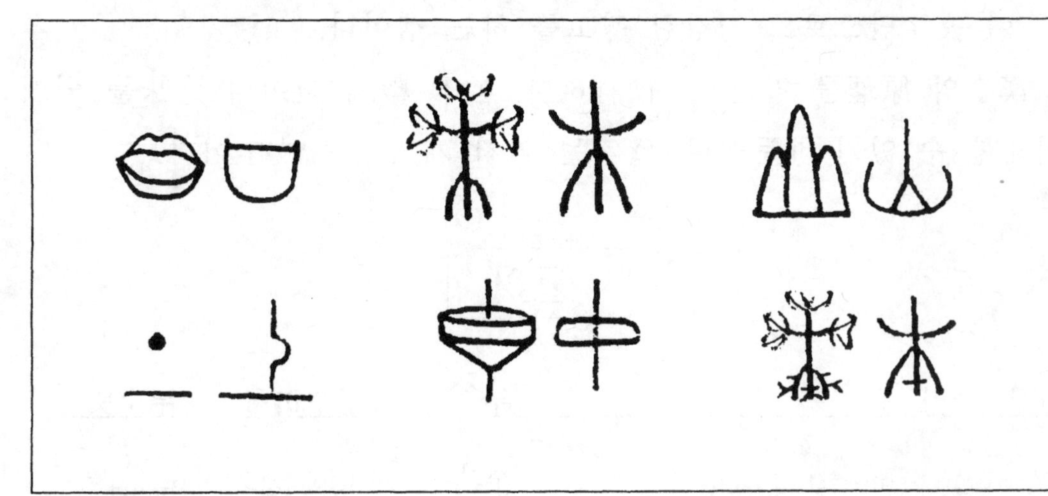

中國에서는 단어가 必要할 때마다 새로운 漢字를 만들어 使用했다. 漢字를 만드는 데에는 몇 가지 原理가 있는데 간단하게 설명해 보자.

우선 漢字는 事物의 모양을 보고 만든다. 그 좋은 예가 "日, 月, 火, 水, 木"으로 "日"字는 해를, "月"字는 달을, 그리고 火, 水, 木은 各各 불, 물, 나무의 모양을 보고 만든 文字들이다.

이미 使用하고 있는 漢字에다 획을 더해서 만들 때도 있다. "一"에다 "丨"을 덧붙여 "十"을, "白"에다 "一"을 덧붙여 "百"을, "十"에다 "ノ"을 덧붙여 "千"字를 만든 것이 그 예이다.

"日"과 "月"의 合字인 "明"字처럼 文字와 文字를 合해서 만드는 경우도 있다. "해"와 "달"은 밝음 그 自體이므로 "明"字가 들어 있는 光明, 明月, 明白, 明示와 같은 단어들 역시 모두 밝음과 관계가 있는 말들이 된다.

外國語를 表示할 때는 그 發音에 가까운 漢字語를 택하여 쓰는데, 中國에서 코카콜라를 "可口可樂"으로 하는 것이 그 경우이다. 可口可樂은 口味에 맞고 마시면 즐겁다는 意味이니 코카콜라 會社는 이 文字만으로도 굉장한 광고를 하는 셈이다.

漢字의 原理를 알면 참 便利하다. 數千 數萬 단어의 意味를 쉽게 이해할 수 있기 때문이다. 漢字는 역시 재미있는 文字이다.

풀이

한자	소리	뜻		부수	부수이름	부수뜻
必	필	반드시	surely	心 1	마음 심	heart
使	사	시키다	employ	人/亻 6	사람 인	person
用	용	쓰다	use	用 0	쓸 용	use
事	사	일	affair	亅 7	갈고리 궐	hook
明	명	밝다	bright	日 4	해 일	sun
示	시	보이다	show	示 0	보일 시	exhibit
可	가	옳다	right, able	口 2	입 구	mouth
味	미	맛	taste	口 5	입 구	mouth
便	편	편하다	convenient	人/亻 7	사람 인	person
利	리/기	이롭다	profit	刀/刂 5	칼 도	sword
數	수	계산	counting, number	攵 11	등글월 문	tap
萬	만	일만	ten thousand	艸/艹 9	풀 초	grass

Note

Like 里 and 理 (noted in Lessons 14 and 21, respectively), 利 is 이 word-initially and 리 elsewhere, as in 利子 이자 'interest' and 便利 편리 'convenience'.

☼새로 나온 漢字語

必要	necessity	使用	use
事物	thing, object	"明"字[명짜]	the character 明
光明	brightness	明月	bright moon
明白	clear	明示	elucidation, clear indication
表示	indication	可口可樂	"Coca Cola" in Chinese
口味	taste	意味	meaning, significance
便利	convenience	數千	several thousands
數萬	tens of thousands		

☞漢字語를 더 찾아봅시다

必然	不必要
大使館	天使
無用之物	信用
利用	通用
事業	記事
農事	人事
分明	自明
可觀	不可
無味	便安
利子	不利
數字	數學
分數	萬國
萬物	萬事
萬一	萬全

練習

읽기 연습

1. 다음 漢字를 읽으세요.

(1) 必 (2) 可 (3) 用 (4) 示 (5) 明
(6) 利 (7) 味 (8) 使 (9) 便 (10) 事
(11) 萬 (12) 數

2. 다음 漢字語를 읽으세요.

(1) 必要 (2) 使用 (3) 事物 (4) 分明 (5) 明白
(6) 原理 (7) 意味 (8) 口味 (9) 利用 (10) 不可
(11) 明示 (12) 表示 (13) 便利 (14) 不便 (15) 數學

3. 다음 漢字語를 읽고 그 뜻을 찾아 연결하세요.

(1) 事物	use, application
(2) 表示	principles, fundamental truth
(3) 意味	angel, seraph
(4) 使用	meaning, significance
(5) 必要	indication, expression
(6) 便利	objects, things
(7) 原理	necessity, need
(8) 天使	convenience, handiness

4. ( ) 안에 알맞은 漢字語를 보기에서 골라 그 번호를 쓰세요.

> 보기: ① 必要 ② 意味 ③ 不可 ④ 便利
> ⑤ 數萬 ⑥ 表示 ⑦ 使用 ⑧ 口味

(1) 이 기계는 (   )하기가 쉬워요.
(2) 출퇴근 時間에는 지하철이 (   )하다.

(3) 어제 잠실 축구장에는 ( )名의 관중이 모였다.
(4) 이 映畵는 "初等學生 入場 ( )"이다.
(5) 제 도움이 ( )하시면 언제든지 말씀하십시오.
(6) 단어의 ( )를 잘 모를 때는 사전을 찾아보아라.

✍ 쓰기 연습

1. 다음 漢字를 필순에 맞게 쓰세요.

(1) 用 (2) 可 (3) 必 (4) 明
(5) 示 (6) 味 (7) 利 (8) 使
(9) 事 (10) 便 (11) 萬

2. 다음 단어를 漢字로 쓰세요.

(1) 원리 (2) 구미
(3) 편리 (4) 사용
(5) 사물 (6) 표시
(7) 의미 (8) 분명
(9) 필요 (10) 이용
(11) 표현 (12) 명백
(13) 만물 (14) 대사관

3. 밑줄 친 부분을 漢字로 쓰세요.

(1) 요새는 컴퓨터가 있어서 참 편리(　　)하다.

(2) 우리 父母님은 시골에서 농사(　　)를 지으세요.

(3) 필요(　　)는 發明의 어머니!

(4) 만두국을 끓였는데 구미(　　)에 맞으실 지 모르겠네요.

(5) 韓國銀行이 어디에 있는지 이 地圖에 표시(　　)해 주세요.

(6) 저 少年은 자기 생각을 분명(　　)하게 말한다.

(7) 이 글은 의미(　　)를 모르는 단어들이 너무 많아서 읽기가 어렵다.

(8) 공중 전화기에 "사용불가"(　　　　)라는 쪽지가 붙어 있었다.

4. □ 안에 알맞은 漢字를 써 넣으세요.

(1) 어둠과 光□, 이것은 各各 별개의 것이 아니다.

(2) 이 일을 끝내려면 많은 時間이 □要하다.

(3) 올해는 意□있는 한 해를 보내고 싶다.

(4) 이 기계를 어떻게 使□하는지 가르쳐 주세요.

(5) 김치는 이제 世界人의 口□에 맞는 음식이 되었다.

(6) 자기 의사를 分□하게 表□하는 것이 重要하다.

(7) 秋夕 名節에는 數十□대의 自動車가 고속 도로를 메운다.

5. □ 안에 알맞은 漢字를 써넣어 反對語를 만드세요.

(1) 便利 — 不□　　(2) 分明 — □分明

(3) 卒業 — 入□　　(4) 戰爭 — 平□

(5) 正義 — □義　　(6) 最初 — 最□

第二十三課 始作이 半
(Well begun is half done)

새 漢字: 始 作 精 神 解 球 代 報 歷 史 法 待 宿

말은 곧 精神이며 文化이다. 말을 알면 그 나라를 理解하게 된다.

오늘날 世界는 地球村 時代, 情報化 時代가 되었다. 東西가 하나이고 南北이 따로 없다. 그러므로 많은 사람들이 時間을 들여 外國語를 배운다. 이제 韓國語도 배우고 싶은 말에서 배워야 하는 말이 되었다. 자연히 韓國語를 敎育하는 學校도 많아졌다. 多幸스러운 일이다.

韓國은 歷史가 깊은 나라이다. 따라서 말과 글의 歷史도 오래 되었다. 그래서인지 韓國語는 배우기 어려운 言語 中의 하나라고들 한다. 특히 西洋 學生들이 그렇게 생각하는 便이다. 文法과 語法이 다른 데다가 尊待語와 반말이 있어서 그럴 것이다. 어쨌든 外國語

는 다 어렵다. 이 世上에 短時日에 배울 수 있는 外國語는 하나도 없다.

우리 나라 속담에 "始作이 半"이라는 말이 있다. 始作했다 하면 벌써 半은 성공이라는 意味이다. 韓國語를 배우는 것도 마찬가지이다. 좋은 先生님을 만나서 열심히 工夫하고 宿題를 착실하게 한다면 머지않아 韓國語를 잘하게 될 것이다.

풀이

한자	소리	뜻		부수	부수이름	부수뜻
始	시	처음	beginning	女5	계집 녀	woman
作	작	짓다	make, create	人/亻5	사람 인	person
精	정	정밀하다	refined	米8	쌀 미	rice
神	신	귀신	ghost, spirit	示5	보일 시	exhibit
解	해	풀다	loosen	角6	뿔 각	horn
球	구	공	ball	玉/王7	구슬 옥	gem
代	대	대신하다	substitute	人/亻3	사람 인	person
報	보	갚다	recompense, reward	土9	흙 토	earth
歷	력/역	지나다	pass through	止12	그칠 지	stop
史	사	역사	chronicle, history	口2	입 구	mouth
法	법	법	law, model	水/氵5	물 수	water
待	대	기다리다	wait for	彳6	걸을 착	limp
宿	숙	묵다	lodge for the night	宀8	집 면	roof

Note
歷 is 역 word-initially and 력 elsewhere, as in 歷史 역사 'history' and 學歷 학력 'educational background'.

☼새로 나온 漢字語

始作	beginning, start	精神	spirit, mind
理解	understanding	地球村	global village
時代	era, age	情報化	informationalization
歷史	history	文法[문뻡]	grammar
語法[어뻡]	usage (of language)	尊待語	honorifics
宿題	assignment, homework		

☞漢字語를 더 찾아봅시다

始初	原始人
作家	作文
名作	精力
精通	神父
神學	神話
解答	解明
解放	見解
和解	代金
代代孫孫	代母
代父	代身
代表	子孫萬代
報答	報道
歷代	學歷
先史時代	韓國史

法院	法學
使用法	待合室
期待	宿食
下宿	

練習

읽기 연습

1. 다음 漢字를 읽으세요.

(1) 史　(2) 代　(3) 作　(4) 法　(5) 始
(6) 待　(7) 宿　(8) 神　(9) 球　(10) 報
(11) 解　(12) 精　(13) 歷

2. 다음 漢字語를 읽으세요.

(1) 國史　(2) 代身　(3) 法學　(4) 始作　(5) 始初
(6) 宿題　(7) 下宿　(8) 精神　(9) 地球　(10) 見解
(11) 情報　(12) 理解　(13) 尊待　(14) 歷史　(15) 歷代

3. (　) 안에 알맞은 漢字를 고르세요.

(1) 저는 韓國(　)를 공부하고 있어요.
① 社　② 事　③ 史　④ 使

(2) 韓國은 六月末쯤 장마가 (　)作한다.
① 時　② 市　③ 示　④ 始

(3) 身體가 건강해야 (　)神도 건강하다.
① 正　② 精　③ 情　④ 頂

4. 다음 문장을 읽으세요.

(1) 저희는 三代째 이 집에서 살고 있어요.
(2) 요즈음 같은 情報化 時代에는 컴퓨터가 무엇보다도 重要하다.
(3) 내일 우리 下宿집에서 生日 파티가 있으니 꼭 놀러 오세요.
(4) 어린이의 意見도 尊重해야 한다.
(5) 韓國은 오랜 歷史와 고유한 文化를 가진 國家이다.
(6) 호랑이 굴에 들어가도 精神만 차리면 살아 날 수 있다.
(7) 요즈음 저는 韓國 現代 文學史를 공부하고 있습니다.
(8) 外國 文化를 理解하는 데는 많은 時間과 노력이 必要하다.
(9) 요즈음은 地球村 어디를 가도 인터넷을 할 수 있다

5. 다음 漢字語를 읽고 그 뜻을 찾아 연결하세요.

(1) 法大	answer, solution
(2) 作文	goddess
(3) 女神	law school
(4) 宿食	treatment with respect
(5) 解答	composition, writing
(6) 尊待	room and board

쓰기 연습

1. 다음 漢字를 필순에 맞게 쓰세요.

(1) 史 (2) 代 (3) 法 (4) 作
(5) 始 (6) 神 (7) 待 (8) 宿
(9) 球 (10) 報 (11) 精 (12) 解
(13) 歷

2. 다음 단어를 漢字로 쓰세요.

(1) 국사 (2) 법학

(3) 시작 (4) 작문

(5) 대신 (6) 지구

(7) 정보 (8) 정신

(9) 숙제 (10) 역사

3. 밑줄 친 부분을 漢字로 쓰세요.

(1) 저 사람은 법( ) 없이도 살 사람이다.

(2) 나는 중국( ) 현대사( )를 공부하고 있다.

(3) 요즈음 숙제( )가 너무 많아 정신( )이 없어요.

(4) 저는 學歷보다 인격( )이 더 중요( )하다고 생각합니다.

(5) 그는 인터넷을 通해 旅行에 必要한 정보( )를 얻었다.

(6) 우리 先生님은 어려운 문법( )도 이해( )하기 쉽게 설명해 주신다.

4. □ 안에 알맞은 漢字를 보기에서 골라 쓰세요.

보기:	史	法	代	待	宿
	始	試	報	精	歷

(1) □作이 좋으면 끝도 좋다.

(2) 우리 언니는 今年 봄에 □大를 卒業했어요.

(3) 어머니께서 편찮으셔서 제가 □身 왔습니다.

(4) 그는 □史에 길이 남을 훌륭한 學者이다.

(5) 오늘은 날씨가 너무 더워서 □神 집중이 안된다.

(6) 文化史 試驗은 쉬웠는데 中國 中世□ 試驗은 어려웠다.

(7) 저는 지금 서울에서 下□을 하고 있습니다.

(8) 그는 大學 生活에 대한 큰 期□感에 부풀어 있다.

5. □ 안에 알맞은 漢字를 써 넣으세요.

(1) 英語 外에 어떤 □國語를 할 수 있습니까?

(2) 배가 침몰했는데도 사망자가 없다니 不幸中 □幸이다.

(3) 그는 한번 始□한 일은 반드시 끝을 낸다.

(4) 그는 장차 판사가 되기 위해 □學을 전공하고 있다.

(5) 아마도 □題를 좋아하는 學生은 一名도 없을 것이다.

(6) 韓國語의 尊[ ]語는 재미있지만 참 어려워요.

(7) 우리가 살고 있는 地[ ]에는 얼마나 많은 사람들이 살고 있을까?

(8) 世宗大王을 韓國 [ ]史上 가장 훌륭한 王으로 생각하는 사람들이 많다.

6. "始作이 半"이라는 題目으로 自身의 경험을 漢字를 섞어 써 보세요.

____

____

____

____

____

____

____

____

____

____

____

____

____

____

____

第二十四課 世界는 서울로
(From the world to Seoul)

새 漢字: 鮮 以 傳 統 頭 交 海 鐵 政 治 經 濟 古

서울은 韓國의 首都이다. 서울이 首都가 된 것은 1392年 朝鮮이 始作되던 以後부터였다. 그러니까 서울은 六百年의 傳統이 있는 首都이다.

朝鮮時代의 서울은 漢江 北쪽을 中心으로 형성되었다. 오늘날에는 漢江의 南쪽인 江南으로까지 넓어졌다. 世宗大王 때 서울의 人口는 十萬三千三百二十八名이었다. 올림픽이 열렸던 1988年에는 千百萬 以上이었다. 이제 서울은 넓이로나 人口로나 世界的인 大都市의 先頭에 서게 되었다.

交通을 보자. 朝鮮時代에는 主로 걷거나 말을 타고 다녔다. 海上交通 수단도 돛단배 정도였다. 그러나 현재는 地下鐵과 二百萬대 以上의 自動車를 비롯하여 비행기, 선박 등 交通이 눈부시게 발달했다.

政治, 經濟, 文化, 敎育, 交通의 中心地 서울은 現代와 古代가 함께 있는 都市이다. 오늘도 많은 市民들이 비원, 경복궁, 덕수궁, 창경궁 등 고궁을 찾아 옛 王朝의 숨결을 느껴 본다.

韓國의 首都 서울은 山이 많기로도 有名하다. 그 中에서도 南山은 서울 中心에 있어서 모든 市民의 公園 역할을 한다.

"世界는 서울로, 서울은 世界로!"

여러분을 서울로 초대합니다.

풀이

한자	소리	뜻		부수	부수이름	부수뜻
鮮	선	맑다	fresh	魚6	고기 어	fish
以	이	-(로)써	by, through, with	人/亻3	사람 인	person
傳	전	전하다	transmit	人/亻11	사람 인	person
統	통	거느리다	lead	糸6	실 사	thread
頭	두	머리	head, top	頁7,	머리 혈	head
交	교	사귀다	associate with	亠4	덮을 두	lid
海	해	바다	sea	水/氵7	물 수	water
鐵	철	쇠	iron	金13	쇠 금	metal
政	정	정사	govern, cure	攵5	등글월 문	tap
治	치	다스리다	rule	水/氵5	물 수	water
經	경	다스리다	manage	糸7	실 사	thread
濟	제	구제하다	rescue, help	水/氵14	물 수	water
古	고	옛, 오랜	ancient, old	口2	입 구	mouth

새로 나온 漢字語

朝鮮	Chosŏn, the Yi dynasty	以後	since, after
傳統	tradition	以上	above, more than
先頭	forefront, first rank	交通	transportation
海上交通	marine transportation	地下鐵	subway
政治	politics, political affairs	經濟	economy
古代	ancient, old		

漢字語를 더 찾아봅시다

鮮明	生鮮
新鮮	以來
以前	以下
傳記	以心傳心
統一	統合
頭目	年頭
交感	交代
交信	外交
親交	海女
海上	海洋
海外	人山人海
鐵道	鐵人
電鐵	家政學
行政	治安
自治	統治者
經歷	經驗
神經	古木
古文	古物
古事	古鐵
古風	東西古今

練習

읽기 연습

1. 다음 漢字를 읽으세요.

(1) 古 (2) 交 (3) 以 (4) 海 (5) 政
(6) 治 (7) 傳 (8) 統 (9) 鮮 (10) 經
(11) 濟 (12) 頭 (13) 鐵

2. 다음 漢字語를 읽으세요.

(1) 古代 (2) 古書 (3) 交通 (4) 以上 (5) 海女
(6) 政治 (7) 行政 (8) 法治 (9) 傳統 (10) 傳記
(11) 統一 (12) 朝鮮 (13) 經濟 (14) 頭目 (15) 鐵人

3. ( ) 안에 알맞은 漢字나 漢字語를 고르세요.

(1) 이 나라 國民들은 歷史와 ( )統을 尊重한다.
① 全 ② 戰 ③ 電 ④ 傳

(2) 저 靑年은 ( )治家가 되는 것이 꿈이다.
① 政 ② 情 ③ 頂 ④ 精

(3) 나는 어렸을 때 링컨 대통령의 ( )를 재미있게 읽었다.
① 電氣 ② 前期 ③ 傳記 ④ 前記

4. 다음 문장을 읽으세요.

(1) 나라가 안정되려면 政治家들이 政治를 잘해야지요.
(2) 交通의 발달로 韓國은 口 생활권이 되었다.
(3) 출퇴근 時間에는 地下鐵이 빠르고 便하다.
(4) 제주도에 가면 海女들을 볼 수 있어요.
(5) 운전 試驗에 合格하려면 60점 以上을 받아야 한다.
(6) 이 學校는 오래된 歷史와 傳統을 자랑한다.
(7) 國家 經濟가 어렵게 되자 온 國民은 海外旅行을 자제했다.

5. 다음 漢字의 音과 뜻을 연결하세요.

(1) 古	철	곱다, 깨끗하다
(2) 鐵	선	바다
(3) 海	해	쇠
(4) 鮮	고	옛, 오랜

6. 다음 漢字語를 읽고 그 뜻을 찾아 연결하세요.

(1) 以下	scrap iron
(2) 政治	economics
(3) 傳統	reunification of North and South
(4) 古鐵	trip abroad
(5) 經濟學	politics, political affairs
(6) 古書	old books
(7) 海外旅行	tradition
(8) 南北統一	less than, under, below

7. 다음 四字成語가 적절하지 않은 경우를 고르세요.

(1) "以心傳心"

① 그 친구와는 말로 설명하지 않아도 서로의 마음을 알아요.
② 친구에게 電話를 하려고 하는데 마침 그 친구에게서 電話가 왔다.
③ 속마음을 터놓을 수 있는 친구가 진정한 친구다.
④ 컴퓨터가 갖고 싶었는데 父母님께서 生日 선물로 사 주셨다.

(2) "人山人海"

① 날씨가 너무 더워서 사람들이 山과 바다로 피서를 떠났다.
② 秋夕에 고향에 가려는 사람들로 서울역은 발 디딜 틈이 없다.
③ 월드컵 축구 결승전을 보러 온 사람들이 경기장을 가득 메웠다.
④ 마이클 잭슨의 공연을 보려고 青少年들이 구름같이 모여 들었다.

✍ 쓰기 연습

1. 다음 漢字를 필순에 맞게 쓰세요.

(1) 古 (2) 交 (3) 以 (4) 海

(5) 政 (6) 經 (7) 治 (8) 濟

(9) 統 (10) 傳 (11) 鮮 (12) 頭

2. 다음 단어를 漢字로 쓰세요.

(1) 교통 (2) 고서

(3) 고대 (4) 해풍

(5) 정치 (6) 전통

(7) 통일 (8) 조선

(9) 신선 (10) 경제

3. 밑줄 친 부분을 漢字로 쓰세요.

(1) 그는 韓國 전통(   ) 음식을 먹고 싶어한다.

(2) 自動車가 많아 교통(   )이 복잡해요.

(3) 신선(   )한 생선(   )을 많이 먹으면 건강에 좋다.

(4) 다음 해외여행(   ) 때는 地中海에 가보고 싶어요.

(5) 우리 누나는 고대(　　) 로마 歷史에 관심이 많아요.

(6) 하루빨리 남북통일(　　　　)이 되었으면 좋겠어요.

4. ☐ 안에 알맞은 漢字를 보기에서 골라 쓰세요.

보기:	古	高	以	海	解	政	正
	治	通	統	線	鮮	題	濟

(1) 우리 나라는 法☐國家이다.

(2) 나는 朝鮮時代 地圖를 ☐書店에서 샀다.

(3) 市場에서 新☐한 과일을 많이 사 왔어요.

(4) 그는 事業 때문에 ☐外旅行을 자주 한다.

(5) 저분은 우리 大學의 ☐治學科 敎授이다.

(6) 南北☐一이 되면 제일 먼저 以北에 있는 고향에 가겠어요.

(7) 그 나라는 最近 몇 年 동안에 눈부신 經☐成長을 이룩했다.

第二十五課 무엇 때문에 工夫를 하나요?
(Why do you study?)

새 漢字: 第 由 熱 有 的 性 別 開 養 成 順 序 課

韓國에는 文字를 모르는 사람들이 거의 없다. 아마도 문맹률이 世界에서 第一 낮은 國家일 것이다. 한글이 表音文字이어서 배우기 쉬운 것이 그 理由이다. 韓國人의 敎育熱도 有名하다. 父母들은 子女 敎育에 아주 熱誠的이어서 子女의 敎育을 위해서라면 무슨 일이든지 한다. 그런데 子女 敎育의 目的이 性別에 따라 다르다는 韓國敎育開發院의 發表가 나왔다. 흥미있는 일이다. 그 發表를 보자.

"韓國의 父母들이 아들을 敎育시키는 첫째 目的은 앞으로 좋은 직장을 갖게 하기 위해서이다. 그 다음은 人格과 敎養, 취미와 소질 育成, 그리고 결혼할 때 有利하도록 하는 것이다. 딸의 敎育 目的은 人格과 敎養을 높이는 것이라고 對答한 사람이 가장 많다. 결혼에 有利하도록, 취미와 소질 育成, 좋은 직장은 그 다음 順序이다."

그러니까 韓國 父母의 子女 敎育 目的은 아들은 직장, 딸은 敎養

이라고 볼 수 있다. 人間은 教育에 의해 새롭게 태어난다. 工夫는 왜 해야 하며 그 目的은 무엇인가? 이것이야말로 人生의 課題가 아닐까 생각된다.

풀이

한자	소리	뜻		부수	부수이름	부수뜻
第	제	차례	order, -*n*th	竹5	대 죽	bamboo
由	유	말미암다	because; reason	田0	밭 전	field
熱	열	덥다	hot	火/灬11	불 화	fire
有	유	있다	exist, be	月2	달 월	moon
的	적	과녁, 표준	target; -ic, -ical	白3	흰 백	white
性	성	성품	nature, disposition	心/忄5	마음 심	heart
別	별	다르다	different	刀/刂5	칼 도	sword
開	개	열다	open	門4	문 문	gate
養	양	기르다	raise	食6	밥 식	food
成	성	이루다	achieve, become	戈3	창 과	spear
順	순	순하다	obedient	頁3	머리 혈	head
序	서	차례	order	广4	집 엄	stone house
課	과	공과, 차례	task, lesson	言8	말씀 언	speech

새로 나온 漢字語

第一	first, foremost	理由	reason
教育熱	zeal for (better) education	有名	famous
熱誠的[열성적]	enthusiastic, earnest	目的	aim, purpose
性別	sex distinction		

韓國教育開發院	Korea Education Development Institute (KEDI)		
教養	culture, refinement	育成	upbringing
順序	order	課題	task

☞漢字語를 더 찾아봅시다

第三國	第三世界
由來	自由
熱氣	熱心
以熱治熱	情熱
有力	有利
有口無言	有無
有夫女	所有
的中	性格
性味	男性
本性	心性
女性	別名
別味	別世
別天地	區別
分別力	開放
開學	開會式
公開	養分
養育	休養
成人	成分
養成	作成
順風	式順
溫順	序論
序文	課業
課外活動	日課

練習

읽기 연습

1. 다음 漢字를 읽으세요.

(1) 由 (2) 有 (3) 的 (4) 序 (5) 課
(6) 性 (7) 成 (8) 別 (9) 順 (10) 開
(11) 第 (12) 養 (13) 熱

2. 다음 漢字語를 읽으세요.

(1) 理由 (2) 有無 (3) 熱情 (4) 目的 (5) 的中
(6) 育成 (7) 性格 (8) 心性 (9) 別味 (10) 開始
(11) 開放 (12) 順序 (13) 序文 (14) 教養

3. ( ) 안에 알맞은 漢字를 고르세요.

(1) 그분이 화를 내는 理( )를 모르겠다.
① 有 ② 由

(2) 오늘은 ( )二十五課를 공부하겠습니다.
① 第 ② 弟

(3) 韓國人의 教育熱은 世界的으로 ( )名하다.
① 有 ② 由

(4) 아직 작품을 完( )하지 못했어요.
① 性 ② 成

(5) 오늘 行事의 順( )를 알려 주세요.
① 書 ② 序

4. 다음 문장을 읽으세요.

(1) 오늘 몇 課를 공부할 차례예요?
(2) 어제는 熱이 많이 나서 병원에 다녀왔다.

(3) 제가 第一 좋아하는 作家는 톨스토이입니다.
(4) 오신 順序대로 앞자리에 앉아 주십시오.
(5) 이 모임은 男女老少의 區別없이 누구든지 환영합니다.
(6) 이 學校는 有名한 運動選手들을 많이 育成했다.
(7) 저 가수는 언제나 熱情的으로 노래를 불러요.
(8) 내 동생은 性格이 開放的이어서 친구가 많다.

5. 다음 漢字語를 읽고 그 뜻을 찾아 연결하세요.

(1) 理由	culture, refinement
(2) 有利	passion, enthusiasm
(3) 性別	homework, task
(4) 目的	upbringing, rearing
(5) 教養	reason, cause
(6) 情熱	sex distinction
(7) 育成	purpose, aim
(8) 課題	advantage

6. 다음 四字成語가 적절한 경우를 고르세요.

(1) "以熱治熱"
① 병은 初期에 치료를 잘해야 한다.
② 오늘 아침에 熱이 나서 병원에 갔다.
③ 추운 날씨에는 따뜻한 음식을 먹는 것이 좋다.
④ 어제는 날씨가 더웠지만 점심에 뜨거운 매운탕을 먹었다.

(2) "有口無言"
① 주위가 너무 조용해서 말을 할 수가 없다.
② 그는 말은 많지만 거짓말은 좀처럼 하지 않는다.
③ 소음이 너무 심해서 말이 잘 안 들린다.
④ 우리보다 훨씬 약한 팀에게 3대 0으로 져서 면목이 없다.

✍ 쓰기 연습

1. 다음 漢字를 필순에 맞게 쓰세요.

(1) 由	(2) 有	(3) 的	(4) 性
(5) 別	(6) 成	(7) 順	(8) 序
(9) 開	(10) 第	(11) 養	(12) 熱

2. ☐ 안에 共同으로 들어갈 수 있는 漢字를 보기에서 골라 쓰세요.

보기: 有 由 成 性 姓 誠

(1) 그 아이는 心☐이 착하고 ☐格이 온순하다.

(2) 學校 體育館이 完☐되면, 좋은 선수를 많이 育☐하게 될 것이다.

(3) 그는 가끔 家族들에게 理☐를 말하지 않고 훌쩍 집을 떠나 自☐롭게 旅行을 했다.

3. 밑줄 친 부분을 漢字로 쓰세요.

(1) 오늘 밤 音樂會 <u>순서</u>(☐☐)가 약간 바뀌었다.

(2) 이 과일은 맛은 있지만 <u>양분</u>(☐☐)은 別로 없다.

(3) 내 친구는 新聞放送學을 공부할 <u>목적</u>(☐☐)으로 美國 유학을 떠났다.

(4) 몽마르트르는 무명(□□) 畵家들이 모이는 곳이다.

(5) 내 同生은 공부도 잘하고 성격(□□)도 온순(□□)하다.

(6) 사람들이 웃어서 나는 이유(□□)도 모르고 따라 웃었다.

(7) 우리 學校는 주말마다 運動場을 개방(□□)한다.

4. □ 안에 알맞은 漢字를 써 넣으세요.

(1) 우리 나라는 一月이 □一 춥다.

(2) 이 기계는 조립하는 順□가 복잡하다.

(3) 先生님 덕분에 目□地에 잘 도착했어요.

(4) 眞理가 너희를 自□롭게 하리라.

(5) 나는 大學에서 敎□과목으로 韓國무용을 택했다.

(6) 저는 베토벤의 "□情 소나타"를 第一 좋아합니다.

5. 다음의 경우에 적절한 四字成語는 무엇일까요? □ 안에 알맞은 漢字를 써 넣으세요.

(1) 무더운 여름에 온천에 갔다: 以□治熱

(2) 친구 생각을 하고 있는데 마침 그 친구에게서 편지가 왔다:

以心□心

復習 및 活用 (第二十一課 ~ 第二十五課)

復習

서울 구경

1. 南大門 市場

우리 반 先生님이 週末 宿題를 주셨다. 서울 市內를 다녀 보고 그 所感을 써 오는 것이었다. 배운 韓國語를 使用해 보는 게 目的인 것 같다.

나는 土曜日 午前 10時에 地下鐵을 타고 南大門 市場으로 갔다. 아직 午前인데도 어떤 가게 앞은 人山人海이었다. 가끔 外國人들도 보였다. 어떤 外國人은 男子인지 女子인지 區別하기가 어려웠다. 나는 韓國語로 尊待語 연습도 하고 必要한 물건도 샀다. 처음에는 말의 意味와 順序를 생각하느라고 精神이 없어서 가게 主人의 말을 잘 理解하지 못했다. 그러나 배운 말을 使用하게 되니 점점 재미있었다.

色色의 양말을 사고 돈을 냈을 때였다. 主人이 갑자기 그 中의 하나를 이마에 붙였다. 나는 깜짝 놀라 理由를 물었다.

"개시이니까요. 하루 종일 장사가 잘되라고 그러는 거예요."

가게 主人은 웃으면서 말했다. 나는 熱心히 사전을 찾아서 "개시"의 意味를 알아보았다. "개시"는 漢字로 "開市"라고 쓴다. 그 意味는 "그 날의 장사를 始作한 後 처음으로 물건을 팔게 되었다"는 뜻이었다. 韓國의 市場 文化에 對해 또 한 가지를 배운 셈이다.

2. 南山과 인사동

市場에서 나와 케이블 카를 타고 南山으로 올라갔다. 멀리 漢江이 보였다. 文明이 일어난 곳에는 江이 있다고 한다. 서울도 漢江이 있어서 大都市로 발전했을 것이다.

朝鮮時代부터 首都였던 六百年 傳統의 서울!

政治, 經濟, 敎育, 文化, 예술의 中心地인 서울!

南山 頂上에서 보니 果然 서울은 古代, 近代, 現代가 함께 있는 大都市임을 알 수 있었다.

午後에는 인사洞으로 갔다. 인사洞은 歷史와 傳統의 거리로 有名하다. 날씨가 무더워 中國語로 "可口可樂"이라고 하는 콜라를 마시면서 다녔다. 인사洞은 듣던 대로 인상적이었다. 구경이 끝난 後, 新羅時代의 花郎道라는 책을 사 가지고 傳統 찻집으로 갔다. 花郎道는 新羅의 青少年들인 花郎을 養成하던 敎育 제도이다. 花郎들은 忠誠과 孝道, 勇氣와 義理를 배웠다. 나는 韓國에 오기 以前부터 韓國의 옛 敎育 제도에 對해 관심이 많았는데 이 책을 사게 되어 기뻤다.

英國에 있는 내 친구는 地球村 時代의 青年답게 여러 나라를 旅行한다. 이번에는 放學을 利用하여 韓國을 旅行할 모양이다. 그에게 서울에 對한 좋은 情報를 주어야겠다.

"始作이 半"이다. 오늘 以後부터는 韓國語를 더 잘할 것 같다.

活用

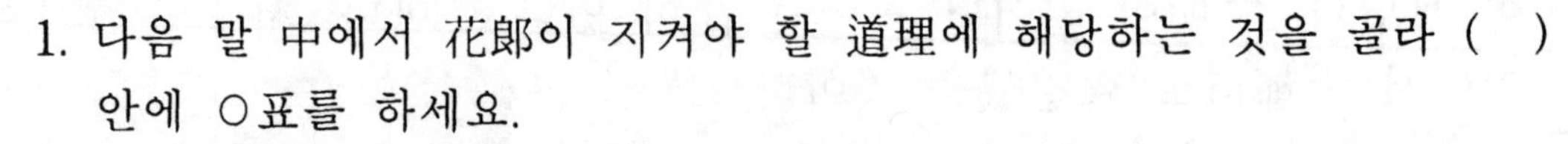

1. 다음 말 中에서 花郞이 지켜야 할 道理에 해당하는 것을 골라 ( ) 안에 ○표를 하세요.

( ) 國家에 忠誠한다.
( ) 父母에 孝道한다.
( ) 男女間에는 구별이 있어야 한다.
( ) 動物을 함부로 죽이지 않는다.
( ) 戰爭에서는 勇氣있게 싸운다.
( ) 어른과 아이 사이에는 순서가 있어야 한다.

2. 다음 그림과 관계있는 漢字를 연결하세요.

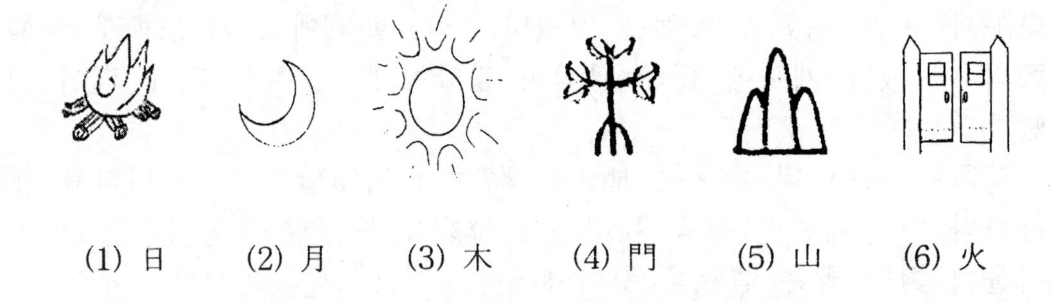

(1) 日 (2) 月 (3) 木 (4) 門 (5) 山 (6) 火

3. 다음 漢字들 中에서 둘을 골라 위, 아래, 또는 양옆으로 合하여 보기와 같이 새로운 漢字를 만들어 쓰세요. (같은 漢字를 여러 번 使用해도 좋습니다.)

日, 中, 月, 木, 女, 子, 門, 果, 心, 言, 各, 口, 成, 生

보기: (日) + (月) = (明)

(1) ( ) + ( ) = ( ) (2) ( ) + ( ) = ( )
(3) ( ) + ( ) = ( ) (4) ( ) + ( ) = ( )

4. 1988年 서울에서 열렸던 올림픽의 구호가 "서울은 世界로, 世界는 서울로!"였습니다. 서울의 有名한 山과 江의 이름을 漢字로 쓰세요.
   (1) 서울의 山:
   (2) 서울의 江:

5. 여러분은 무엇 때문에 공부를 합니까? 漢字를 섞어서 5줄 以內로 쓰세요.

____

____

____

____

____

第二十六課 이웃집 쌍둥이 姉妹
(The twin sisters next door)

새 漢字: 席 流 科 醫 在 仁 官 博 士 位 病 友 術

"쌍둥이 姉妹, 名門 大學에 나란히 首席 合格!"

이것은 오늘 아침 新聞의 記事 題目이다. 寫眞을 보니 뜻밖에도 이웃집의 쌍둥이 姉妹가 웃고 있다. 나는 家族들한테 큰 소리로 記事를 읽어 드렸다.

"쌍둥이 姉妹가 一流 大學校 法科大學과 醫科大學에 나란히 首席으로 合格했다. 두 姉妹는 中學校 在學 時節부터 서로 全校 首席을 다투었으며 특히 國語와 數學이 뛰어났다고 한다. 앞으로 언니인 朴英仁 양의 희망은 훌륭한 法官이 되어 正義 社會를 이루도록 힘쓰는 것이고 同生인 朴英信 양은 工夫를 계속해서 醫學博士 學位를 받은 後 母校의 敎授가 되어 學生들을 敎育하는 것이라고 한다."

大學病院의 外科醫와 內科醫이신 우리 父母님은 英信이 누나의 合格을 더 기뻐하셨다. 英信이 누나는 우리 누나와 友情이 두텁다. 어머니는 쌍둥이 姉妹에게 축하 電話를 하셨다. 특히 英信이 누나에게는 "醫術은 仁術"이어야 함을 강조하시면서 熱心히 工夫하라고 하셨다. 英仁이와 英信이 누나는 親友들과 친척들로부터 축하 電話를 받느라고 바빴다. 本人들은 물론 父母 兄弟 모두가 아주 幸福해 보였다.

풀이

한자	소리	뜻		부수	부수이름	부수뜻
席	석	자리	seat	巾 7	수건 건	towel
流	류/유	흐르다	flow	水/氵 7	물 수	water
科	과	과거	class, section	禾 4	벼 화	grain
醫	의	의술	medicine	酉 11	닭 유	rooster
在	재	있다	exist	土 3	흙 토	earth
仁	인	어질다	benevolent	人/亻 2	사람 인	person
官	관	벼슬	(government) position	宀 5	집 면	roof
博	박	넓다	broad	十 10	열 십	ten
士	사	선비	scholar, gentleman	士 0	선비 사	scholar
位	위	자리	position	人/亻 5	사람 인	person
病	병	병들다	disease	疒 5	병질 엄	illness
友	우	벗	friend	又 2	또 우	again
術	술	재주	talent, skill	行 5	다닐 행	walk

Note

流 is 유 word-initially and 류 elsewhere, as in 流通 유통 'circulation', 流行 유행 'vogue, fashion', 一流 일류 'top-ranking', and 電流 전류 'electric current'.

새로 나온 漢字語

首席	first on the list	一流	top-ranking
法科大學	law school	醫科大學[의꽈-]	college of medicine
在學	being in school	朴英仁	Pak, Yŏng-in
法官	judge	醫學博士	doctor of medicine
學位	degree	大學病院	university hospital
外科醫[외꽈-]	surgeon	內科醫[내꽈-]	specialist in internal medicine
友情	friendship	醫術	medical art, medicine
仁術	benevolent art	親友	friend

漢字語를 더 찾아봅시다

客席	空席
出席	流用
流出	流通
流行	交流
上流	電流
主流	下流
科目	科學
教科	農科
文科	學科
醫學	名醫
在來式	不在
所在	現在
官用	高官
上官	長官
博物館	博學
士官學校	士氣
學士	位相
高位	地位

病室	病者
萬病通治	交友
學友	美術
手術	話術

練習

읽기 연습

1. 다음 漢字를 읽으세요.

(1) 仁 (2) 士 (3) 友 (4) 在 (5) 位
(6) 官 (7) 流 (8) 席 (9) 科 (10) 病
(11) 術 (12) 博 (13) 醫

2. 다음 漢字語를 읽으세요.

(1) 上位 (2) 一流 (3) 上流 (4) 流行 (5) 法官
(6) 博士 (7) 仁術 (8) 手術 (9) 首席 (10) 末席
(11) 友情 (12) 病院 (13) 學位 (14) 在學 (15) 科學
(16) 醫科 (17) 醫術

3. 다음 문장을 읽으세요.

(1) 철수는 法科大學을 首席으로 졸업했다.
(2) 李正友는 나의 가장 가까운 親友이다.
(3) 그는 一流大學의 敎授가 되는 것이 꿈이다.
(4) 독감이 流行하여 病院마다 환자가 많다.
(5) 그는 大學 在學中에 군대에 다녀왔다.
(6) 그의 누나는 法學博士 學位를 받았다.
(7) 法官은 正義를, 醫師는 仁術을 생명으로 여긴다.

4. 다음 漢字語를 읽고 그 뜻을 찾아 연결하세요.

(1) 仁術	fashion
(2) 法官	schooldays
(3) 一流	college of medicine
(4) 流行	university hospital
(5) 首席	doctor of philosophy degree
(6) 在學 時節	first rate
(7) 大學病院	judge
(8) 博士學位	benevolent art
(9) 醫科大學	first on the list

✍ 쓰기 연습

1. 다음 漢字를 필순에 맞게 쓰세요.

(1) 士 (2) 仁 (3) 友 (4) 位

(5) 在 (6) 官 (7) 科 (8) 席

(9) 博 (10) 流 (11) 病 (12) 術

2. 다음 단어를 漢字로 쓰세요.

(1) 현재 (2) 인술

(3) 유행 (4) 내과

(5) 학사 (6) 출석

(7) 교류 (8) 대학병원

(9) 장관 (10) 재학 시절

3. 밑줄 친 부분을 漢字로 쓰세요.

(1) 지위(　　)가 높을수록 責任이 무거워진다.

(2) 그는 男女間의 우정(　　)은 곧 애정이라고 믿는다.

(3) 그는 항상 최신 유행(　　)의 옷을 입고 다닌다.

(4) 우리 兄은 MIT에서 言語學 박사(　　) 學位를 받았다.

(5) 金先生님은 授業 時間 마다 출석(　　)을 부르신다.

4. □ 안에 알맞은 漢字를 써 넣으세요.

(1) 이 世上에 萬□痛治 약은 없다.

(2) 나의 同生은 最新 □行 音樂에 精通하다.

(3) 과거나 미래보다 現□가 더 중요하다.

(4) 그의 아버지는 公正한 法□으로 尊敬을 받았다.

(5) 이번 자선 音樂會 때는 많은 청중이 客□을 메웠다.

(6) 그는 大學 □學 時節부터 소설가로 명성을 떨쳤다.

(7) 슈바이처 □士는 아프리카에서 仁術을 베풀며 만년을 보냈다.

5. 다음 ⬚ 안에 共通으로 들어갈 수 있는 漢字를 보기에서 골라 써 넣으세요.

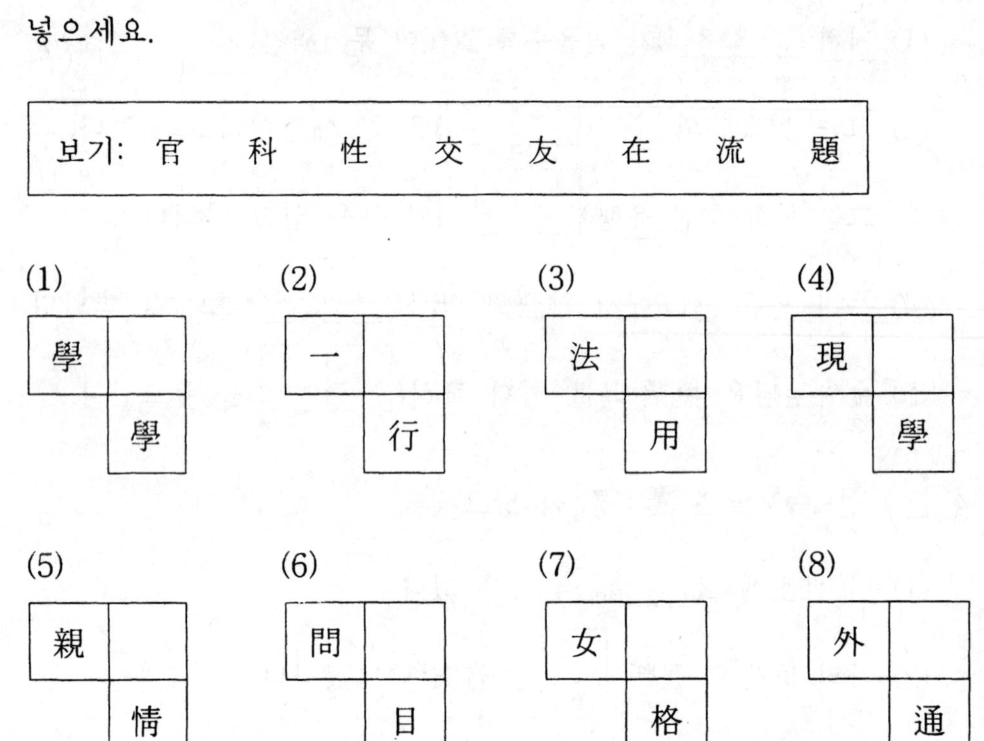

第二十七課　正直한 青年

(An honest boy)

새 漢字: 直 實 己 告 軍 命 令 罪 罰 强 張 藥 部

옛날에 正直이라는 이름의 青年이 살고 있었다. 그 青年의 性格은 아주 直線的이었다. 어느 날 그의 父親이 남의 염소 한 마리를 훔쳤다. 이 事實을 안 青年은 自己 父親을 官家에 告發했다. 원님은 青年의 父親을 잡아오라고 軍人들에게 命令했다. 그러자 그 青年이 말했다.

"罪를 지은 사람은 누구든지 罰을 받아야 합니다. 그래서 父親을 告發했습니다. 그러니까 저는 正直한 사람입니다. 그러나 父母한테는 孝道를 해야 합니다. 그러므로 罪를 지은 父親 代身 제가 罰을 받겠습니다. 그러니 저는 孝子가 아닙니까? 만약에 저를 罰하신다면 원님께서는 正直한 孝子를 罰하시는 것입니다."

青年의 强한 主張을 들은 원님은 그의 父親을 풀어 주라고 軍人들에게 命令했다. 이 事實을 안 百姓들이 不平을 했다.

"쳇! 正直하기 위해서 自己 父親을 告發했다고?"

"父親 대신 罰을 받겠다고 했으니 孝子라고? 흥! 病 주고 藥 주는군."

一部 百姓들은 父親을 告發하는 그런 青年이 다시는 없도록 死藥을 먹여야 한다고 强力하게 主張했다.

여러분이 원님이었다면 어떻게 했겠습니까?

풀이

한자	소리	뜻		부수	부수이름	부수뜻
直	직	곧다	straight, honest	目3	눈 목	eye
實	실	열매	fruit, substance	宀11	집 면	roof
己	기	몸	self	己0	몸 기	self
告	고	알리다	notify	口4	입 구	mouth
軍	군	군사	military	車2	수레 거	vehicle
命	명	목숨	life	口5	입 구	mouth
令	령/영	명령	order, command	人/亻3	사람 인	person
罪	죄	죄, 허물	crime, sin	网/罒8	그물 망	net
罰	벌	벌	punishment	网/罒9	그물 망	net
强	강	굳세다	strong	弓9	활 궁	bow
張	장	넓히다	spread	弓8	활 궁	bow
藥	약	약	medicine	艸/艹15	풀 초	grass
部	부	마을	village	邑/阝8	고을 읍	town

Note

令 is 영 word-initially and 령 elsewhere, as in 令夫人 영부인 'Mrs.' and 命令 명령 'order'.

새로 나온 漢字語

正直	honesty	直線的	straight, direct
事實	truth, fact	自己	self
告發	report, accuse, charge	軍人	soldier
命令	order, command	罪	crime
罰	punishment	强(하다)	strong, forceful
主張	claim, assertion	藥	drug
一部	some (people), part	死藥	lethal drug
强力(하다)	strong	主張(하다)	claim, assert

漢字語를 더 찾아봅시다

直感	直觀
直面	直通
實感	實力
實利	實名
實物	實業家
實用	實行
實驗	實話
誠實	眞實
忠實	利己主義
告白	告別式
告解	報告
忠告	軍國主義
軍用	軍醫官
空軍	海軍
命中	短命
宿命	生命
運命	人命在天
令夫人	法令

罪人	無罪
有罪	罰金
體罰	强大國
强者	强風
强化	出張
藥局	藥物
藥草	良藥
漢藥	部分
部首	部族
部下	內部
外部	全部

練習

읽기 연습

1. 다음 漢字를 읽으세요.
   (1) 己 (2) 令 (3) 告 (4) 直 (5) 命
   (6) 軍 (7) 部 (8) 實 (9) 强 (10) 罪
   (11) 罰 (12) 張 (13) 藥

2. 다음 漢字語를 읽으세요.
   (1) 自己 (2) 生命 (3) 命令 (4) 軍人 (5) 罪人
   (6) 正直 (7) 一部 (8) 全部 (9) 主張 (10) 出張
   (11) 藥物 (12) 罰金 (13) 事實 (14) 告發 (15) 强大國

3. 다음 문장을 읽으세요.
   (1) "罪와 罰"은 토스토엡스키의 名作이다.
   (2) 性格이 直線的인 사람은 大體로 社交的이 아니다.

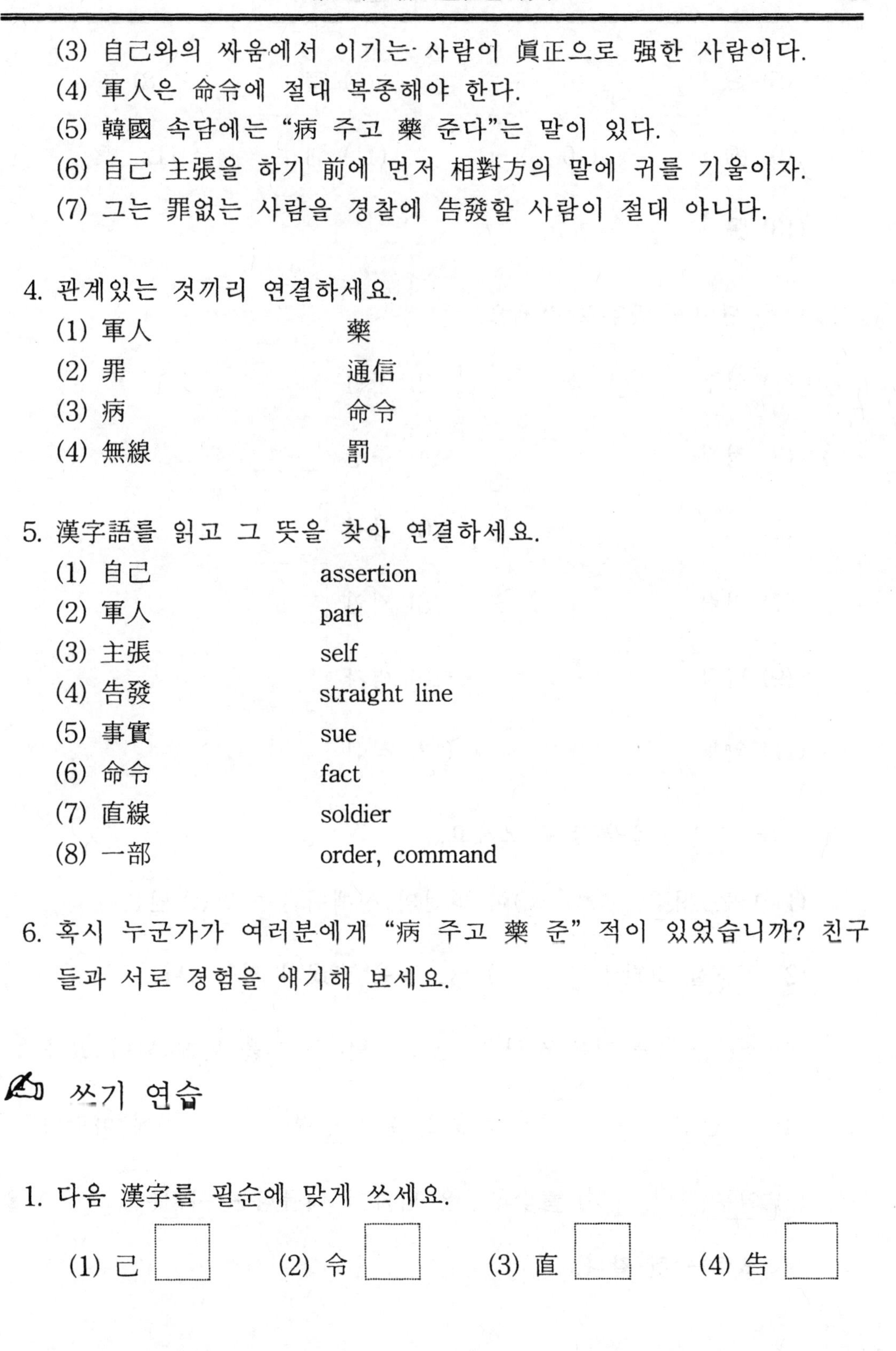

(3) 自己와의 싸움에서 이기는 사람이 眞正으로 强한 사람이다.
(4) 軍人은 命令에 절대 복종해야 한다.
(5) 韓國 속담에는 "病 주고 藥 준다"는 말이 있다.
(6) 自己 主張을 하기 前에 먼저 相對方의 말에 귀를 기울이자.
(7) 그는 罪없는 사람을 경찰에 告發할 사람이 절대 아니다.

4. 관계있는 것끼리 연결하세요.

(1) 軍人	藥
(2) 罪	通信
(3) 病	命令
(4) 無線	罰

5. 漢字語를 읽고 그 뜻을 찾아 연결하세요.

(1) 自己	assertion
(2) 軍人	part
(3) 主張	self
(4) 告發	straight line
(5) 事實	sue
(6) 命令	fact
(7) 直線	soldier
(8) 一部	order, command

6. 혹시 누군가가 여러분에게 "病 주고 藥 준" 적이 있었습니까? 친구들과 서로 경험을 얘기해 보세요.

쓰기 연습

1. 다음 漢字를 필순에 맞게 쓰세요.

(1) 己 ☐ (2) 令 ☐ (3) 直 ☐ (4) 告 ☐

(5) 命 (6) 部 (7) 實 (8) 軍

(9) 强 (10) 罪 (11) 罰 (12) 藥

(13) 張

2. 다음 단어를 漢字로 쓰세요.

(1) 일부 (2) 군인

(3) 정직 (4) 주장

(5) 고발 (6) 사실

(7) 명령 (8) 죄인

(9) 벌금 (10) 병자

(11) 약물 (12) 직선

3. 밑줄 친 부분을 漢字로 쓰세요.

(1) 나는 정직( )이 최선의 정책이라는 말을 믿는다.

(2) 不正을 고발( )하는 것은 市民의 의무이다.

(3) 죄( )를 지은 사람은 반드시 벌( )을 받게 되어 있다.

(4) 그 군인( )은 목숨을 걸고 명령( )에 따랐다.

(5) 일부( ) 青少年들은 담배가 해롭다는 사실( )을 모르는 것 같다.

(6) 때로는 자기(　　)의 意見을 강(　)하게 주장(　　)할 必要가 있다.

4. □ 안에 알맞은 漢字를 써 넣으세요.

(1) 張先生은 위기에 □面해서도 침착성을 잃지 않았다.

(2) 一□ 學生들은 지난 여름放學에 農村活動을 했다.

(3) 나는 어제 感氣가 들어서 □을 먹고 푹 쉬었다.

(4) 그는 친구를 自□ 自身보다도 더 所重히 여긴다.

(5) 어린 자식을 위해 남의 물건을 훔쳤다는 그 罪人의 主□에도 一理는 있다.

(6) 女子가 男子보다 더 오래 산다는 事□을 나는 最近에야 알았다.

第二十八課 어떤 性格일까요? (What can my personality be?)

새 漢字: 關 調 査 責 任 集 團 定 向 個 決 種

오늘 아침 新聞의 한 記事가 關心을 끌었다. 어느 大學에서 學科別로 新入生들의 性格을 調査한 일이 있는데, 學生의 性格과 學部間에는 깊은 相關이 있다는 것이었다.

新聞 記事는 調査 結果를 다음과 같이 요약하고 있다. "文學部 學生들은 自由로운 것을 좋아하는 경향이 있다. 反面, 社會科學部 學生들은 리더십이 强하고 經濟學部 學生들은 責任感이 强한 것으로 나타났다. 自然科學部 學生들은 集團 活動은 잘하지만 自信感이 多少 떨어진다. 工學部 學生의 心身은 相對的으로 安定되어 있다. 그러나 外部 活動보다는 혼자서 熱心히 하는 性格이다. 女學生이 男學生보다 人間 관계가 더 주도적이고 적극적이다."

얼굴이 各各인 것처럼 사람들의 性格들도 各各이다. 어떤 이는

自由롭고 責任感이 强한 性格을 가졌고 또 어떤 이는 自信感이 없고 소극적인 性格의 所有者이기도 하다. 內向的인 性格, 外向的인 性格, 무슨 일에나 熱心인 性格, 그런가 하면 集團的인 일이거나 個人的인 일이거나 全部 다 無關心한 性格도 있다. 또한 어떤 決定을 할 때 며칠씩 생각해야 하는 신중한 性格도 있다.

이런 性格은 좋고 저런 性格은 나쁘다고 말할 수는 없다. 性格은 一種의 個性이기 때문이다.

풀이

한자	소리	뜻		부수	부수이름	부수뜻
關	관	닫다	close, shut	門 11	문 문	gate
調	조	고르다	harmonize; suitable	言 8	말씀 언	speech
查	사	살피다	investigate	木 5	나무 목	tree
責	책	꾸짖다	scold, blame	貝 4	조개 패	shell
任	임	맡기다	entrust	人/亻 4	사람 인	person
集	집	모이다	collect, gather	隹 4	새 추	bird
團	단	덩어리	group, band	囗 11	큰입 구	enclosure
定	정	정하다	determine, decide	宀 5	집 면	roof
向	향	향하다	face, go toward	口 3	입 구	mouth
個	개	낱, 개	piece; counter for thing	人/亻 8	사람 인	person
決	결	결단하다	decide	水/氵 4	물 수	water
種	종	씨	seed	禾 9	벼 화	grain

새로 나온 漢字語

關心	interest, attention	調査	survey, poll
相關	correlation, connection	責任感	sense of responsibility
集團	group	安定	stability
內向的	introvert	外向的	extrovert
集團的	collective, in-group	個人的	personal, individual(istic)
無關心	lack of interest	決定[결쩡]	decision
一種[일쫑](의)	a kind of	個性	personality

漢字語를 더 찾아봅시다

關節	調和
格調	同調
低調	問責
自責	任期
任命	任意
放任	信任
在任	解任
集中	集合
集會	團長
團體	團合
樂團	定期
定義	內定
韓定食	向上
向學熱	方向
性向	意向
個別	別個
決死	決心
決意	可決
對決	表決

解決	種目
種別	各種
業種	人種

練習

읽기 연습

1. 다음 漢字를 읽으세요.

(1) 任	(2) 決	(3) 向	(4) 定	(5) 查
(6) 責	(7) 個	(8) 集	(9) 調	(10) 種
(11) 團	(12) 關			

2. 다음 漢字語를 읽으세요.

(1) 向上	(2) 方向	(3) 個人	(4) 個性	(5) 外向的
(6) 一種	(7) 人種	(8) 責任	(9) 調查	(10) 內向的
(11) 相關	(12) 團體	(13) 集團	(14) 決定	(15) 韓定食

3. 다음 漢字語를 읽고 그 뜻을 찾아 연결하세요.

(1) 個性	correlation
(2) 責任感	decision
(3) 一種	group
(4) 相關	survey
(5) 集團	personality
(6) 決定	sense of responsibility
(7) 調查	introvert
(8) 內向的	a kind of

4 다음 문장을 읽으세요.

(1) 우리 나라에서는 昨年 봄에 人口調査를 실시했다.
(2) 外向的인 性格의 사람들은 大體로 社交的이다.
(3) 훌륭한 지도자는 우선 責任感이 强해야 한다.
(4) 流行에 無關心한 女性은 別로 없을 것이다.
(5) 決定은 신중히, 行動은 신속히 하는 것이 좋다.
(6) 나는 集團의 이익이 個人의 이익보다 더 重要하다고 생각한다.

✍ 쓰기 연습

1. 다음 漢字를 필순에 맞게 쓰세요.

(1) 任 (2) 決 (3) 向 (4) 定
(5) 責 (6) 査 (7) 個 (8) 集
(9) 調 (10) 種 (11) 團 (12) 關

2. 다음 단어를 漢字로 쓰세요.

(1) 안정 (2) 관심
(3) 임명 (4) 개성
(5) 방향 (6) 내향적
(7) 조사 (8) 책임감

3. 밑줄 친 부분을 漢字로 쓰세요.

(1) 개인( )의 인권은 최대한 尊重되어야 한다.

(2) 韓國사람들은 大體로 남향(　　) 집을 선호한다.

(3) 그 법안은 國會에서 만장일치로 가결(　　)되었다.

(4) 젊은이들 사이에서는 배낭旅行이 일종(　　)의 流行이 되었다.

(5) 어느 집단(　　)에서나 최종 결정(　　)은 多數의 意見을 따르는 것이 좋다.

4. □ 안에 알맞은 漢字를 써 넣으세요.

(1) 그 환자는 心身의 安□이 必要하다.

(2) 團體 生活에서는 무엇보다도 責□感이 重要하다.

(3) 人間은 先史時代부터 □團 生活을 해 왔다.

(4) 요즘 젊은이들은 머리 스타일이나 옷차림에서 □性이 强하다.

(5) 대통령선거 때가 되면 사람들은 各種 여론□査에 關心을 갖는다.

5. □ 안에 알맞은 漢字를 써 넣어 反對語를 만드세요.

(1) 集團 — □人　　(2) 必要 — □必要

(3) 關心 — □關心　　(4) 安定 — □安定

(5) 責任 — □責任　　(6) 內向的 — □向的

第二十九課　金先生의 出張
(Mr. Kim's business trip)

새 漢字: 飛 機 結 變 港 雲 野 陸 廣 島 到 着 路

요즈음은 飛行機가 現代人의 手足 같이 되어서 農村에서나 都市에서나 쉽게 飛行機를 利用한다. 經濟가 向上되어 生活이 安定된 結果이다. 十年이면 江山도 變한다는 말이 實感된다.

제주도 出張을 가는 金先生도 김포 空港에서 飛行機를 탔다. 出發 時間이 되자 飛行機는 空中으로 날아 올랐다. 雲海를 飛行하는 氣分은 마치 한 마리 새가 되어 天上 樂園을 날아가는 것 같다. 最初로 飛行機를 만든 라이트 兄弟에게 敬意를 表하고 싶어진다. 機內에서 地上을 내려다 보니 山川草木, 青綠色의 山野가 더 情답다.

半時間쯤 지나자 青色의 바다가 나타났다.

"역시 바다가 陸地보다 廣大하구나! 우리 나라는 三面이 바다인 半島國이다. 저 廣大한 바다를 잘 利用하면 世界 第一의 海運國이 될 수도 있을 것이다."

이런저런 생각을 하는 동안 飛行機는 제주 空港에 到着했다. 陸路와 海路를 利用해서 가는 것보다 飛行機를 利用하니 아주 便利했다. 風光 좋은 꿈의 섬 제주도! 그래서인지 파도 소리도 듣기 좋다.

풀이

한자	소리	뜻		부수	부수이름	부수뜻
飛	비	날다	fly	飛[0]	날 비	fly
機	기	기계	machine	木[12]	나무 목	tree
結	결	맺다	tie, terminate	糸[6]	실 사	thread
變	변	변하다	change	言[16]	말씀 언	speech
港	항	항구	harbor	水/氵[9]	물 수	water
雲	운	구름	cloud	雨[4]	비 우	rain
野	야	들	field	里[4]	마을 리	hamlet
陸	륙/육	육지	land	阜/阝[8]	언덕 부	mound
廣	광	넓다	wide	广[12]	집 엄	stone house
島	도	섬	island	山[7]	메 산	mountain
到	도	이르다	reach	刀/刂[6]	칼 도	sword
着	착	닿다	arrive	目[7]	눈 목	eye
路	로/노	길	road	足[6]	발 족	foot

Notes

1. 陸 is 육 word-initially and 륙 elsewhere, as in 陸路 육로 'land route' and 着陸 착륙 'landing'.
2. 路 is 노 word-initially and 로 elsewhere, as in 路上 노상 'on the road' and 陸路 육로 'land route'.

새로 나온 漢字語

飛行機	airplane	結果	result
變(하다)	change	空港	airport
雲海	sea of clouds	飛行	flight
機內	inside the plane	山野	mountains and fields
陸地	land	廣大	vast
半島國	peninsula country	到着	arrival
陸路	land route	海路	sea route

漢字語를 더 찾아봅시다

機關	機會
動機	時機
結局	結論
結末	結合
團結	完結
變動	變數
變身	變心
變化	不變
港口	入港
出港	雲集
靑雲	野生動物
野生花	野性的
野心	分野
平野	陸軍
陸上	大陸
無人島	到來

着工	着手
着陸	安着
路上	路線
道路	通路

練習

읽기 연습

1. 다음 漢字를 읽으세요.

(1) 着　(2) 港　(3) 島　(4) 陸　(5) 雲
(6) 野　(7) 路　(8) 到　(9) 結　(10) 飛
(11) 廣　(12) 變　(13) 機

2. 다음 漢字語를 읽으세요.

(1) 廣大　(2) 山野　(3) 結果　(4) 空港　(5) 飛行機
(6) 入港　(7) 到着　(8) 陸路　(9) 道路　(10) 無人島
(11) 變化　(12) 雲海　(13) 港口　(14) 半島國

3. 다음 문장을 읽으세요.

(1) 飛行機는 現代人의 重要한 交通 수단이다.
(2) 서울 市內에서 김포 空港까지는 一時間쯤 걸린다.
(3) 雲海를 빠져 나오니 陸地와 바다가 한눈에 들어왔다.
(4) 韓半島 南쪽의 제주도는 風光이 아름답다.
(5) 空港에 到着하는 대로 電話를 드리겠습니다.
(6) 부산은 韓國 第一의 港口都市이다.
(7) 高速道路의 발달은 國民生活에 큰 變化를 가져왔다.

4. 다음 漢字語를 읽고 그 뜻을 찾아 연결하세요.

(1) 空港	change
(2) 結果	vast
(3) 變化	sea route
(4) 陸地	landing
(5) 海路	result
(6) 野山	airport
(7) 着陸	land
(8) 廣大	hillock

쓰기 연습

1. 다음 漢字를 필순에 맞게 쓰세요.

(1) 野 ☐ (2) 路 ☐ (3) 結 ☐ (4) 到 ☐

(5) 陸 ☐ (6) 港 ☐ (7) 島 ☐ (8) 着 ☐

(9) 雲 ☐ (10) 廣 ☐ (11) 變 ☐

2. 다음 單語를 漢字로 쓰세요.

(1) 광대 ☐☐ (2) 도착 ☐☐

(3) 공항 ☐☐ (4) 육로 ☐☐

(5) 운해 ☐☐ (6) 항구 ☐☐

(7) 도로 ☐☐ (8) 반도국 ☐☐☐

3. 밑줄 친 부분을 漢字로 쓰세요.

(1) 十年이면 江山도 변(☐)한다더니 이 都市도 참 많이 변했다.

(2) 始作이 좋으면 결과(☐☐)도 좋다.

(3) 산야(□□)를 푸르게 가꾸는 것은 환경 보존의 첫 단계이다.

(4) 外向的인 사람은 환경의 변화(□□)에 잘 적응한다.

(5) 육지(□□)보다 광대(□□)한 바다를 잘 開發해야 强國이 된다.

(6) 김포 공항(□□)을 떠난 飛行機는 一時間도 못되어 제주도에 도착(□□)했다.

4. □ 안에 알맞은 漢字를 써 넣으세요.

(1) 김포는 韓國 第一의 국제 空□이다.

(2) 韓國과 이태리는 다 같은 半□國이다.

(3) 그의 성공은 피나는 노력의 □果이다.

(4) 우리는 定時에 目的地에 □着했다.

(5) 道□工事로 不便을 드려 죄송합니다.

(6) 美國의 中西部는 □大한 平野 지대이다.

5. □ 안에 알맞은 漢字를 써 넣어 反對語를 만드세요.

(1) 出發 — □着　(2) 入港 — □港

(3) 陸路 — □路　(4) 有利 — □利

第三十課 國家 이미지
(The national image)

새 漢字: 特 藝 形 弱 例 計 曲 商 品 知 其 服 輕

"國家 이미지"라는 말이 있다. 이것은 地球村 사람들이 特定 國家에 對하여 가지는 생각이다. 國家의 이미지는 歷史와 文化 등 傳統的인 것과 政治 經濟 社會 外交 藝術 스포츠와 관련된 것들로 形成된다. 그리고 이러한 이미지는 國力이 强하고 弱한 것과는 相關이 없다.

各國의 代表的인 國家 이미지 事例는 다양하다. 時計, 축구, 風車 같은 것을 國家 이미지로 가지고 있는 나라가 있는가 하면 有名한 건축물이나 作曲家, 가수, 화가 등이 떠오르는 나라도 있다. 이탈리아의 피자나 日本의 스시는 음식을 商品으로 이미지化한 것이다.

韓國을 代表할 수 있는 國家的인 이미지는 果然 무엇일까?

歷史와 文化의 나라 韓國은 國家를 代表할 만한 것들이 不知其數이다. 世宗大王이 만드신 한글, 경주 토함山의 석굴암, 거북선, 청자와 백자, 世界 頂上의 藝術家들, 傳統 타악기로 연주하는 四物놀이,

世界人의 맛 불고기와 김치, 태권도, 韓服 등 輕重을 가리기가 어렵다. 이제는 世界의 모든 사람들이 부르기 좋고 알기 쉬운 것으로 하루빨리 決定하는 일만 남아있다.

풀이

한자	소리	뜻		부수	부수이름	부수뜻
特	특	특별하다	special	牛6	소 우	ox
藝	예	재주	art	艸/艹15	풀 초	grass
形	형	형상	shape	彡4	터럭 삼	feather
弱	약	약하다	weak	弓7	활 궁	bow
例	례/예	본보기	example	人/亻6	사람 인	person
計	계	세다	count, plan	言2	말씀 언	speech
曲	곡	굽다	be bent	曰2	가로 왈	say
商	상	장사	commerce	口8	입 구	mouth
品	품	차례, 물건	rank, article	口6	입 구	mouth
知	지	알다	know	矢3	화살 시	arrow
其	기	그	the (thing), what	八6	여덟 팔	eight
服	복	옷	clothes	月4	달 월	moon
輕	경	가볍다	light	車7	수레 거	vehicle

Note
例 is 예 word-initially and 례 elsewhere, as in 例外 예외 'exception' and 事例 사례 'instance, case'.

새로 나온 漢字語

特定 國家	particular country, given country	藝術	arts
形成	formation	弱(하다)	small and weak
事例	instance, case, example	時計	watch
作曲家	composer	商品	commodity, product
不知其數	innumerable, countless	藝術家	artist
韓服	traditional Korean costume	輕重	relative importance

漢字語를 더 찾아봅시다

特別	特報
特色	特性
特效	工藝
文藝	手藝
形相	形式
形體	形便
形形色色	人形
弱者	弱化
强弱	老弱者
例年	例文
例示	例外
實例	家計
生計	合計
會計	曲線
曲藝	名曲
序曲	作曲
商工業	商業
商人	商店
品格	品目
品位	品種

品行	名品
物品	發明品
性品	醫藥品
人品	作品
眞品	知性
無知	服用
校服	內服
洋服	平服
輕工業	輕音樂

練習

읽기 연습

1. 다음 漢字를 읽으세요.

(1) 知　(2) 其　(3) 形　(4) 品　(5) 曲
(6) 例　(7) 商　(8) 特　(9) 計　(10) 弱
(11) 服　(12) 輕　(13) 藝

2. 다음 漢字語를 읽으세요.

(1) 生計　(2) 形成　(3) 形式　(4) 知性　(5) 曲線
(6) 時計　(7) 商品　(8) 事例　(9) 特別　(10) 輕工業
(11) 洋服　(12) 韓服　(13) 獨特　(14) 弱者　(15) 藝術家

3. 다음 문장을 읽으세요.

(1) 에디슨의 發明品은 不知其數이다.
(2) 韓服은 우아하지만 活動하기에 不便하다.
(3) 파리는 世界 藝術의 中心이다.
(4) 金博士님의 孫子는 뻐꾸기 時計를 좋아한다.

(5) 이 가게는 特定 商品만을 취급한다.
(6) 승부의 世界에는 영원한 强者도 영원한 弱者도 없다.

4. 다음 漢字語를 읽고 그 뜻을 찾아 연결하세요.

(1) 特別	art
(2) 商業	curve
(3) 形式	special
(4) 商品	relative importance
(5) 藝術	weak and small nation
(6) 輕重	commercial products
(7) 曲線	commerce
(8) 弱小國	form

✍ 쓰기 연습

1. 다음 漢字를 필순에 맞게 쓰세요.

(1) 品 (2) 形 (3) 知 (4) 例
(5) 其 (6) 曲 (7) 計 (8) 服
(9) 特 (10) 弱 (11) 輕 (12) 商
(13) 藝

2. 다음 단어를 漢字로 쓰세요.

(1) 형성 (2) 상품
(3) 사례 (4) 약소국
(5) 경중 (6) 특정 국가

3. 밑줄 친 부분을 漢字로 쓰세요.

(1) 포스터는 美國의 代表的인 작곡가(　　　)이다.

(2) 양복(　　)과 한복(　　)은 각각 장단점이 있다.

(3) 시계(　　)하면 스위스를 연상하던 때가 있었다.

(4) 이 學校는 훌륭한 예술가(　　　)를 많이 길러 내었다.

(5) 좋은 상품(　　)을 開發해야 국제경쟁에서 이길 수 있다.

(6) 판소리에는 韓國의 독특(　　)한 정서가 담겨 있다.

4. □ 안에 알맞은 漢字를 써 넣으세요.

(1) 人生은 짧고 □術은 길다.

(2) 父母의 사랑이 어린이의 性格 □成에 영향을 준다.

(3) 그 집은 家長이 실직해서 生□가 어려운 形便이다.

(4) 工業과 農業의 重要性은 □重을 가리기 어렵다.

(5) 이제 몇몇 □定 商□이 수출을 주도하던 時代는 지나갔다.

(6) 스포츠에서 弱者가 强者를 이긴 事例는 不□□數로 많다.

5. □ 안에 알맞은 漢字를 써 넣어 反對語를 만드세요.

(1) 直線 ― □線

(2) 輕工業 ― □工業

(3) 韓服 ― □服

(4) 强大國 ― □小國

復習 및 活用 (第二十六課 ~ 第三十課)

復習

내 친구 李友成

내 친구 李友成은 海軍 軍醫官이다. 그는 지난 二月에 "환경 호르몬이 人體에 미치는 영향"이라는 題目의 論文으로 醫科大學에서 博士學位를 받았다. 몸도 弱하고 수영도 못하는 友成이가 海軍에 가기로 決定한 것은 意外였다. 海軍에는 法官이었던 그의 兄이 복무했었다. 그렇지만 友成이가 그런 關係로 海軍에 간 것은 아니다.

友成이는 高校 在學때부터 大學과 大學院을 卒業할 때까지 늘 首席을 했다. 一部에서는 그가 博士學位까지 받았으니 母校인 一流大學病院 教授가 되어 仁術을 가르칠 것이라고 생각했다. 그리고 그 結果, 安定된 生活을 할 것으로 알았다.

역시 友成이는 좀 特別하다. 그런 例를 찾아본다면 不知其數이다. 그는 自己 主張과 責任感이 强하고 直線的이다. 그리고 命令, 告發, 罪, 罰, 集團 그런 단어들을 싫어한다. 그는 內向的이고 正直하며 藝術을 사랑하는 醫師이다. 個性이 强한 그는 傳統 韓服을 자주 입는다. 어쨌든 모든 일에 최선을 다하는 친구이니 海軍 生活도 잘할 것이다.

土曜日 午後, 나는 空港에 가서 제주도行 飛行機 표를 샀다. 友成이한테 가려면 海路보다 空路를 利用하는 것이 더 便하다. 나는 友成이의 卒業선물을 살까 해서 空港內에 있는 가게를 돌아보았다. 그리고는 방수가 잘된다는 손목시계를 샀다.

二時 半에 飛行機는 陸地를 떠났다. 하늘에서 보니 韓半島의 山野가 한눈에 들어왔다. 藥의 오용과 남용에 對해 調査한 記事를 읽

는 동안 飛行機는 廣大한 바다 위를 날고 있었다. 一種의 구름바다인 雲海를 飛行機로 날아가는 氣分은 퍽 즐거웠다. 곧 이어 飛行機가 目的地인 제주도에 到着한다는 機內 放送이 들렸다.

活用

1. 아래 주어진 내용을 참고로 하여 여러분의 性格은 어떤지 漢字를 섞어서 써 보세요.

安定感이 있다/없다.	對人關係가 원만하다.
內向的/外向的이다.	自由를 사랑한다.
每事에 情熱的이다.	每事에 적극적/소극적이다.
責任感이 强하다/弱하다.	自信感이 많다/적다.

____

____

____

____

____

____

____

2. 나라마다 "國家 이미지"가 있습니다.
   (1) 여러분이 생각하는 韓國의 이미지는 무엇입니까?

   ____

   (2) 여러분 國家의 이미지는 무엇입니까?

   ____

3. 여러분이 旅行을 한다면 어느 곳으로 가겠습니까? 漢字를 섞어서 빈칸에 써 넣으세요.

目的地	
期間	
交通便	
비용	

4. "醫術은 仁術"이란 말이 意味하는 것은 무엇입니까? 漢字를 섞어서 간단하게 쓰세요.

5. "第二十七課 正直한 青年"을 다시 읽고, 원님의 決定에 對한 여러분의 意見을 漢字를 섞어 쓰세요.

第三十一課　不買運動
(A boycott against buying)

새 漢字: 買 價 件 倍 飮 改 善 求 質 再 效 惡 習

요즈음 어떤 大學 學生會에서 學校 앞 가게를 相對로 不買運動을 벌이고 있는데, 이 運動에 동참하는 學生 數가 날로 늘어난다고 한다. 理由는 학교 앞 몇몇 가게들이 主 고객인 學生들에게 값을 너무 비싸게 받기 때문이다. 一部 商人들은 아예 價格을 明示해 놓지 않고 때에 따라 物件 값을 마음대로 받기도 한다. 物件 값이 市場보다 倍나 비싼 경우도 있었다고 한다.

學校 앞 食堂의 飮食 값도 昨年보다 대폭 올랐다. 學生들이 不平을 하면 主人들은 物價가 올라서 어쩔 수 없다는 핑계를 댄다. 아닌 게 아니라 지난 一年 사이에 일반 소비자 物價가 많이 오르기도 했으니 商人들도 딱한 立場이다.

再昨年에도 學生들이 學校 앞 환경의 改善을 要求하면서 不買運動을 벌인 적이 있었다. 그 結果 거리도 깨끗해지고 物件의 品質과 서비스도 많이 改善되었다. 이번에도 再開된 不買運動의 效果

로 物件 값이 安定되고 서비스도 좋아졌으면 한다. 그러나 이런 不買運動이 一種의 年例行事처럼 되풀이되어서는 안될 것이다. 商人들은 스스로 不當 價格이나 低質 서비스 等의 惡習을 버리고 소비자도 不買運動 같은 극단적인 行動을 자제한다면 좀더 명랑하고 밝은 商去來가 이루어질 것이다.

풀이

한자	소리	뜻		부수	부수이름	부수뜻
買	매	사다	buy	貝5	조개 패	shell
價	가	값	price	人/亻13	사람 인	person
件	건	조건	condition	人/亻4	사람 인	person
倍	배	곱	double; times	人/亻8	사람 인	person
飮	음	마시다	drink	食4	밥 식	food
改	개	고치다	correct, modify	攵3	등글월 문	tap
善	선	착하다	good	口9	입 구	mouth
求	구	구하다	seek	水/氺2	물 수	water
質	질	바탕	quality	貝8	조개 패	shell
再	재	두 (번)	again	冂4	멀 경	border
效	효	본받다	effective	攵6	등글월 문	tap
惡	악	악하다	evil	心8	마음 심	heart
習	습	익히다	learn, practice	羽5	깃 우	feather

새로 나온 漢字語

不買運動	boycott	價格	price
物件	thing, goods	倍	double
飮食	food and drink	物價[물까]	price

改善	improve	要求	ask (for), demand
品質	quality	再開	resumption
效果[효과/효꽈]	effect	低質	low quality
惡習	bad habit, evil practice		

☞漢字語를 더 찾아봅시다

買入	高價
代價	時價
原價	眞價
特價	事件
事事件件	用件
倍數	改名
改心	改宗
善男善女	善心
善行	獨善
最善	親善
求命	求人
質問	質責
氣質	物質
本質	性質
水質	人質
體質	再開發
再教育	再發
再生	再現
再活用	再會
效力	效用
惡名	惡法
惡意	惡質
惡行	惡化

善惡果	習性
見習	實習
風習	學習

練習

읽기 연습

1. 다음 漢字를 읽으세요.

(1) 再 (2) 件 (3) 改 (4) 買 (5) 倍
(6) 善 (7) 求 (8) 質 (9) 效 (10) 惡
(11) 習 (12) 價 (13) 飮

2. 다음 漢字語를 읽으세요.

(1) 物件 (2) 品質 (3) 水質 (4) 事件 (5) 惡化
(6) 惡習 (7) 再開 (8) 不買 (9) 效果 (10) 要求
(11) 改善 (12) 物價 (13) 價格 (14) 飮食 (15) 善行

3. 관계있는 것끼리 線으로 이으세요.

(1) 不買	記者
(2) 價格	行事
(3) 年例	老少
(4) 品質	明示
(5) 男女	運動
(6) 新聞	改善

4. 다음 문장을 읽으세요.

(1) 不買運動은 소비자가 벌이는 一種의 저항 수단이다.
(2) 商人들은 品質의 改善은 없이 價格만 올렸다.
(3) 飮食 쓰레기를 줄이자는 運動이 큰 效果를 얻고 있다.

(4) 중단되었던 南北 赤十字 會談이 再開되었다.
(5) 그 會社의 노동자들은 임금 인상을 要求했다.
(6) 지구는 달보다 몇 倍나 더 큽니까?
(7) 父母가 事事件件 子女를 간섭하면 안된다.
(8) 最近 서울 市內 再開發 지역에 새 아파트가 많이 들어섰어요.

5. 다음 漢字語를 읽고 그 뜻을 찾아 연결하세요.

(1) 再開	quality
(2) 物件	boycott
(3) 飮食	resumption
(4) 改善	bad natured
(5) 不買	ask for
(6) 效果	food and drink
(7) 惡習	improvement
(8) 品質	effect
(9) 惡質	bad habit
(10) 要求	goods

✍ 쓰기 연습

1. 다음 漢字를 필순에 맞게 쓰세요.

(1) 件 ☐	(2) 改 ☐	(3) 再 ☐	(4) 效 ☐
(5) 倍 ☐	(6) 善 ☐	(7) 求 ☐	(8) 惡 ☐
(9) 買 ☐	(10) 習 ☐	(11) 飮 ☐	(12) 質 ☐
(13) 價 ☐			

2. 다음 단어를 漢字로 쓰세요.

(1) 악습 (2) 효과

(3) 물건 (4) 재개

(5) 품질 (6) 물가

(7) 음식 (8) 개선

(9) 재개발 (10) 요구

(11) 재활용 (12) 사건

3. 밑줄 친 부분을 漢字로 쓰세요.

(1) 악법( )도 法은 法이다.

(2) 요즘 물가( )가 몇 年前보다 배( )나 올랐다.

(3) 새 건물이 들어서면서 市場의 환경이 크게 개선( )되었다.

(4) 비 때문에 연기되었던 野球 경기가 오늘 재개( )되었다.

(5) 그 食堂은 음식( ) 맛이 좋기로 유명( )하다.

(6) 이번 불매운동( )도 효과( )가 없었다.

(7) 재활용( ) 쓰레기는 어디에 버려야 합니까?

4. □ 안에 알맞은 漢字를 써 넣으세요.

(1) 이 物件은 □格은 좀 비싸지만 品□은 좋다.

(2) 運動 시합에서는 끝까지 最□을 다해야 한다.

(3) □活用이 가능한 폐품은 분리해서 수거한다.

(4) 그 藥을 먹은 지 다섯 時間 만에 □果가 나타났다.

(5) 일단 學生들의 要□ 사항을 다 들어 봅시다.

(6) 最近 몇 달 사이에 物□ 가 너무 많이 올랐다.

(7) 그는 性□이 좀 사나워 보이지만 事實 本心은 착해요.

第三十二課　반상회
(Neighborhood meetings)

새 漢字: 過 去 基 班 選 擧 制 度 競 當 落 級 約

오늘 저녁 八時에는 우리 집에서 반상회가 열렸다. 저녁 食事를 마친 어머니는 서둘러 손님들께 내놓을 차와 과일을 준비하셨다.

過去에는 반상회가 별로 活性化되지 않았으나 요즈음은 주민들이 自發的으로 참여하여 共同生活에 必要한 基本的인 일들을 함께 상의하고 決定한다. 오늘 토의할 主題는 새 班長 選出과 아파트 환경 美化이다.

우리 아파트에서는 석 달에 한 번씩 住民들을 위해 봉사할 班長을 새로 뽑는다. 特別한 選擧 制度가 있어서 競爭을 벌여 當落을 決定하는 것이 아니라 時間 여유가 있는 주부들이 돌아가면서 班長을 맡으면 된다. 이번에는 우리 옆집 아주머니가 새 班長으로 뽑히셨다. 初等學校때부터 學期가 바뀌면 學級마다 班長을 選出했지만 한 번도 뽑힌 적이 없었는데 이제 班長이 되었으니 出世했다고 말씀하셔서 모두들 한바탕 웃음을 터뜨렸다.

우리 아파트 환경 美化와 관련해서 몇 가지가 논의되었다. 쓰레기는 月水金 저녁에, 물자 節約과 再活用을 위한 분리 수거물은 火曜日 저녁에 내놓기로 合意했다.

나는 이 반상회 制度가 民主的이어서 참 좋다고 생각한다. 이웃間에 對話가 거의 없는 現代 社會에서 반상회마저 없다면 住民끼리 서로 가까워질 기회가 별로 없을 것이다.

풀이

한자	소리	뜻		부수	부수이름	부수뜻
過	과	지나다	pass	辵/辶 9	달릴 착	advance
去	거	가다	go	厶 3	나 사	oneself
基	기	터	base	土 8	흙 토	earth
班	반	반	class	玉/王 6	구슬 옥	gem
選	선	뽑다	select	辵/辶 12	달릴 착	advance
擧	거	들다	raise, lift	手 14	손 수	hand
制	제	제도	system	刀/刂 6	칼 도	sword
度	도	법도	rule, measure	广 6	집 엄	stone house
競	경	다투다	compete	立 15	설 립	stand
當	당	마땅하다	suitable	田 8	밭 전	field
落	락/낙	떨어지다	fall	艸/艹 9	풀 초	grass
級	급	등급	grade, class	糸 4	실 사	thread
約	약	언약	promise	糸 3	실 사	thread

Note
落 is 낙 word-initially and 락 elsewhere, as in 落心 낙심 'loss of heart, disappointment' and 當落 당락 'success or defeat at the polls'.

💡새로 나온 漢字語

過去	past	基本的	basic, fundamental
班長	class leader, head of a class	選出	election
選擧	election	制度	system
競爭	competition	當落	defeat at the polls
學級	class	節約	economy; frugality

☞漢字語를 더 찾아봅시다

過半數	過速
過失	過熱
過用	過飮
通過	去來
基金	基地
分班	選手
選定	入選
直選	特選
擧論	一擧
制約	制定
自制	節制
强度	高度
年度	速度
溫度	競合
當國	當面
當分間	當事者
當選	當然
不當	正當
落書	落選
落心	落第
下落	級友

級長	高級
等級	上級
特級	公約
要約	節約

練習

읽기 연습

1. 다음 漢字를 읽으세요.

(1) 去	(2) 班	(3) 制	(4) 當	(5) 基
(6) 約	(7) 級	(8) 度	(9) 過	(10) 落
(11) 競	(12) 選	(13) 擧		

2. 다음 漢字語를 읽으세요.

(1) 公約	(2) 上級	(3) 選出	(4) 班長	(5) 制度
(6) 過去	(7) 基本	(8) 制服	(9) 競爭	(10) 學級
(11) 當落	(12) 落選	(13) 當選	(14) 選擧	(15) 制服

3. 다음 문장을 읽으세요.
   (1) 選擧는 民主主義의 基本 조건이다.
   (2) 過去에는 班長을 級長이라고 불렀다.
   (3) 美國의 教育 制度에 關해서 알아 봅시다.
   (4) 選擧에서는 善意의 競爭을 벌이는 것이 바람직하다.
   (5) 입후보자가 二名 以上이어서 투표를 通해 當落을 決定했다.
   (6) 국회의원들은 選擧 公約이 空約이 되지 않도록 노력해야 한다.

4. 다음 漢字語를 읽고 그 뜻을 찾아 연결하세요.

(1) 選擧	competition
(2) 班長	past
(3) 當落	foundation, basis
(4) 制度	class
(5) 競爭	class leader
(6) 公約	election
(7) 過去	defeat at the polls
(8) 基本	system
(9) 學級	public pledge

쓰기 연습

1. 다음 漢字를 필순에 맞게 쓰세요.

(1) 去 (2) 制 (3) 班 (4) 度

(5) 約 (6) 基 (7) 當 (8) 過

(9) 落 (10) 級 (11) 選 (12) 競

(13) 擧

2. 다음 단어를 漢字로 쓰세요.

(1) 과거 (2) 공약

(3) 제도 (4) 기본

(5) 당락 (6) 선거

(7) 경쟁 (8) 반장

(9) 선출 [|]   (10) 절약 [|]

3. 밑줄 친 부분을 漢字로 쓰세요.

(1) 그는 과거(|)를 회고하며 미소를 지었다.

(2) 지키지 못할 選擧 공약(|)을 함부로 해서는 안된다.

(3) 테니스를 잘하려면 기본(|) 자세를 잘 익혀야 한다.

(4) 철수는 반장(|)으로 선출(|)된 後 工夫를 더 熱心히 했다.

(5) 그 정당은 돈 안 드는 선거 운동(| | |)을 하자고 제안했다.

(6) 各 國家의 선수(|)들이 자기 나라 국기를 앞세우고 차례로 入場 하고 있다.

4. [ ] 안에 알맞은 漢字를 써 넣으세요.

(1) [ ]去를 알아야 現在를 알 수 있다.

(2) 公[ ]을 지키지 않는 사람은 지도자가 될 수 없다.

(3) 初等學校 學生들은 班長 選[ ]를 通해 民主主義 [ ]度를 배운다.

(4) 公正한 [ ]爭을 通해서 當[ ]이 決定되면 그 結果를 받아들여야 한다.

(5) 반드시 [ ]에서 第一 工夫 잘하는 學生이 [ ]長이 되는 것은 아니다.

(6) 이번 試驗에는 어려운 問題보다 [ ]本的인 原理를 묻는 問題가 많이 出題되었다.

5. [ ] 안에 알맞은 漢字를 써 넣어 反對語를 만드세요.

(1) 過去 — [ ]在 (2) 當選 — [ ]選

(3) 上級 — [ ]級 (4) 改[ ] — 改惡

(5) 正當 — [ ]當 (6) 孝道 — [ ]孝

第三十三課 開校 記念日과 同窓의 날
(Founding Day and Alumni Day)

새 漢字: 念 窓 船 類 汽 老 展 算 参 加 練 愛

來日은 우리 大學의 開校 記念日이다. 形形色色의 風船들이 여기저기 장식되어 있고 곳곳에 音樂이 울려 퍼져 學校 全體가 축제 분위기이다. 마침 季節도 五月이어서 화창한 날씨에 여러 種類의 꽃들이 활짝 피어 교정 어디나 꽃향기가 가득하다.

開校 記念日을 하루 앞둔 오늘은 同窓의 날이라 各 科의 卒業生들이 모여 同窓會를 하고 있다. 地方에서 몇 時間씩 汽車나 버스를 타고 올라온 同窓도 있고 멀리 外國에서 飛行機를 타고 母校를 찾아온 同窓들도 있다. 그들 中에는 七, 八十代 할머니 할아버지도 계시고 今年 봄에 갓 卒業한 젊은이도 있다. 男女老少를 不問하고 이들 同窓들은 母校의 發展한 모습을 바라보면서 흐뭇해 한다. 아무런 計算없이 속마음을 터놓고 對話를 나누면서 옛 友情을 되살린다. 때로는 音樂會나 體育大會를 열기도 한다. 이러한 大會는 一

等을 하는 데 目的이 있는 것이 아니라 參加하는 데 意義가 있다. 함께 모여 練習을 하고 호흡을 맞추면서 한마음이 되고 友愛를 다지는 것이 더 重要하다. 그래서 同窓들은 每年 開校 記念日을 손꼽아 기다린다.

풀이

한자	소리	뜻		부수	부수이름	부수뜻
念	념/염	생각	thinking	心 4	마음 심	heart
窓	창	창문	window	穴 6	구멍 혈	hole
船	선	배	boat, ship	舟 5	배 주	ship
類	류/유	같다	kind	頁 10	머리 혈	head
汽	기	김, 증기	steam	水/氵 4	물 수	water
老	로/노	늙다	old	老 0	늙을 로	old person
展	전	펴다	display	尸 7	주검 시	corpse
算	산	셈하다	count	竹 8	대 죽	bamboo
參	참	참여하다	attend	厶 9	나 사	oneself
加	가	더하다	add	力 3	힘 력	force
練	련/연	익히다	practice	糸 9	실 사	thread
愛	애	사랑	love	心 9	마음 심	heart

Notes

1. 念 is 염 word-initially and 념 elsewhere, as in 念願 염원 'dearest wish' and 記念 기념 'commemoration'. (For 願 원 'desire', see Lesson 38.)
2. 類 is 유 word-initially and 류 elsewhere, as in 類別 유별 'classification' and 種類 종류 'kinds'. Similarly, 練 is 연 word-initially and 련 elsewhere, as in 練習 연습 'practice' and 訓練 훈련 'drill'.
3. 老 is 노 word-initially and 락 elsewhere, as in 老人 노인 'old person' and 敬老 경로 'respect for the old'.

💡새로 나온 漢字語

記念日	anniversary	同窓	alumnus
風船	balloon	種類	(different) kinds
同窓會	alumni association/reunion	汽車	train
男女老少	men and women, old and young	計算	calculation
發展[발전]	development, advance	參加	participation
練習	practice	友愛	friendship, brotherliness

☞漢字語를 더 찾아봅시다

觀念
信念
窓口
窓門
學窓時節
船長
旅客船
定期船
船室
部類
分類
人類
汽車
老人
元老
敬老席
展開
展示會
個人展
算數
決算
參觀
參席
參戰
同參
加工
加速度
加熱
加入
訓練
愛校心
愛國心
愛人
愛情
愛之重之
愛着心
博愛
熱愛

練習

읽기 연습

1. 다음 漢字를 읽으세요.

(1) 加 (2) 老 (3) 念 (4) 汽 (5) 窓
(6) 展 (7) 參 (8) 練 (9) 類 (10) 愛
(11) 船 (12) 算

2. 다음 漢字語를 읽으세요.

(1) 風船 (2) 汽車 (3) 展示 (4) 同窓 (5) 汽船
(6) 參加 (7) 計算 (8) 友愛 (9) 人類 (10) 男女老少
(11) 算數 (12) 種類 (13) 同參 (14) 練習 (15) 愛之重之

3. 다음 漢字를 읽고 그 뜻을 찾아 연결하세요.

(1) 種類	practice
(2) 同窓	calculation
(3) 練習	old and young
(4) 參加	patriotism
(5) 老少	(different) kinds
(6) 風船	alumni
(7) 發展	participation
(8) 汽車	balloon
(9) 計算	advancement
(10) 愛國心	train

4. 다음 문장을 읽으세요.

(1) 내 방은 東쪽으로 窓門이 나 있다
(2) "同窓의 날"에는 여러 種類의 行事가 열린다.
(3) 同窓들은 母校의 發展한 모습을 보고 感動했다.
(4) 우리 學校의 開校 記念日은 十月 十五日이다.

(5) 우리는 男女老少의 區別없이 노래 練習을 熱心히 했다.
(6) 나는 汽船을 타고 世界 일주 旅行을 하고 싶다.
(7) 世界의 青少年들이 잼보리大會에 參加하여 友情을 다졌다.

✍ 쓰기 연습

1. 다음 漢字를 필순에 맞게 쓰세요.

(1) 加 □ (2) 老 □ (3) 汽 □ (4) 念 □

(5) 窓 □ (6) 展 □ (7) 參 □ (8) 船 □

(9) 愛 □ (10) 算 □ (11) 練 □ (12) 類 □

2. 다음 단어를 漢字로 쓰세요.

(1) 기념 □□ (2) 계산 □□

(3) 참가 □□ (4) 연습 □□

(5) 발전 □□ (6) 동창 □□

(7) 애인 □□ (8) 기선 □□

3. 밑줄 친 부분을 漢字로 쓰세요.

(1) 電子계산(□□)機 덕분으로 업무 처리가 빨라졌다.

(2) 오늘은 우리 父母님의 결혼 기념일(□□□)이다.

(3) 그들은 國家의 발전(□□)을 위해 最善을 다했다.

(4) 어느 나라나 男女노소(□□)가 다 함께 즐기는 민요가 있다.

(5) 기차(□□)와 기선(□□)은 한때 그 나라의 重要한 交通 수단이었다.

4. □ 안에 漢字를 써 넣으세요.

(1) 이번 開校 記□日은 마침 公休日이다.

(2) 올림픽 경기는 參□하는 데 意義가 있다.

(3) 公園에는 여러 種□의 꽃들이 활짝 피어 있었다.

(4) 男女老少의 同□들이 友情과 □校心을 다지는 모습이 아름답다.

(5) □形□色의 風□들이 運動場의 분위기를 한층 더 들뜨게 했다.

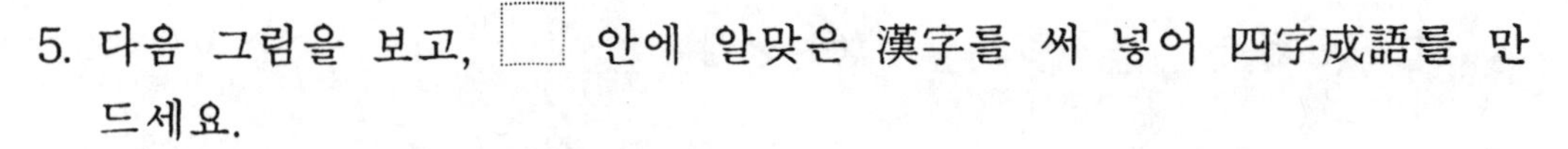

5. 다음 그림을 보고, □ 안에 알맞은 漢字를 써 넣어 四字成語를 만드세요.

(1) 男女□少

(2) □之重之

第三十四課　課外工夫 (Private tutoring)

새 漢字: 庭 費 因 健 康 晝 夜 充 失 敗 才 能 功

韓國은 오래 前부터 課外工夫가 심각한 社會 問題가 되어 왔다. 家庭마다 子女들의 課外費로 因한 經濟的 부담이 엄청나다고 한다.

學生들은 지나친 課外工夫 때문에 健康을 해치고 있다. 어떤 경우에는 새벽 一時나 二時까지도 課外工夫를 한다고 한다. 晝夜로 工夫만 하고 充分한 수면을 취하지 못하면 健康을 해치는 것은 當然하다. 身體的인 健康뿐만 아니라 精神的인 健康까지도 해치고 있다. 많은 高等學生들이 大學 入試에 失敗할까봐 不安해서 불면증에 시달린다. 심한 경우에는 이러한 不安感이 原因이 되어 여러 가지 精神病 증세를 보이기도 한다.

課外工夫 自體가 나쁘다고 말할 수는 없다. 不足한 部分을 보충하기 위한 적당한 課外工夫는 오히려 바람직하다. 그러나 一部 學

生들이 自身의 才能과 能力에 相關없이 무조건 課外工夫를 하여 健康을 해치고 家庭 經濟에도 큰 부담을 주기 때문에 問題가 되는 것이다. 또한 반드시 一流 大學을 卒業해야 人生에서 成功하는 것도 아니다.

過去에 法으로 課外工夫를 금지시킨 적이 있었으나 學父母들의 높은 敎育熱 때문에 別 效果가 없었다. 課外工夫가 필요 없는 敎育制度를 마련하는 것이 우리 社會가 풀어야 할 큰 宿題이다.

풀이

한자	소리	뜻		부수	부수이름	부수뜻
庭	정	뜰	yard, court	广7	집 엄	stone house
費	비	허비하다	spend	貝5	조개 패	shell
因	인	인하다	due to, cause	囗3	큰입 구	enclosure
健	건	건강하다	healthy	人/亻9	사람 인	person
康	강	편안하다	comfortable	广8	집 엄	stone house
晝	주	낮	day	日7	날 일	sun
夜	야	밤	night	夕5	저녁 석	evening
充	충	채우다	fill (up)	儿3	어진사람 인	legs
失	실	잃다	lose	大2	큰 대	big
敗	패	무너지다	be defeated	攵7	등글월 문	tap
才	재	재주	talent	手/扌0	손 수	hand
能	능	능하다	able	月6	달 월	moon
功	공	일, 공로	labor, service(s)	力3	힘 력	force

💡새로 나온 漢字語

家庭	home, family	課外費	payment for private tutoring
因(하다)	due to, because of	健康	health
晝夜	day and night	充分(하다)	sufficient
失敗	failure	原因	cause
才能	talent	能力	ability
成功	success		

☞漢字語를 더 찾아봅시다

庭園	校庭
費用	經費
生活費	食費
旅費	自費
學費	健在
健全	晝間
夜間	夜光
夜學	充實
充電	充足
失格	失明
失手	失言
失業者	失效
過失	敗北
敗因	敗戰
大敗	因果
基因	才氣
才談	多才多能

天才 能動的
能通 可能性
無能 本能
不可能 全知全能
功 功利
功名

練習

읽기 연습

1. 다음 漢字를 읽으세요.

(1) 才 (2) 因 (3) 失 (4) 充 (5) 功
(6) 夜 (7) 敗 (8) 晝 (9) 康 (10) 能
(11) 庭 (12) 費 (13) 健

2. 다음 漢字語를 읽으세요.

(1) 充分 (2) 才能 (3) 原因 (4) 成功 (5) 不充分
(6) 失敗 (7) 費用 (8) 夜間 (9) 家庭 (10) 無能力
(11) 健康 (12) 晝夜 (13) 庭園 (14) 食費 (15) 課外費

3. 다음 문장을 읽으세요.

(1) 身體가 健康해야 精神도 健康하다.
(2) 才能을 키워 주는 課外工夫는 바람직하다.
(3) 不安感은 여러 가지 病의 原因이 될 수 있다.
(4) 大學에 못 갔다고 人生에 失敗한 것은 아니다.
(5) 그는 낮에는 일하고 밤에는 夜間大學에 다녔다.
(6) 그는 事業家로서 成功했지만 個人的으로 幸福하지는 못했다.
(7) 過度한 課外費 때문에 어려움을 겪는 家庭이 많은 것 같다.

4. 다음 漢字語를 읽고 그 뜻을 찾아 연결하세요.

(1) 晝夜	cost
(2) 健康	ability
(3) 失敗	cause
(4) 家庭	success
(5) 充分	day and night
(6) 原因	failure
(7) 才能	health
(8) 能力	home
(9) 費用	sufficient
(10) 課外費	talent
(11) 成功	payment for private tutoring

✍ 쓰기 연습

1. 다음 漢字를 필순에 맞게 쓰세요.

(1) 才 (2) 功 (3) 失 (4) 因

(5) 充 (6) 夜 (7) 敗 (8) 康

(9) 能 (10) 費 (11) 庭 (12) 晝

(13) 健

2. 다음 단어를 漢字로 쓰세요.

(1) 가정 (2) 원인

(3) 실패 (4) 주야

(5) 재능 (6) 충분

(7) 건강 [ ][ ]　　(8) 과외비 [ ][ ][ ]

(9) 성공 [ ][ ]　　(10) 무능력 [ ][ ][ ]

3. 밑줄 친 부분을 漢字로 쓰세요.

(1) 그는 어렸을 때부터 音樂的 재능(　　)이 뛰어났다.

(2) 충분(　　)한 수면은 건강(　　)의 基本 조건이다.

(3) 그는 주야(　　)로 工夫만 하더니 健康을 해쳤다.

(4) 過度한 競爭心 때문에 과외비(　　　)의 부담이 커졌다.

(5) 실패(　　)의 원인(　　)을 알면 성공(　　)할 수 있다.

4. [ ] 안에 알맞은 漢字를 써 넣으세요.

(1) 그는 多才多[ ]한 野球 選手이다.

(2) 이번에 [ ]敗한 原[ ]을 철저히 분석해 보아라.

(3) 運動試合 前날은 잠을 [ ]分히 자는 것이 좋다.

(4) 國家 經濟가 호전되어 [ ]業者 數가 감소되었다.

(5) 그는 熱心히 努力하여 마침내 科學者로서 成[ ]했다.

(6) 돈을 잃으면 一部를 잃는 것이요 [ ]康을 잃으면 全部를 잃는 것이다.

5. □ 안에 알맞은 漢字를 써 넣어 反對語를 만드세요.

(1) 晝間 — □間　　(2) 原□ — 結果

(3) 有能 — □能　　(4) 成□ — 失□

(5) 善行 — □行　　(6) 充分 — □充分

第三十五課　落葉을 밟으며
(Stepping on fallen leaves)

새 漢字: 葉 太 陽 婦 衣 識 思 考 茶 舊 永 遠

가을이다. 太陽의 熱氣는 가라앉고 이제는 덥지도 춥지도 않은 날씨이다. 머지않아 山에는 단풍이 들고 부지런한 主婦들은 김장과 겨울 衣服 준비에 손길이 바빠질 것이다.

가을은 또한 수확의 季節이다. 한 해 동안 땀 흘려 일한 農夫들의 수고가 풍성하게 結實을 맺는 때이다. 그래서 秋夕에는 햇곡식으로 떡을 빚고 햇과일을 거두어 祖上에게 감사를 드리고 一家 친척이 한자리에 둘러앉아 그 해의 수확을 기뻐한다.

가을은 讀書의 季節이기도 하다. 여름보다 날씨도 선선하고 밤時間도 길어져서 晝夜로 讀書하기에 알맞다. 讀書로 知識을 넓히고 思考의 깊이를 더하기에 좋은 季節, 이 가을에 조용히 過去를 돌아보거나 미래에 對해 꿈의 날개를 펴 보는 것도 좋으리라.

가을은 茶 한잔의 季節이라고 할 수도 있다. 볕이 잘 드는 窓가에 親舊와 마주앉아 향기로운 茶 한잔을 함께 마시면서 옛 이야기를 나누어 보라. 아니면 혼자서 숲속의 오솔길을 산책해 보라. 落葉을 밟으며, 永遠과 사랑과 友情을 생각하며.

풀이

한자	소리	뜻		부수	부수이름	부수뜻
葉	엽	잎사귀	leaf	艸/艹 9	풀 초	grass
太	태	크다	big	大 1	큰 대	big
陽	양	볕	sun	阜/阝 9	언덕 부	mound
婦	부	아내	wife	女 8	계집 녀	woman
衣	의	옷	clothes	衣 0	옷 의	clothes
識	식	알다	know	言 12	말씀 언	speech
思	사	생각, 뜻	thought	心 5	마음 심	heart
考	고	생각하다	think	老/耂 2	늙을 로	old person
茶	차/다	차	tea	艸/艹 6	풀 초	grass
舊	구	옛, 오래다	old	臼 12	절구 구	mortar
永	영	길다	eternal	水 1	물 수	water
遠	원	멀다	distant	辵/辶 10	달릴 착	advance

Note

茶 has two pronunciations, 차 and 다. 다 is used only in idiomatic compounds such as 茶菓 다과 'tea and cookies, refreshments', 茶房 다방 'tearoom', and 茶道 다도 'tea ceremony'. (菓 과 'cookies' is not introduced in this book.)

새로 나온 漢字語

落葉	falling/fallen leaves	太陽	sun
主婦	housewife	衣服	clothing
知識	knowledge	思考	thinking/thought
茶	tea	親舊	friend
永遠	eternity		

漢字語를 더 찾아봅시다

葉書	末葉
初葉	太古
太初	太平
太平洋	陽地
夕陽	婦女子
婦人	家政婦
夫婦	內衣
白衣民族	上衣
下衣	識見
識別	無識
博識	有識
意識	思春期
相思病	意思
考古學	考試
再考	參考
茶道	綠茶
舊習	舊式
舊約	永生
永住	遠近法
遠心力	遠洋

練習

읽기 연습

1. 다음 漢字를 읽으세요.

(1) 太 (2) 思 (3) 衣 (4) 永 (5) 考
(6) 茶 (7) 陽 (8) 婦 (9) 舊 (10) 識
(11) 葉 (12) 遠

2. 다음 漢字語를 읽으세요.

(1) 太陽 (2) 陽地 (3) 思考 (4) 意思 (5) 衣服
(6) 婦人 (7) 考試 (8) 親舊 (9) 舊習 (10) 綠茶
(11) 知識 (12) 識者 (13) 落葉 (14) 葉書 (15) 永遠

3. 다음은 映畵나 연극의 題目입니다. ( ) 안에 알맞은 漢字를 골라 그 번호를 쓰세요.

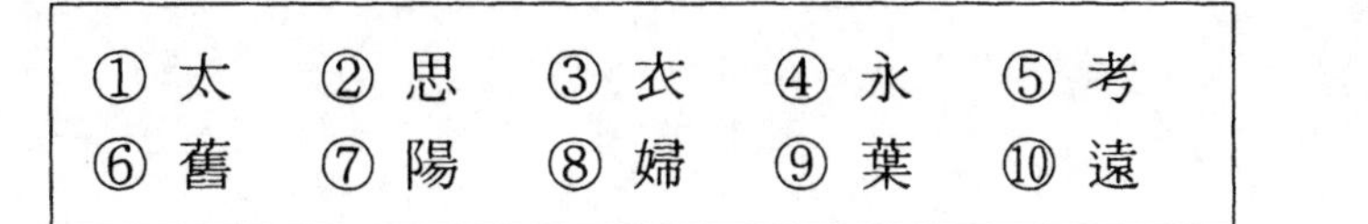
① 太 ② 思 ③ 衣 ④ 永 ⑤ 考
⑥ 舊 ⑦ 陽 ⑧ 婦 ⑨ 葉 ⑩ 遠

(1) "親( )여, 안녕"
(2) "太( )은 가득히"
(3) "젊은이의 ( )地"
(4) "地上에서 永( )으로"
(5) "天使여, ( )服을 벗어라"

4. 다음 문장을 읽으세요.

(1) 夫婦는 一心同體이다.
(2) 그 두 親舊의 友情은 永遠히 계속되었다.
(3) 인사동에는 傳統茶를 파는 찻집이 많아요.
(4) 國家의 發展을 위해 知識人들이 할 일이 많다.

(5) 그는 三年前부터 高等考試 工夫를 하고 있어요.
(6) 아침에 떠오르는 太陽을 바라보면 희망이 샘솟는다.
(7) 비가 오는 날에는 音樂을 들으면서 親舊에게 葉書를 쓴다.

5. 다음 漢字語의 音을 (　) 안에 한글로 쓰세요. 그리고 그 뜻에 알맞은 그림을 찾아 연결하세요.

(1) 太陽 (　　　)

(2) 衣服 (　　　)

(3) 婦人 (　　　)

(4) 親舊 (　　　)

(5) 落葉 (　　　)

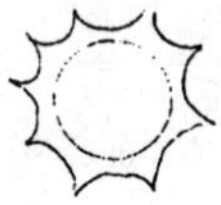

쓰기 연습

1. 다음 漢字를 필순에 맞게 쓰세요.

(1) 衣 　(2) 太 　(3) 思 　(4) 永

(5) 茶 　(6) 陽 　(7) 考 　(8) 婦

(9) 遠 　(10) 舊

2. 다음 단어를 漢字로 쓰세요.

(1) 태양 　(2) 양지

(3) 사고 　(4) 의복

(5) 녹차 [ ][ ]　　(6) 영원 [ ][ ]

(7) 친구 [ ][ ]　　(8) 구습 [ ][ ]

(9) 부인 [ ][ ]　　(10) 계절 [ ][ ]

3. 밑줄 친 부분을 漢字로 쓰세요.

(1) 네 의사([ ][ ])를 分明하게 밝혀라.

(2) "의복([ ][ ])이 날개다"라는 말이 있다.

(3) 저는 커피보다 녹차([ ][ ])를 더 좋아합니다.

(4) 그는 상식적인 사고([ ][ ])를 하는 사람이다.

(5) 最近에 태양열([ ][ ][ ]) 주택이 많이 생겼다.

(6) 午後에는 부인([ ][ ])들이 아이들을 데리고 산책해요.

4. [ ] 안에 알맞은 漢字를 써 넣으세요.

(1) 어제 저녁에는 親[ ]와 音樂會에 갔다.

(2) 그대는 나의 [ ]陽! 그대는 나의 희망!

(3) 外出할 때는 衣[ ]을 단정하게 입어야 한다.

(4) 지난 土曜日에는 夫[ ]동반 모임에 다녀왔어요.

(5) 저는 先生님의 은혜를 永[ ]히 잊지 못할 것입니다.

復習 및 活用 (第三十一課 ~ 第三十五課)

復習

1. 明洞

明洞은 서울 中心部에 자리잡고 있다. 시청에서 가깝고 큰 백화점들과 南大門 市場이 근처에 있다. 백화점은 物件 값은 좀 비싸지만 商品의 質이 高級인 反面 南大門 市場은 다양한 種類의 物件을 싼 價格으로 팔아 晝夜로 늘 사람들이 북적댄다. 한편, 明洞은 옷가게, 구두점, 액세서리 商店에서부터 飮食店, 카페에 이르기까지 젊은이들을 相對로 이웃에 있는 백화점이나 南大門 市場과 競爭을 벌인다.

明洞은 항상 活氣가 넘쳐 흐른다. 그러나 오늘날의 明洞은 여러가지 面에서 過去의 明洞과 다르다. 過去의 明洞이 男女老少 모두가 사랑하는 文化 藝術의 거리였다면 오늘날의 明洞은 젊은이들의 거리라고 할 수 있다.

過去에는 男女老少 가리지 않고 親舊들과의 약속 場所는 의례히 明洞으로 定해 함께 音樂을 감상했고 그림 展示會場을 돌아다녔으며 연극구경도 했다. 그래서 四十代가 지난 世代들은 明洞에 特別한 愛情을 가지고 있다. 그들에게 있어서 明洞은 永遠한 마음의 고향과도 같은 곳이었다.

오늘날의 明洞은 文化와 藝術을 사랑하는 사람들의 발길이 사라진 지 오래되었다. 代身 物質的이고 計算的인 思考를 지닌 新世代 젊은이들이 健康과 젊음을 과시하면서 오늘도 明洞을 찾고 있다.

2. 汽車 旅行

汽車 旅行은 飛行機나 自動車 旅行보다 낭만적이다. 또한 汽車는 飛行機보다 費用이 적게 들고 自動車보다 安全하다. 이런 理由로 오랫동안 船員으로 일해 오신 우리 아저씨는 每年 결혼 記念日이 되면 夫婦가 함께 汽車 旅行을 떠나신다. 우리 아버지께서도 地方에 出張을 가실 때는 汽車를 利用하신다. 昨年 年末에는 우리 家族 모두가 밤 汽車를 타고 東海의 조그만 어촌으로 해돋이 구경을 갔다. 새해 첫날 아침 全國에서 모여든 수많은 사람들이 바다 위로 떠오르는 붉은 해를 바라보며 새해 所願을 빌었다.

汽車 旅行이 낭만적이고 安全하지만 사람들에게 人氣가 있게된 것은 不過 最近 몇 年前부터이다. 무엇보다 철도청에서 여러 觀光商品을 開發해서 적극적으로 홍보하고 汽車 시설을 高級化하며 환경을 改善한 것이 큰 效果를 거두었다. 전산망을 通한 좌석권 예매, 서비스 차원의 환불 제도, 효율적인 食堂車 운영 等 制度 改善도 큰 몫을 했다고 본다. 그러나 정부와 國民이 노력을 게을리 한다면 善하고 좋은 制度도 失敗하기 마련이다.

汽車 旅行은 春夏秋冬 어느 季節에 해도 좋다. 봄이면 개나리와 진달래가 만발한 시골 山길을 따라 달리는 것도 좋고 늦가을에 車窓에 기대 앉아 落葉쌓인 山을 바라보는 것도 정취가 있다. 여름 해질녘의 아름다운 황혼을 바라보는 것도 눈부시고 눈 내린 겨울 아침에 달리는 汽車 속에서 옛 親舊에게 葉書를 쓰는 것도 멋이 있다.

活用

1. 다음 글을 읽고 물음에 답하세요.

주민 여러분께,

주민 여러분, 안녕하십니까? 저희들이 이 아파트 단지에 입주한 지도 벌써 六個月이 지났습니다. 多幸히 입주 初期부터 아파트 團地內에 상가가 形成되어 便利하게 利用해 왔습니다. 그러나, 最近 저희 團地 상가의 商人들은 團地 가까이 백화점이나 다른 商店이 없는 것을 惡用하여 物件 값을 터무니없이 비싸게 받고 있습니다. 저희 婦女會에서는 여러 차례 시정을 要求했습니다만 아직도 改善되지 않고 있습니다. 이에 부득이 不買運動을 펼치기로 했습니다. 이 不買運動은 상가의 物件 값이 적절한 線으로 조정될 때까지 무기한으로 계속될 것입니다. 주민 여러분께서는 多少 不便하시더라도 이 不買運動에 同參하여 주시기 바랍니다.

婦女會長 올림

(1) 婦女會에서 不買運動을 펼치는 理由는 무엇입니까? 漢字를 섞어서 다섯 줄 以內로 쓰세요.

____

____

____

____

____

2. 다음은 국회의원 입후보자들의 選擧 公約입니다. 잘 읽고 물음에 답하세요.

金制基
1. 物價 安定
2. 中小기업 育成을 위한 法 改正 추진

李英愛
1. 大氣 오염 방지를 위한 法的 制度 마련
2. 漢江 水質 관리를 위한 特別法 마련

孫太永
1. 국회의원 選擧法 改正 추진
2. 地方 自治制 强化

(1) 환경에 가장 關心이 많은 입후보자의 姓名을 한글로 쓰세요.
( )

(2) 政治 制度에 가장 關心이 많은 입후보자의 姓名을 한글로 쓰세요.
( )

(3) 經濟에 가장 關心이 많은 입후보자의 姓名을 한글로 쓰세요.
( )

(4) 위 입후보자들 中, 女性 후보의 姓名을 漢字로 쓰세요.
( )

(5) 여러분이라면 어느 입후보자를 選出하시겠습니까? 姓名을 漢字로 쓰세요. ( )

3. 다음 글을 읽고 물음에 답하세요.

同窓 여러분들께,

안녕하십니까? 가지마다 새싹이 돋고 새들이 노래하는 봄이 되었습니다. 同窓 여러분의 家庭에 희망과 幸福이 가득하기를 빕니다.

이미 아시는 바와 같이, 今年 五月 二十五日은 우리의 母校가 開校 五十주년을 맞는 해입니다. 이 特別한 날을 맞이하여 母校에서는 여러 가지 行事를 준비하고 同窓 여러분을 초대합니다. 바쁘시더라도 부디 참석하셔서 자리를 빛내 주시기를 부탁드립니다. 구체적인 行事 일정은 다음과 같습니다.

時間	行事 내용	場所
10:00-11:00	記念式	대강당
11:00-12:00	자랑스러운 同窓 표창식	대강당
12:00-14:00	오찬	教授食堂
14:00-17:00	體育大會	運動場
	합창大會	音樂堂

體育大會나 합창大會에 參加하기를 원하시는 분은 電話 (02)360-2653, 또는 fax (02) 360-2646으로 연락해 주시면 감사하겠습니다.

2001年 3月 24日
同窓會長 千 基萬 올림

(1) 위 글은 어떤 글입니까?

① ( ) 同窓會 초청장

② ( ) 開校紀念日 초청장

③ ( ) 音樂會 초청장

④ ( ) 體育大會 초청장

(2) 이 學校는 몇 年度에 세워졌습니까? (年)

(3) 이 學校의 同窓會長은 누구입니까? 姓名을 한글로 쓰세요.
( )

4. 다음 광고를 잘 읽고 물음에 답하세요.

◇바이올린 個人지도◇

音大 在學中

有經驗者

大入 준비생 환영

연락처: (02) 360-2653

(02) 360-2653	(02) 360-2653	(02) 360-2653	(02) 360-2653	(02) 360-2653	(02) 360-2653	(02) 360-2653	(02) 360-2653	(02) 360-2653	(02) 360-2653

(1) 위 광고를 쓴 사람은 누구입니까?

① (　　) 大入 준비생

② (　　) 音樂大學 學生

③ (　　) 大入 失敗 經驗者

(2) 여러분이 自身의 母國語를 韓國 高等學生에게 가르친다고 가정해 봅시다. 위 광고를 참고하여 課外 광고문을 만들어 보세요.

第三十六課 幸福 (Happiness)

새 漢字: 億 領 偉 屋 住 終 奉 仕 他 祝 消 急 速

사람은 누구나 幸福을 추구한다. 그러나 "어떤 사람이 幸福한 사람인가?"라는 質問에는 얼른 答이 나오지 않는다. 數百億원의 돈을 가지고 있는 부자는 幸福할까? 一國의 大統領이나 偉大한 藝術家는 幸福하다고 생각할까?

여기, 주저하지 않고 自身이 幸福하다고 말하는 사람이 있다. 金民善氏는 시부모와 시할머니를 모시고 男便과 두 子女와 함께 조그만 韓屋집에서 살고 있다. 衣食住 해결도 어려운 살림에 시어른들의 뒷바라지까지 하느라고 하루 終日 눈코 뜰 새가 없다. 金民善氏의 이야기는 여기에서 그치지 않는다. 昨年末에는 오갈 데 없는 동네 老人 두 분까지 집으로 모셔와 함께 살고 있다. 그러면서도 奉仕 團體나 他人의 도움을 받은 적이 한 번도 없다. 金民善氏는 이들 老人들을 돌볼 健康과 能力이 있으니 自身은 祝福받은 사람이라고 말한다. 그래서 自身은 幸福한 사람이라는 것이다.

消費가 急速度로 늘면서 物質的인 幸福을 얻기 위해 애쓰는 사람들이 많다. 이런 때에 金民善氏에 關한 美談은 "幸福이란 무엇인가?"에 對해 다시 한 번 생각하게 한다.

풀이

한자	소리	뜻		부수	부수이름	부수뜻
億	억	억	hundred million	人/亻^{13}	사람 인	person
領	령/영	거느리다	lead, guide	頁^{5}	머리 혈	head
偉	위	훌륭하다	great	人/亻^{9}	사람 인	person
屋	옥	집	house	尸^{6}	주검 시	corpse
住	주	머물다	dwell, reside	人/亻^{5}	사람 인	person
終	종	마치다	finish	糸^{5}	실 사	thread
奉	봉	받들다	serve	大^{5}	큰 대	big
仕	사	벼슬	be an official	人/亻^{3}	사람 인	person
他	타	다르다	other	人/亻^{3}	사람 인	person
祝	축	빌다	pray, celebrate	示^{5}	보일 시	exhibit
消	소	사라지다	disappear	水/氵^{7}	물 수	water
急	급	급하다	fast, rapid	心^{5}	마음 심	heart
速	속	빠르다	speedy	辵/辶^{7}	달릴 착	advance

Note

領, like 令 noted in Lesson 27, is 영 word-initially and 령 elsewhere, as in 領土 영토 'territory' and 領海 영해 'territorial waters', but 大統領 대통령 'president' and 大領 대령 'colonel'.

새로 나온 漢字語

數百億	tens of billions	大統領	president
偉大(한)	great	韓屋	Korean-style house
衣食住	clothes, food, and shelter	終日	the whole day, all day long
奉仕 團體	service organization	他人	another person, others
祝福	blessing	消費	consumption
急速度	high speed		

漢字語를 더 찾아봅시다

億萬長者
領土
領海
大領
偉業
偉人
屋上
屋外
家屋
住民
住所
永住
入住
終結
終末論
始終
最終
奉養
信奉
他界
他山之石
他意
他人
其他
自他
自意半 他意半
祝電
自祝
消日
消火
消化
解消
急流
急變
急所
急進主義
急行
救急藥
性急
時急

速記　　速力
加速　　過速
高速道路　　時速

練習

읽기 연습

1. 다음 漢字를 읽으세요.

(1) 仕　(2) 他　(3) 住　(4) 奉　(5) 祝
(6) 消　(7) 急　(8) 速　(9) 億　(10) 偉
(11) 屋　(12) 終　(13) 領

2. 다음 漢字語를 읽으세요.

(1) 他人　(2) 自他　(3) 奉仕　(4) 韓屋　(5) 祝福
(6) 祝電　(7) 住所　(8) 消費　(9) 消火　(10) 大統領
(11) 急行　(12) 速度　(13) 偉大　(14) 消化　(15) 高速道路

3. (　) 안에 알맞은 漢字나 漢字語를 고르세요.

(1) 戰爭이 끝나자 난민들의 衣食(　) 解決이 무엇보다 時急해졌다.
① 主　② 住

(2) 그 사람은 奉(　)精神이 强하다.
① 仕　② 思

(3) 이 建物은 (　) 시설이 잘되어 있다.
① 消化　② 消火

(4) 나는 요즈음 (　)가 잘 안된다.
① 消化　② 消火

(5) 이 高速道路의 最高速(　)는 時速 百킬로미터로 제한되어 있다.
① 度　② 道

4. 다음 문장을 읽으세요.
(1) 消費者는 王이다.
(2) 그 學生은 誠實하고 奉仕 精神이 强하다.
(3) 그 會社는 最近에 急速度로 成長했다.
(4) 韓國의 初代 大統領의 이름을 아십니까?
(5) 그는 自他가 인정하는 훌륭한 藝術家이다.
(6) 많은 사람들이 그들의 結婚을 祝福해 주었다.
(7) 世宗大王은 韓國 歷史上 가장 偉大한 王이었다.
(8) 우리는 有終의 美를 거두기 위해 熱心히 일했다.

5. 다음 漢字語를 읽고 그 뜻을 찾아 연결하세요.

(1) 他人	Western-style house
(2) 奉仕	speed
(3) 祝福	consumption, spending
(4) 速度	great
(5) 終日	blessing, benediction
(6) 洋屋	another person, others
(7) 消費	all day (long), the whole day
(8) 偉大(한)	service

쓰기 연습

1. 다음 漢字를 필순에 맞게 쓰세요.

(1) 仕 (2) 祝 (3) 他 (4) 住
(5) 奉 (6) 速 (7) 屋 (8) 急
(9) 億 (10) 偉 (11) 終 (12) 消
(13) 領

2. 다음 단어를 漢字로 쓰세요.

(1) 축복 ☐☐ (2) 타국 ☐☐

(3) 봉사 ☐☐ (4) 자타 ☐☐

(5) 소비 ☐☐ (6) 급행 ☐☐

(7) 위대 ☐☐ (8) 한옥 ☐☐

(9) 유종 ☐☐ (10) 대통령 ☐☐☐

(11) 옥외 ☐☐ (12) 의식주 ☐☐☐

(13) 시종 ☐☐ (14) 고속 도로 ☐☐☐☐

3. 밑줄 친 부분을 漢字로 쓰세요.

(1) 이 호텔에는 옥외(☐☐) 수영장이 있다.

(2) 그들은 타인(☐☐)의 시선에 아랑곳하지 않았다.

(3) 성급(☐☐)하게 決定하면 나중에 후회한다.

(4) 그 婦人은 시종(☐☐) 미소를 잃지 않았다.

(5) 그 나라는 經濟 發展 속도(☐☐)가 매우 빠르다.

(6) 그는 時間이 있을 때마다 봉사(☐☐) 活動을 했다

(7) 그는 벤처 事業에 成功해서 억만장자(☐☐☐☐)가 되었다.

4. ☐ 안에 알맞은 漢字를 보기에서 골라 쓰세요.

보기:	仕	他	住	奉	祝	消
	急	速	億	偉	屋	終

(1) 오늘은 하루 ☐日 비가 왔다.

(2) 그 女子는 ☐萬長者와 결혼했다.

(3) 이 마을 ☐民들은 매우 부지런하다.

(4) 高☐道路에서 너무 過☐을 하면 위험하다.

(5) 그는 自意半 ☐意半으로 長官 자리에서 물러났다.

(6) 밥을 너무 ☐히 먹었더니 ☐化가 잘 안된다.

(7) 어려서부터 남을 위해 ☐仕하는 습관을 길러야 한다.

(8) ☐大한 人物 뒤에는 반드시 훌륭한 어머니가 있다.

(9) 저희는 洋☐에서 살다가 最近에 韓☐으로 이사했어요.

第三十七課 버스 料金 引上
(Increase in bus fare)

새 漢字: 料 引 石 油 常 産 量 府 財 許 說 炭

來日부터 石油 값과 버스 料金이 오른다고 한다. 石油 값의 引上은 日常生活과 直結되기 때문에 國民들이 매우 민감한 반응을 보이고 있다. 現在 우리 나라는 石油가 한 방울도 生産되지 않기 때문에 必要한 石油를 全量 수입하고 있는 實情이다. 따라서 우리 나라의 石油 값은 국제 原油價와 美 달러에 對한 환율에 따라 決定된다. 값이 쌀 때 石油를 미리 사 두는 데도 한계가 있을 것이다.

그러나 버스 料金이 오르는 것은 家庭 經濟에 미치는 영향이 크다. 버스는 서민들의 발이기 때문이다. 政府는 버스 會社의 財政的 어려움을 더 이상 모른 체할 수 없어서 버스 料金 引上을 許可한다고 說明했다. 옳은 얘기이다. 그런데도 버스 料金 引上 소식은 우리의 가슴을 무겁게 한다.

生活 수준이 높아지면서 기름 使用量이 엄청나게 늘고 있다. 시골에서도 石炭으로 난방을 하는 집이 점점 줄어드는 추세이다. 自家用 數도 날로 증가하여 石油 消費量이 늘어나는 原因이 된다. 우리는 石油 값 引上을 계기로 現在의 生活을 다시 한 번 점검해 보아야 할 것이다. 지금 이 時間, 혹시 우리 집 어느 구석에서 한 방울이라도 낭비되는 기름은 없는가?

풀이

한자	소리	뜻		부수	부수이름	부수뜻
料	료/요	세다	calculate	斗 6	말 두	measure
引	인	끌다	lead, pull	弓 1	활 궁	bow
石	석	돌	stone, rock	石 0	돌 석	stone
油	유	기름	oil	水/氵 5	물 수	water
常	상	항상	always	巾 8	수건 건	towel
産	산	낳다	produce	生 6	날 생	birth
量	량/양	부피	quantity	里 5	마을 리	hamlet
府	부	관청	office	广 5	집 엄	stone house
財	재	재물	property	貝 3	조개 패	shell
許	허	허락하다	permit	言 4	말씀 언	speech
說	설	말씀	speech	言 7	말씀 언	speech
炭	탄	숯	coal	火 5	불 화	fire

Notes

1. 料 is 요 word-initially and 료 elsewhere, as in 料金 요금 'fare, expense, cost' and 入場料 입장료 'admission fee'.
2. Similarly, 量 is 양 word-initially and 량 elsewhere, as in 量産 양산 'mass production' and 數量 수량 'quantity'.

새로 나온 漢字語

料金	fare, charge, price	引上	raise (of a price), increase
石油	oil	日常生活[일쌍-]	everyday life
生産	production	全量	whole quantity
原油價[-까]	price of crude oil	政府	government
財政的	financial	許可	permit, permission, approval
說明	explanation	使用量	size (volume) of use
石炭	coal	消費量	size (volume) of consumption

漢字語를 더 찾아봅시다

料理	無料
食料品	原料
有料	飮料水
水道料	授業料
電氣料	引用
引下	引火
萬有引力	木石
試金石	油價
油類	輕油
食用油	常習
常識	産婦人科
産業	共産主義
工産品	農産物
水産物	量産
多量	分量
數量	重量
立法府	行政府
財界	財團
財力	財産

文化財	私財
許多	不許
特許	論說
社說	小說
解說	炭水化物

練習

읽기 연습

1. 다음 漢字를 읽으세요.
(1) 石 (2) 引 (3) 油 (4) 府 (5) 産
(6) 量 (7) 料 (8) 常 (9) 財 (10) 許
(11) 炭 (12) 設

2. 다음 漢字語를 읽으세요.
(1) 石油 (2) 石炭 (3) 木石 (4) 引上 (5) 引火
(6) 政府 (7) 生産 (8) 量産 (9) 料金 (10) 財政
(11) 許可 (12) 常識 (13) 說明 (14) 說話 (15) 産婦人科

3. ( ) 안에 알맞은 漢字를 보기에서 골라 그 번호를 쓰세요.

보기:	① 算	② 産	③ 由	④ 油	⑤ 常	⑥ 賞
	⑦ 引	⑧ 因	⑨ 部	⑩ 府	⑪ 說	⑫ 雪

(1) 最近에 石( ) 값이 많이 ( )上되었다.
(2) 이 할인 매장은 特히 工( )品 값이 싸다.
(3) 그가 그렇게 ( )識 以下의 行動을 하다니요.
(4) 行政( )의 最高 責任者는 누구입니까?
(5) 이 機械를 使用하기 前에 ( )明書를 먼저 잘 읽어 보세요.
(6) 경찰은 그 交通 사고의 原( )과 結果를 자세히 ( )明했다.

4. 다음 문장을 읽으세요.

(1) 버스 料金이 얼마예요?
(2) 引火物質은 조심해서 다루어야 한다.
(3) 이 곳에 建物을 지으려면 許可를 받아야 한다.
(4) 옛날에는 난방을 위해 石炭을 많이 使用했다.
(5) 그는 行政考試에 合格해서 政府 관리가 되었다.
(6) 우리 나라에서도 石油가 生産되면 얼마나 좋을까?

5. 다음 漢字語를 읽고 그 뜻을 찾아 線으로 연결하세요.

(1) 石油	permission
(2) 石炭	production
(3) 料金	explanation
(4) 引上	government
(5) 許可	oil
(6) 政府	coal
(7) 生産	raise, increase
(8) 說明	fare, charge

쓰기 연습

1. 다음 漢字를 필순에 맞게 쓰세요.

(1) 石 (2) 油 (3) 炭 (4) 料

(5) 引 (6) 府 (7) 産 (8) 量

(9) 財 (10) 許 (11) 常 (12) 說

2. 다음 한글을 漢字로 쓰세요.

(1) 인상 (2) 요금

(3) 석탄 [ ][ ]　　(4) 석유 [ ][ ]

(5) 정부 [ ][ ]　　(6) 재정 [ ][ ]

(7) 생산 [ ][ ]　　(8) 산지 [ ][ ]

(9) 일상 [ ][ ]　　(10) 물량 [ ][ ]

(11) 설명 [ ][ ]　　(12) 농산물 [ ][ ][ ]

3. 밑줄 친 부분을 漢字로 쓰시오

(1) 今年에는 월급이 얼마나 인상([ ][ ])될까요?

(2) 이 과일은 산지([ ][ ]) 表示가 안되어 있네요.

(3) 우리 어머니는 산부인과([ ][ ][ ][ ]) 의사이다.

(4) 金先生님은 어려운 文法도 쉽게 설명([ ][ ])해 주신다.

(5) 이 建物을 使用하려면 미리 허가([ ][ ])를 받아야 한다.

(6) 나는 일상 생활([ ][ ][ ][ ])에서 자주 쓰이는 韓國語 表現을 많이 배우고 싶다.

4. [ ] 안에 알맞은 漢字를 써 넣으세요.

(1) 이 工場의 主要 生[ ]品은 무엇입니까?

(2) 그는 [ ]識이 풍부해서 話題가 다양하다.

(3) 컴퓨터 조립 과정을 말로 [ ]明하기는 쉽지 않다.

(4) 그는 이 發明品에 對해 特[ ] 신청을 해 놓았다.

(5) 나는 海外旅行을 가도 좋다는 [ ]可를 이미 받았다.

(6) 今年 여름에는 홍수 때문에 農産物 값이 많이 [ ]上되었다.

第三十八課 삼강오륜 (三綱五倫)
(The three principles and the five moral rules)

새 漢字: 想 根 德 君 臣 幼 朋 進 願 技 良 貴 省

우리 나라는 옛부터 삼강오륜을 지켜 왔다. 삼강은 유교 思想의 根本이 되는 세 가지 道德 규범으로 君主와 臣下, 父母와 子女, 夫婦之間에 지켜야 할 道理를 말한다. 오륜은 사람으로서 지켜야 할 다섯 가지의 道理로 君臣有義, 父子有親, 夫婦有別, 長幼有序, 朋友有信을 이른다. 그 뜻을 풀이하면 다음과 같다.

一. 王과 臣下의 道理는 義理에 있다.

二. 아버지와 아들의 道理는 親愛에 있다.

三. 夫婦 사이에는 서로 침범하지 못할 인륜의 區別이 있다.

四. 어른과 아이 사이에는 차례와 질서가 있어야 한다.

五. 親舊의 道理는 믿음에 있다.

世界 各國의 國民들은 先進國 대열에 進入하기를 念願한다. 물론 技術로써 世界 一流國이 되고 經濟大國이 되는 것도 重要하

다. 그러나 先進國이 되는 眞正한 길은 常識이 通하고 질서를 尊重하며 道德과 良心을 重하게 여기는 健全한 社會를 이룩하는 데 있다. 道德과 良心은 人間만이 가지고 있는 高貴한 精神이다. 先進國을 念願하는 우리 역시 家庭과 社會가 眞正으로 健全한 지를 늘 돌아보고 反省해야 한다. 삼강오륜은 흘러간 날의 道理가 아니라 앞으로도 各自가 지켜나가야 할 貴重한 德目이다.

풀이

한자	소리	뜻		부수	부수이름	부수뜻
想	상	생각하다	think	心 9	마음 심	heart
根	근	뿌리	root	木 6	나무 목	tree
德	덕	덕	virtue	彳 12	걸을 착	limp
君	군	임금	king	口 4	입 구	mouth
臣	신	신하	(royal) subject	臣 0	신하 신	retainer
幼	유	어리다	immature	幺 2	작을 요	tiny
朋	붕	친구	friend	月 4	달 월	moon
進	진	나아가다	go forward	辵/辶 8	달릴 착	advance
願	원	원하다	desire	頁 10	머리 혈	head
技	기	재주	skill	手/扌 4	손 수	hand
良	량/양	좋다	good	艮 1	괘이름 간	northeast
貴	귀	귀하다	precious	貝 5	조개 패	shell
省	성	살피다	examine	目 4	눈 목	eye

Note

良, like 量 (noted in Lesson 37), is 양 word-initially and 량 elsewhere, as in 良心 양심 'conscience' and 善良 선량 'good and right'.

💡새로 나온 漢字語

思想	ideology
根本	foundation, basis
道德	morals
君主	monarch, king, ruler
臣下	(royal) subject
德目	virtue
君臣有義	Justice and righteousness should mark the relationship between sovereign and subject.
長幼有序	The younger should give precedence to the elder.
朋友有信	Faith should reign over relationships between friends.
先進國	advanced country
進入	enter, make one's way into
念願	(one's) dearest wish
技術	skill, technology
良心	conscience
高貴	valuable, noble
反省	reflection
貴重	precious, invaluable

☞漢字語를 더 찾아봅시다

想念　　空想
理想　　思想家
根性　　德談
德行　　美德
人德　　君子
夫君　　忠臣
幼年期　　進級
進路　　進出

進學	進行
進化(論)	急進
前進	行進
後進	願書
所願	自願
技能	技術者
競技	特技
良書	良識
良藥	良質
改良	不良
善良	貴婦人
貴族	貴下
內省的	自省

練習

읽기 연습

1. 다음 漢字를 읽으세요.

(1) 君 (2) 臣 (3) 良 (4) 省 (5) 貴
(6) 幼 (7) 朋 (8) 根 (9) 想 (10) 願
(11) 技 (12) 進 (13) 德

2. 다음 漢字語를 읽으세요.

(1) 君臣 (2) 良心 (3) 高貴 (4) 進出 (5) 先進國
(6) 根本 (7) 思想 (8) 道理 (9) 念願 (10) 朋友有信
(11) 道德 (12) 技術 (13) 反省 (14) 理想 (15) 長幼有序

3. 다음 문장을 읽으세요.

(1) 長幼有序는 東洋의 美德이었다.
(2) 父母님께는 子女된 道理를 다해야 한다.
(3) 朴先生님은 良心的인 분이어서 믿을 수 있어요.
(4) 옛 王國에서는 君臣間에 義理를 重要하게 여겼다.
(5) 러셀은 二十세기를 代表하는 思想家 中의 하나이다.
(6) 그 나라는 先進國이 되기 위하여 모든 國民이 노력했다.
(7) 잘 反省해 봐요. 그러면 失敗의 原因을 알게 될 거예요.

4. 다음 漢字語를 읽고 그 뜻을 찾아 연결하세요.

(1) 反省	one's dearest wish
(2) 技術	conscience
(3) 君主	foundation
(4) 念願	technique, technology
(5) 思想	reflection
(6) 根本	ideology
(7) 良心	king

5. 다음 뜻과 맞는 漢字를 고르고, ( ) 안에 漢字의 소리를 쓰세요.

(1) 생각하다 ( )
① 商 ② 常 ③ 想 ④ 相

(2) 좋다 ( )
① 良 ② 洋 ③ 養 ④ 陽

(3) 원하다 ( )
① 原 ② 遠 ③ 院 ④ 願

(4) 재주 ( )
① 技 ② 機 ③ 期 ④ 氣

(5) 살피다 ( )
① 性 ② 成 ③ 省 ④ 姓

6. 完全한 문장이 되도록 관계있는 것끼리 線으로 연결하세요.

(1) 우리 會社는 海外로	良心을 가진 지도자가 必要하다.
(2) 잘못된 制度는	反省하며 살도록 하자.
(3) 어느 社會나	進出할 예정이다.
(4) 항상 自己의 生活을	高貴한 君主國이었다.
(5) 新羅는	根本的으로 바꾸어야 한다.

쓰기 연습

1. 다음 漢字를 필순에 맞게 쓰세요.

(1) 臣 (2) 良 (3) 君 (4) 貴

(5) 技 (6) 幼 (7) 省 (8) 根

(9) 想 (10) 進 (11) 德 (12) 願

2. 다음 단어를 漢字로 쓰세요.

(1) 도덕 (2) 근본

(3) 사상 (4) 군신

(5) 양심 (6) 고귀

(7) 염원 (8) 기술

(9) 반성 (10) 진출

(11) 귀중 (12) 선량

3. □ 안에 알맞은 漢字를 골라 쓰세요.

(1) 양보는 □德이다.

① 味 ② 美

(2) 不正 부패는 國家의 □本을 위태롭게 한다.

① 根 ② 近

(3) □想과 現實은 다르다는 것을 아십시오.

① 利 ② 理

(4) 누구든지 □하는 것을 다 가질 수는 없어요.

① 原 ② 願

(5) 先□國의 조건은 무엇입니까?

① 進 ② 眞

4. □ 안에 알맞은 漢字를 써 넣으세요.

(1) 그의 장래 희망은 有能한 과학 □術者가 되는 것이다.

(2) 사람의 □理를 다하면서 살기가 쉽지 않군요.

(3) 누구나 青年 時節에는 理□主義者가 되지요.

(4) 요즘에는 海外로 □出하는 會社들이 많아졌다.

(5) 저는 大學院에 가서 東洋 思□에 對해 연구하겠습니다.

(6) 그 사람은 아주 善□한 사람이어서 親舊들이 다 좋아한다.

5. ( ) 안에 共通된 漢字를 보기에서 찾아 쓰세요.

보기:	德	進	眞	新	信	臣	貴
	夫	婦	良	量	願	原	根

(1)

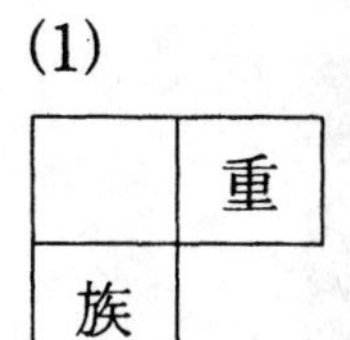

(2)

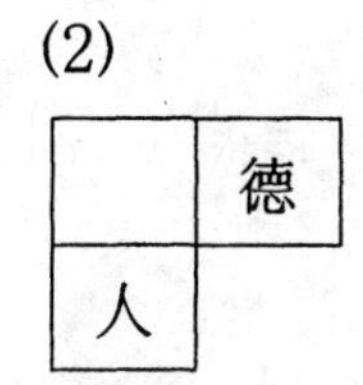

(3)

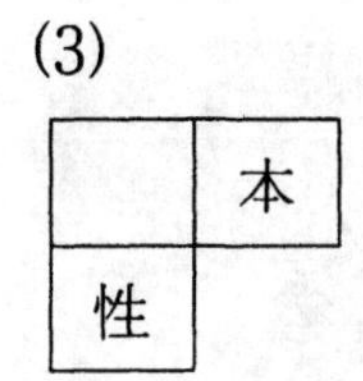

(4)

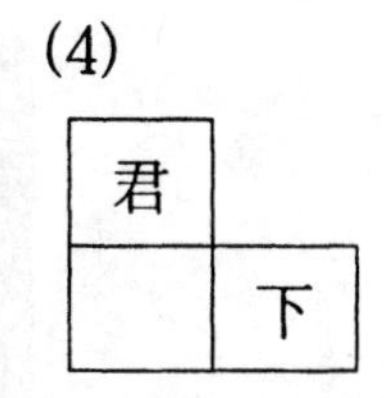

(5)

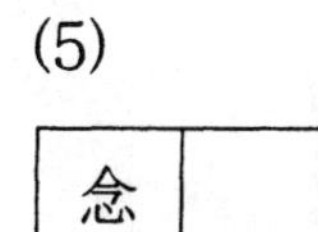

(6)

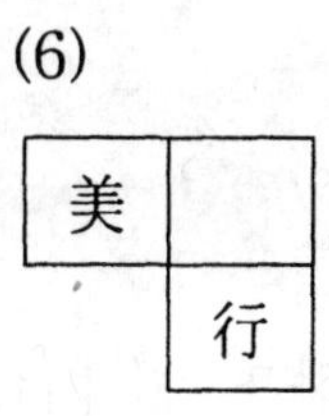

(7)

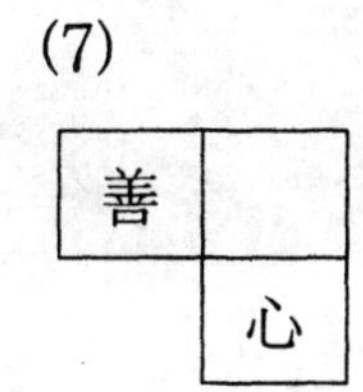

(8)

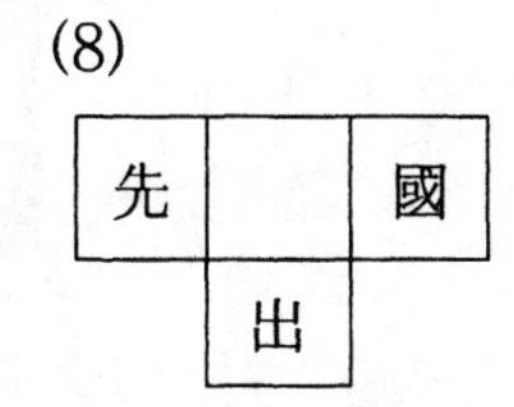

第三十九課　太極旗와 愛國歌
(The flag and the national anthem of Korea)

새 漢字: 極 旗 歌 勝 歲 保 筆 紙 陰 置 禮 智 單

國家 對 國家間의 競技에서 勝利하면 勝利한 나라의 國歌가 연주된다. 텔레비전 畵面에 자랑스러운 韓國의 國旗, 太極旗가 천천히 오르고 頂上을 向하여 熱情을 다한 選手들이 愛國歌를 부른다.

東海물과 白頭山이 마르고 닳도록
하느님이 보우하사 우리 나라 萬歲
무궁화 三千里 화려 江山
大韓 사람 大韓으로 기리 保全하세

新聞에서도 이 場面을 大書特筆, 一面 記事로 紙面을 장식한다.

太極旗의 太極은 우주 自然의 生成 原理를 상징한다. 太極의 上部인 赤色은 尊貴와 陽을 意味하고 下部의 青色은 희망과 陰을 나타낸다. 四面에 位置한 괘는 各各 天地日月의 우주 自然과 春夏秋冬의 四時, 東西南北의 四方 그리고 人間의 네 가지 道理인 仁義禮智를 意味한다. 全體的으로 太極旗는 平和, 單一性, 창조, 光明, 무궁을 상징한다.

풀이

한자	소리	뜻		부수	부수이름	부수뜻
極	극	다하다	extreme, ultimate	木[9]	나무 목	tree
旗	기	기	flag	方[10]	모 방	square
歌	가	노래	song, poem	欠[10]	하품 흠	yawn
勝	승	이기다	win	力[10]	힘 력	force
歲	세	나이	age, year	止[9]	그칠 지	stop
保	보	보호하다	protect, guarantee	人/亻[7]	사람 인	person
筆	필	붓	brush	竹[6]	대 죽	bamboo
紙	지	종이	paper	糸[4]	실 사	thread
陰	음	그늘	shade	阜/阝[8]	언덕 부	mound
置	치	두다	place, put aside	网/罒[8]	그물 망	net
禮	례/예	예도	propriety	示[13]	보일 시	exhibit
智	지	슬기	wisdom	日[8]	날 일	sun
單	단	하나	single	口[9]	입 구	mouth

Note
禮 is 예 word-initially and 례 elsewhere. Compare 禮物 예물 'wedding present', 禮節 예절 'etiquette, propriety', 答禮 답례 'return of a courtesy', and 失禮 실례 'discourtesy'.

새로 나온 漢字語

太極旗 national flag of Korea
愛國歌 national anthem of Korea
勝利(하다) win
國歌 national anthem

國旗	national flag
萬歲	hurrah!
保全	preservation
大書特筆	special mention, feature
紙面	printed columns of a newspaper
太極	the great absolute, source of the dual principle of Yin and Yang
陰	negative, dark side
位置	placement
仁義禮智	benevolence, righteousness, propriety, and wisdom
單一性[-썽]	singleness, unity

☞漢字語를 더 찾아봅시다

極大化
極度
極東
極少數
極寒
南極
消極的
旗手
白旗
歌曲
歌手
校歌
軍歌
流行歌
勝戰
勝敗
決勝
大勝
百戰百勝
全勝
必勝
歲費
歲月
保健
保安
保溫
保有
保育院
安保
筆記
筆名
筆順

筆者	名筆
文筆家	自筆
親筆	白紙
試驗紙	新聞紙
便紙	表紙
陰性的	陰地
放置	安置
禮物	禮式場
禮節	答禮
無禮	失禮
單獨	單數
單語	單位
名單	食單

練習

읽기 연습

1. 다음 漢字를 읽으세요.

(1) 單 (2) 保 (3) 智 (4) 置 (5) 歌
(6) 紙 (7) 筆 (8) 歲 (9) 陰 (10) 勝
(11) 禮 (12) 旗 (13) 極

2. 다음 漢字語를 읽으세요.

(1) 單一 (2) 單語 (3) 勝利 (4) 萬歲 (5) 新聞紙
(6) 太極 (7) 紙面 (8) 陰地 (9) 置重 (10) 愛國歌
(11) 國旗 (12) 目禮 (13) 保全 (14) 禮節 (15) 大書特筆

3. 다음 문장을 읽으세요.

(1) 땀과 눈물이 없는 勝利는 없다.

(2) 新聞에서는 금강산 觀光을 大書特筆했다.

(3) 安保는 어느 國家에서나 重要한 課題이다.

(4) 국경일에는 家庭마다 國旗를 걸어 놓는다.

(5) 韓國이 이기자 관중들은 모두 일어나 愛國歌를 불렀다.

(6) 나는 그를 會議場에서 만났지만 바삐 나가느라고 目禮만 했다.

(7) 一九四五年 八月 十五日, 太極旗를 손에 든 國民들은 목이 터져라 "大韓 獨立 萬歲!"를 불렀다.

4. 다음 漢字語를 읽고 그 뜻을 찾아 연결하세요.

(1) 安保	printed columns of a newspaper
(2) 禮節	placement
(3) 紙面	security
(4) 單語	victory
(5) 勝利	national anthem
(6) 位置	courtesy
(7) 國歌	word

5. 다음 漢字語가 잘못 쓰인 것을 고르세요.

(1) "極口"

① 나는 그 말이 事實이 아니라고 極口 부인하였다.

② 會長을 맡으라기에 나는 極口 협조했다.

③ 모두들 그 사람이 아주 좋은 분이라고 極口 칭찬하였다.

(2) "大書特筆"

① 나는 試驗 답안지에다 내 이름을 大書特筆했다.

② 그 事件은 大書特筆할 만한 것이 못된다.

③ 마라톤에서 韓國 選手가 우승한 것이 各 新聞에 大書特筆로 보도되었다.

(3) "年年歲歲"

① 年年歲歲에 保存할 傳統.

② 年年歲歲 빛나는 文化 유산.

③ 年年歲歲 氣分좋은 일.

쓰기 연습

1. 다음 漢字를 筆順에 맞게 쓰세요.

(1) 智 ☐ (2) 保 ☐ (3) 歌 ☐ (4) 勝 ☐

(5) 單 ☐ (6) 筆 ☐ (7) 紙 ☐ (8) 置 ☐

(9) 禮 ☐ (10) 旗 ☐ (11) 陰 ☐ (12) 歲 ☐

2. 다음 단어를 漢字로 쓰세요.

(1) 백기 ☐☐ (2) 예절 ☐☐

(3) 승리 ☐☐ (4) 위치 ☐☐

(5) 보전 ☐☐ (6) 필답 ☐☐

(7) 지면 ☐☐ (8) 애국가 ☐☐☐

3. ☐ 안에 알맞은 漢字를 골라 써 넣으세요.

(1) 이번 親善 競技에서는 우리 大學이 勝☐를 했다.

① 理 ② 利

(2) 自己 學校의 校☐를 부를 줄 모르는 學生도 있을까?

① 可 ② 歌

(3) ☐語의 뜻을 정확하게 알려면 사전을 찾아보세요.

① 單 ② 短

(4) ☐地가 陽地될 때도 있다는 속담을 아세요?

① 音 ② 陰

(5) ☐月은 흐르는 물과 같다.

① 歲 ② 洗

(6) 그 사람은 말을 못하므로 만날 때마다 글로 써서 ☐談을 나눈다.

① 必 ② 筆

(7) 海外에서 愛國☐를 들으면 祖國이 더 그리워진다.

① 家 ② 歌

(8) ☐, 德, 體, 이 세 가지를 다 갖춘 사람이 되세요.

① 智 ② 之

(9) 저분은 新聞 ☐上에서 자주 擧論되는 人物이다.

① 知 ② 紙

4. ☐ 안에 알맞은 漢字를 써 넣어 反對語를 만드세요.

(1) 勝戰 — ☐戰 (2) 陰地 — ☐地

(3) 團體 — ☐人 (4) 全體 — 部☐

第四十課 韓國의 建國神話
(The Korean foundation myth)

새 漢字: 建 仙 容 桓 雄 救 望 檀 樹 哀 束 比 婚

世界 各國에는 建國에 對한 神話가 있다. 神話의 大部分은 仙界와 人間界의 이야기로 되어 있다. 韓國에도 다음과 같은 內容의 建國神話가 있다.

그 옛날, 天王인 桓因에게는 桓雄이라는 아들이 있었다. 桓雄은 늘 하늘나라의 일보다 땅의 일에 관심을 보였다. 그러던 桓雄은 地上으로 내려가 人間 世上 救하기를 熱望했다. 이를 안 桓因은 마침내 桓雄의 所願을 들어주어 人間 世上을 다스리게 했다. 桓因은 桓雄에게 天子의 地位를 表示하는 천부인(天符印) 세 個를 주며 "너는 이것들을 가지고 가거라. 그리고 땅에 사는 모든 人間을 널리 이롭게 하여라."하고 당부했다.

桓雄은 무리 三千名과 함께 太白山 꼭대기 神檀樹 아래로 내려와 그 곳에서 사람들을 다스렸다. 桓雄과 함께 내려온 바람의 神 풍백(風伯)과 비의 神 우사(雨師), 구름의 神 운사(雲師)가 도와 주어서 사람들은 農事를 잘 지을 수 있었다.

어느 날 사람들이 살아가는 모습을 부러워하던 곰과 호랑이가 桓雄을 찾아와서는 人間이 되게 해 달라고 哀願했다. 桓雄은 마늘 二十個와 쑥 한줌을 주면서 이것을 먹으며 百日 동안 절대로 햇빛을 안 보면 人間이 될 것이라고 말했다.

두 動物들은 단단히 約束을 하고 어두운 굴 속으로 들어갔다. 動物들의 고행은 始作되었다. 山中의 王인 호랑이는 곰에 比하여 性格이 急했다. 그래서 며칠이 안되어 굴 밖으로 나가 버렸다. 끝까지 어려움을 잘 견딘 곰은 所願대로 三七日(二十一日) 만에 아름다운 女子, 웅녀(熊女)가 되었다. 桓雄은 웅녀와 結婚하여 아들을 낳았다. 이분이 바로 國祖이신 檀君이시다. 檀君은 평양에 都邑을 定하고 古朝鮮을 세웠다. 그 때가 기원前 二千三百三十三年 十月 三日이었는데, 오늘날 이 날을 開天節이라 하여 국경일로 記念한다.

풀 이

한자	소리	뜻		부수	부수이름	부수뜻
建	건	세우다	build	廴 6	걸을 인	proceed
仙	선	신선	hermit	人/亻 3	사람 인	person
容	용	얼굴	face	宀 7	집 면	roof
桓	환	모감주나무	golden rain	木 6	나무 목	tree
雄	웅	수컷	male	隹 4	새 추	bird
救	구	구하다	save	攵 7	등글월 문	tap
望	망	바라다	hope	月 7	달 월	moon
檀	단	박달나무	birch	木 13	나무 목	tree
樹	수	나무	tree	木 12	나무 목	tree
哀	애	슬프다	sorrow	口 6	입 구	mouth

束	속	묶다	bind, tie up	木 3	나무 목	tree
比	비	견주다	compare	比 0	견줄 비	compare
婚	혼	혼인	marrying	女 8	계집 녀	woman

새로 나온 漢字語

建國神話	myth of a nation's origin
建國	establishment of a country
仙界	enchanted land, supernatural world, world of gods
內容	contents
桓因	heavenly god in the birth myth of Korea
桓雄	son of the heavenly god
救(하다)	save, rescue
熱望(하다)	ardently wish for, desire eagerly
神檀樹	divine tree in the birth myth of Korea, sacred grove
哀願(하다)	implore, supplicate
約束[결쏙]	promise
比(하여)	in comparison with
結婚	marriage
檀君	founding father of Korea

漢字語를 더 찾아봅시다

建立	建物
再建	仙女
容量	形容
雄人	英雄
救國	救急車
救命	救世主
救濟	救出
可望	大望

德望	所望
信望	失望
野望	展望
樹立	果樹園
哀調	結束
團束	比例
比重	對比
婚期	新婚旅行
約婚(式)	再婚

練習

읽기 연습

1. 다음 漢字를 읽으세요.

(1) 仙 (2) 比 (3) 容 (4) 哀 (5) 雄
(6) 束 (7) 救 (8) 望 (9) 樹 (10) 建
(11) 婚 (12) 檀

2. 다음 漢字語를 읽으세요.

(1) 建國 (2) 仙界 (3) 內容 (4) 約束 (5) 熱望
(6) 建物 (7) 樹木 (8) 哀願 (9) 對比 (10) 結婚
(11) 約婚 (12) 所願 (13) 仙女 (14) 英雄 (15) 失望

3. 다음 문장을 읽으세요.

(1) 約束을 잘 지키는 사람이 되어라.
(2) 形式보다는 內容이 더 重要하다.
(3) 제주도에는 여미지라는 有名한 樹木園이 있다.
(4) 그는 한 번만 용서해 달라고 哀願했다.

(5) 사람들은 우리 祖父님이 神仙같다고 한다
(6) 그분의 좌우명은 信望愛, 즉 믿음 소망 사랑입니다.
(7) 檀君神話는 韓國의 建國神話이다.
(8) 그 쌍둥이 姉妹는 같은 날 約婚했고 結婚도 一年後 같은 날에 했다.

4. 다음 漢字語를 읽고 그 뜻을 찾아 연결하세요.

(1) 熱望	contents
(2) 結婚	ardent wish
(3) 英雄	hero
(4) 建國	wish, desire
(5) 所願	establishment of a country
(6) 內容	marriage

5. 다음 漢字語의 뜻과 가장 가까운 단어를 고르세요.

(1) 熱望
① 所望 ② 觀望 ③ 失望

(2) 所願
① 哀調 ② 念願 ③ 祝願

(3) 約婚
① 約束 ② 再婚 ③ 定婚

✍ 쓰기 연습

1. 다음 漢字를 筆順에 맞게 쓰세요.

(1) 比 (2) 束 (3) 容 (4) 哀
(5) 仙 (6) 救 (7) 望 (8) 建
(9) 婚 (10) 樹

2. 다음 單語를 漢字로 쓰세요.

(1) 건국 ☐☐ (2) 신선 ☐☐

(3) 내용 ☐☐ (4) 약속 ☐☐

(5) 열망 ☐☐ (6) 애원 ☐☐

(7) 구출 ☐☐ (8) 결혼 ☐☐

3. ☐ 안에 알맞은 漢字를 써 넣으세요.

보기:	建	健	救	求	容	用	婚
	原	願	束	樹	水	先	仙

(1) 所☐이 있으면 들어줄 테니까 말해 보세요.

(2) 그 사람을 만난 지 五年 만에 約☐을 했어요.

(3) 아무리 읽어도 무슨 內☐인지 잘 모르겠어요.

(4) 물에 빠진 사람을 ☐해 주니까 보따리 달라고 한다.

(5) 서울 근교인 광릉에는 아주 오래된 ☐木들이 많다.

(6) 옛날 사람들은 天上에는 天國이 있어서 神☐들이 산다고 믿었다.

(7) 우리 會社를 위해 ☐議할 것이 있으면 서슴지 말고 말씀해 주세요.

4. ☐ 안에 알맞은 漢字를 골라 써 넣으세요.

(1) 우리 동네에 새로 지은 最新式 ☐物이 들어서니까 동네가 달라 보여요.

① 建 ② 健

(2) ☐婚 선물은 무엇으로 할까요?

① 結 ② 決

(3) 아무리 ☐願을 해도 所用이 없었다.

① 愛 ② 哀

(4) 그분은 ☐國의 一念으로 一生을 살아왔다.

① 求 ② 救

(5) 昨年에 ☐해 海外 유학생이 많이 늘었군요.

① 比 ② 飛

5. 다음 漢字語와 관계있는 것끼리 線으로 연결하세요.

(1) 三德	韓國旗
(2) 建國神話	信, 望, 愛
(3) 婚禮式	形式
(4) 太極旗	結婚式
(5) 內容	神檀樹

復習 및 活用 (第三十六課 ~ 第四十課)

復習

1. 初等學校 運動會

내가 어렸을 때 다녔던 시골 初等學校에서는 每年 봄에 運動會가 열렸다. "智, 德, 體"가 校訓이었던 우리 學校에서는 이 運動會가 가장 큰 年中行事였다.

結婚式이나 환갑 잔치 外에는 特別한 마을 잔치가 없었기 때문에 이 運動會는 온 마을의 축제였다. 며칠 前부터 運動場에는 太極旗와 여러 나라의 國旗가 걸려 있었다. 學校의 財政이 어려웠지만 이 운동회는 늘 풍성했다. 根本 心性이 착하고 人心이 넉넉한 마을사람들이 떡이랑 약식 같은 特別한 飮食을 많이 만들어 와 나누어 먹었다. 평소에는 許容이 되지 않던 아이들의 장난이나 要求도 이 날만은 거의 다 받아들여졌다. 어떤 아이들은 父母님께 哀願하여 새 운동화를 얻어 신기도 했다.

學校 建物이 1층이어서 運動場에 陰地가 별로 없었고 한낮에는 햇볕이 따가웠다. 그래서 마을 사람들은 神檀樹라고 불렀던 큰 나무 밑 그늘을 차지하려고 이른 아침부터 서둘렀다. 運動會가 始作되면 여기저기에서 "靑軍 이겨라!", "白軍 이겨라!" 하고 소리쳤고 自己 편이 勝利하면 "萬歲!" 소리가 터져 나왔다.

나는 지금도 마음이 우울해질 때는 어릴 적 初等學校 運動會를 마음 속에 떠 올린다. 이런 運動會가 그대로 保全되었으면 좋겠다.

2. 雄이와 桓이

나에게는 中學校에 다니는 두 조카가 있다. 이들은 兄弟인데도 性格이 正反對이다. 兄인 雄이는 禮節이 밝아 남에게서 責望받을 일이 별로 없다. 한번 始作한 일은 반드시 有終의 美를 거두지만 每事에 速度가 느리다. 理想主義者인 雄이는 偉大한 文筆家가 되는 것이 꿈이다. 그래서 공책 紙面 가득히 시도 쓰고 小說도 쓴다. 常識이 풍부해 동네 꼬마들에게 檀君神話나 나무꾼과 仙女 이야기를 재미있게 들려주기도 한다. "君臣有義"나 "朋友有信" 같은 어려운 漢文을 쉽게 풀어 說明해 준다. 雄이는 外國語 高等學校에 進學하고 싶어서 얼마 前에 入學 願書를 냈다.

동생인 桓이는 兄에 比해 性格이 좀 急하다. 그러나 健康하고 善良하며 特히 同情心이 많다. 깊은 굴 속에서 石炭을 캐는 광부들 얘기를 듣고 눈물을 흘린 적도 있다. 늘 他人을 배려하고 奉仕精神도 强하다. 失手를 잘하지만 금방 反省한다. 지난 봄 政府에서 택시 料金 引上을 發表했을 때 石油 한 방울도 生産되지 않는 우리 나라에서 過多한 石油 消費로 數千億원씩 지출한다고 흥분했다. 또한 衣食住 해결이 어려운 家庭이 많은데 一部 사람들이 너무 사치한다고 비난하기도 했다. 英語 單語 외우기를 싫어하는 桓이는 幼年 時節부터 機械 만지기를 좋아해서 장차 技術者가 되겠다고 한다. 노래를 잘 불러 歌手가 되고 싶은 마음도 있다.

雄이와 桓이는 사이좋은 兄弟이지만 가끔 집 屋上에 올라가 한바탕 싸우기도 한다. 이들은 내가 世上에서 第一 사랑하는 조카들이다.

活用

1. 다음은 英仁이가 幸福을 느꼈던 때입니다. 여러분은 언제 幸福을 느꼈는지 漢字를 섞어서 써 보세요.

英仁 → ① 원하던 大學校에 入學했을 때.
② 새 自動車를 샀을 때.

나 → ①
②

2. 다음은 新聞의 廣告입니다. 韓國가스公社는 어떻게 幸福을 공급하는지 한글로 쓰세요.

* 에너지 절약을 生活化합시다.

幸福 공급

韓國가스公社는 安全하고 깨끗한 에너지
天然가스를 安定的으로 공급하여
보다 쾌적하고 幸福한 生活을 가꾸어 갑니다.

幸福을 傳하는 韓國가스公社

____

____

____

____

3. 삼강오륜의 "오륜" 中에서 特히 여러분의 마음에 드는 것을 골라 다시 써 보고 그 뜻을 漢字를 섞어 說明해 보세요.

____

____

____

4. 太極旗에서 青色과 赤色이 意味하는 것이 무엇인지 쓰세요.

① 青色

② 赤色

5. 버스 料金을 引上해야 한다는 버스 회사들의 主張은 어제 오늘의 이야기가 아닙니다. 이에 對한 여러분의 意見을 漢字를 섞어서 써 보세요.

6. 아래 네모 안에 여러분 國家의 國旗를 그려 보세요. 그리고 그 意味를 漢字를 섞어 說明해 보세요.

說明:

7. 여러분의 國家에는 어떤 建國神話가 있습니까? 漢字語를 섞어서 써 보세요.

Appendix 1 漢字 筆順

第一課 안녕하세요?

一(일) 一

二(이) 一 二

三(삼) 一 二 三

四(사) 丨 冂 冂 四 四

五(오) 一 丆 丏 五

六(륙/육) 丶 亠 六 六

七(칠) 一 七

八(팔) 丿 八

九(구) 丿 九

十(십) 一 十

日(일) 丨 冂 冃 日

月(월) 丿 冂 月 月

年(년/연) 丿 𠂉 𠂉 𠂉 𠂉 年

다음 漢字를 소리내어 읽으면서 筆順에 맞게 점선을 따라 써 보세요.

一 二 三 四 五 六 七 八 九 十 日 月 年

第二課 피터의 하루

每(매) 每

時(시) 時 時

半(반) 半

分(분) ノ 八 分 分

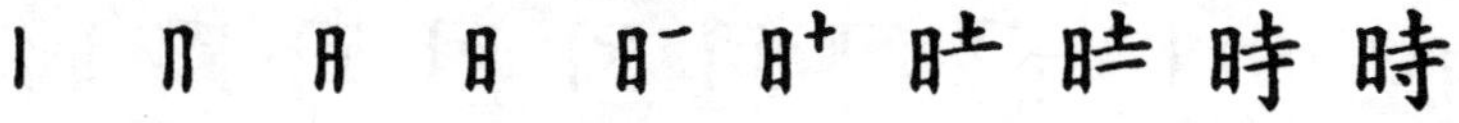

水(수) 亅 水

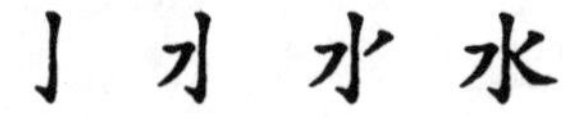

金(금/김) ノ 人 金

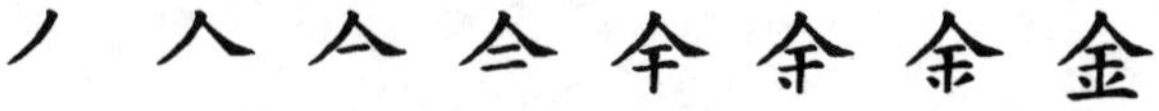

週(주) 丿 冂 周 周 周 週

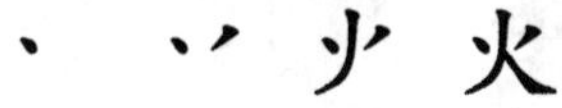

曜(요) 丨 日 曜

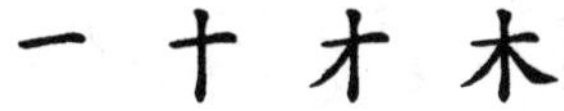

火(화) 丶 火

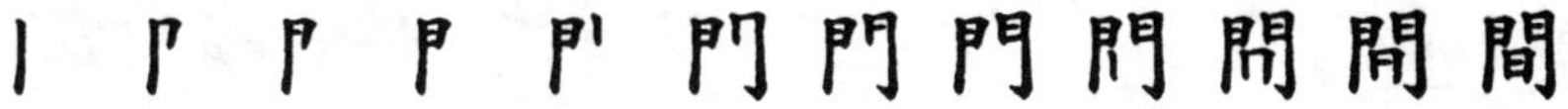

木(목) 一 十 才 木

間(간) 丨 門 門 門 間 間 間

土(토) 一 十 土

다음 **漢字**를 소리내어 읽으면서 **筆順**에 맞게 점선을 따라 써 보세요.

每 時 半 分 水 金 週 曜 火 木 間 土

第三課 민지의 친구들

韓(한) … 韓

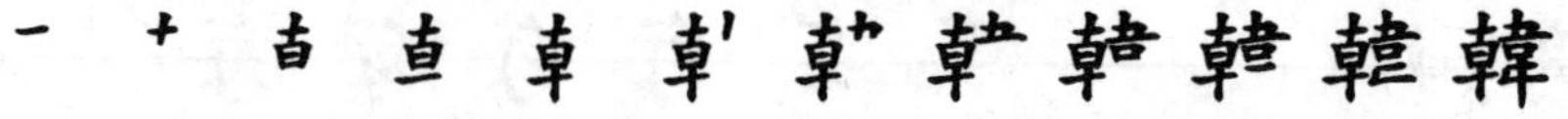

國(국) … 國

語(어) … 語

本(본) 一 十 才 木 本

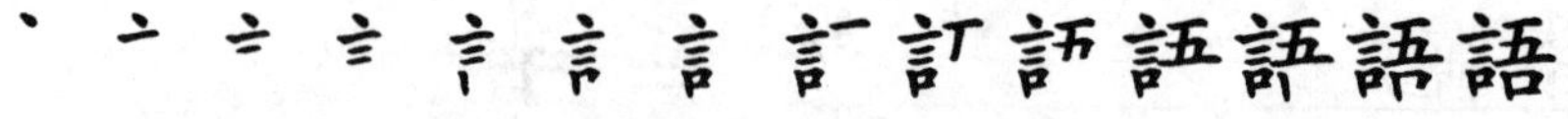

大(대) 一 ナ 大

學(학) … 學

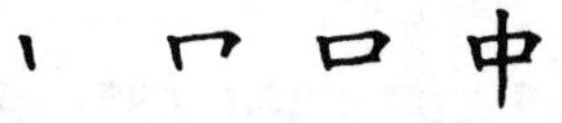

中(중) 丨 冂 口 中

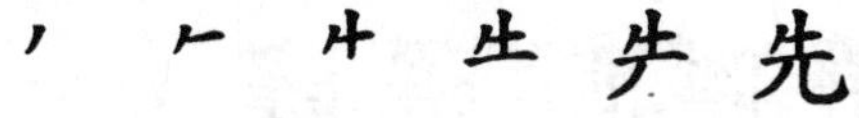

先(선) … 先

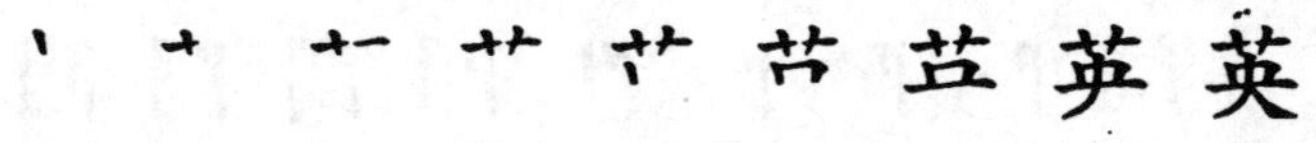

生(생) … 生

校(교) … 校

英(영) … 英

美(미) … 美

今(금) 丿 人 亼 今

다음 漢字를 소리내어 읽으면서 筆順에 맞게 점선을 따라 써 보세요.

韓 國 語 本 大 學 中 先 生 校 英 美 今

第四課 서울의 東西南北

東(동)

西(서)

南(남)

北(북)

地(지)

下(하)

道(도)

光(광)

化(화)

門(문)

自(자)

動(동)

車(차/거)

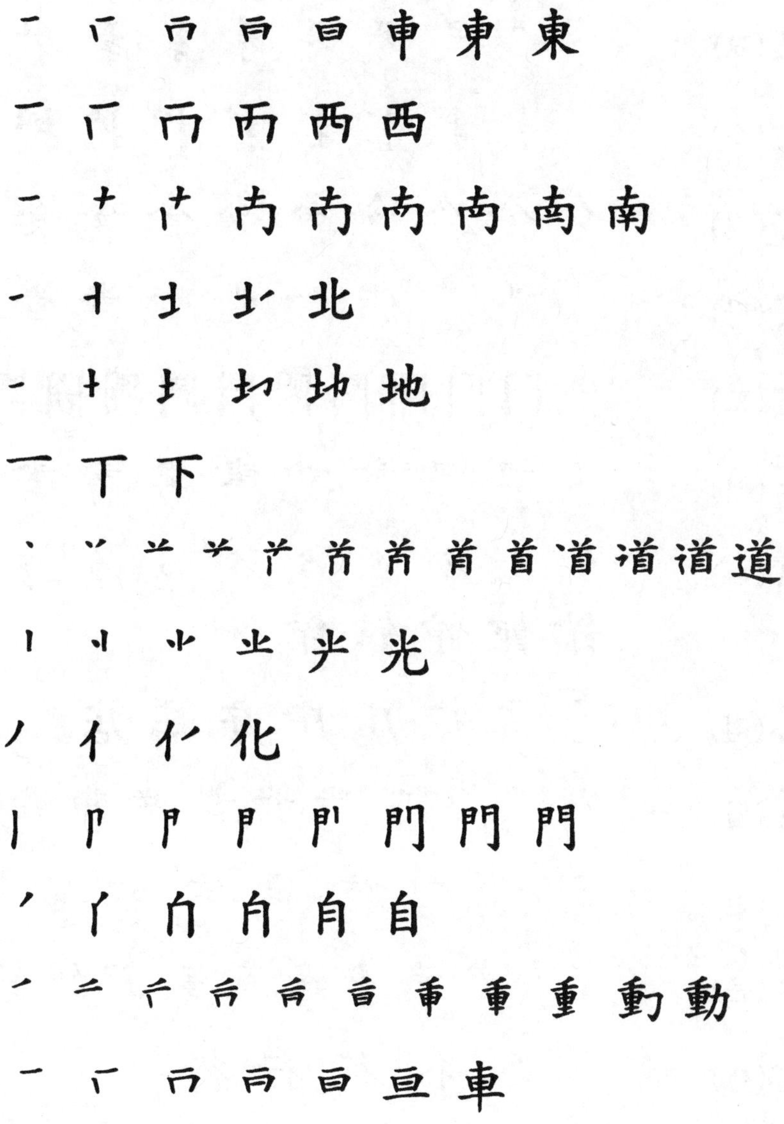

다음 **漢字**를 소리내어 읽으면서 **筆順**에 맞게 점선을 따라 써 보세요.

東 西 南 北 地 下 道 光 化 門 自 動 車

第五課 教授食堂

教(교)

授(수)

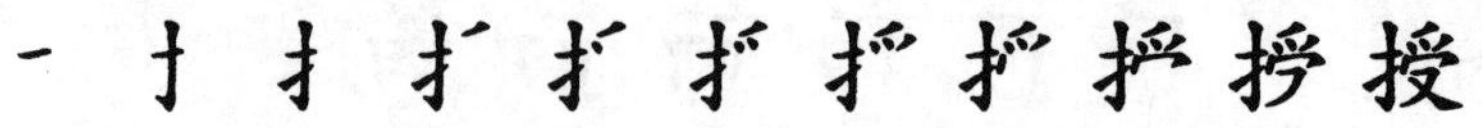

食(식)

堂(당)

圖(도)

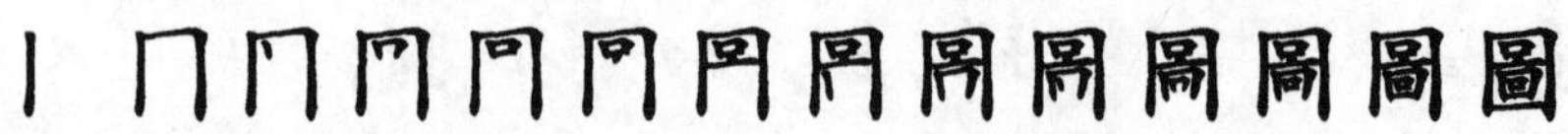

書(서)

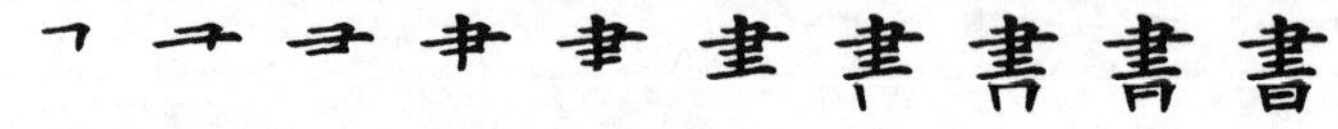

館(관)

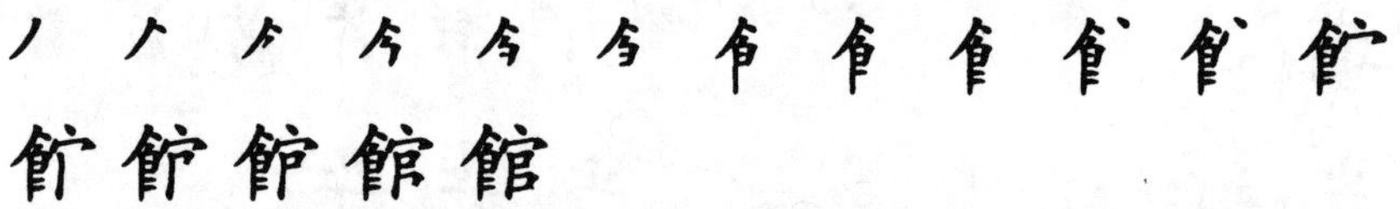

店(점)

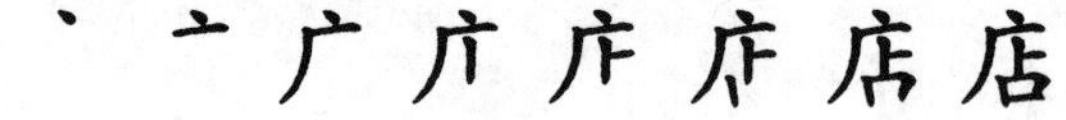

業(업)

室(실)

銀(은)

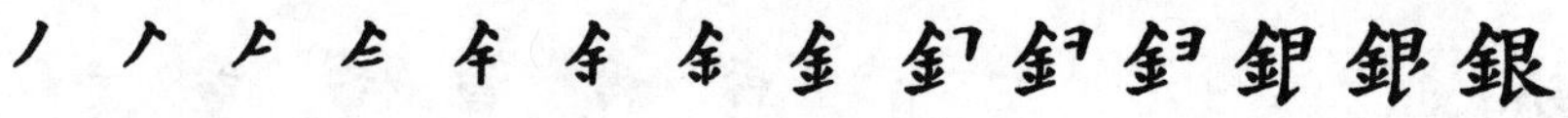

行(행)

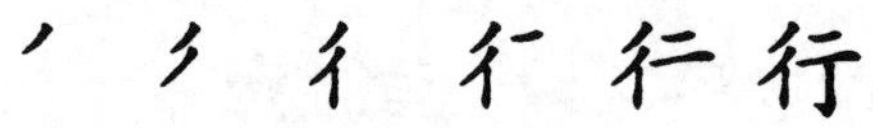

다음 **漢字**를 소리내어 읽으면서 **筆順**에 맞게 점선을 따라 써 보세요.

教 授 食 堂 圖 書 館 店 業 室 銀 行

第六課 고속도로에서

左(좌) 一 ナ ナ 左 左

右(우) ノ ナ ナ 右 右

内(내) 丨 冂 冂 内

外(외) ノ ク タ 夕 外

前(전) 丶 丷 䒑 前 前 前 前 前 前

後(후) ノ ク 彳 後 後 後 後 後 後

多(다) ノ ク 夕 多 多 多

少(소) 丨 小 小 少

線(선) 乚 幺 幺 糸 糸 糸 糸 線 線 線 線 線

上(상) 丨 卜 上

午(오) ノ 𠂉 𠂉 午

出(출) 丨 屮 屮 出 出

入(입) ノ 入

다음 漢字를 소리내어 읽으면서 筆順에 맞게 점선을 따라 써 보세요.

左 右 内 外 前 後 多 少 線 上 午 出 入

第七課 민우의 家族

家(가) 丶 丶 宀 宀 宀 宁 宇 家 家 家

族(족) 丶 亠 方 方 方 方 方 方 族 族 族

父(부) 丿 八 父 父

母(모) 乚 母 母 母 母

兄(형) 丨 冂 口 尸 兄

男(남) 丨 冂 罒 田 田 男 男

女(녀/여) 𡿨 女 女

祖(조) 一 二 亍 亍 示 礻 祖 祖 祖 祖

子(자) 乛 了 子

親(친) 丶 亠 亠 立 立 立 辛 辛 亲 親 親 親

弟(제) 丶 丷 䒑 弓 弟 弟 弟

姊(자) 𡿨 女 女 女 女 女 姉 姊

妹(매) 𡿨 女 女 女 女 妹 妹 妹

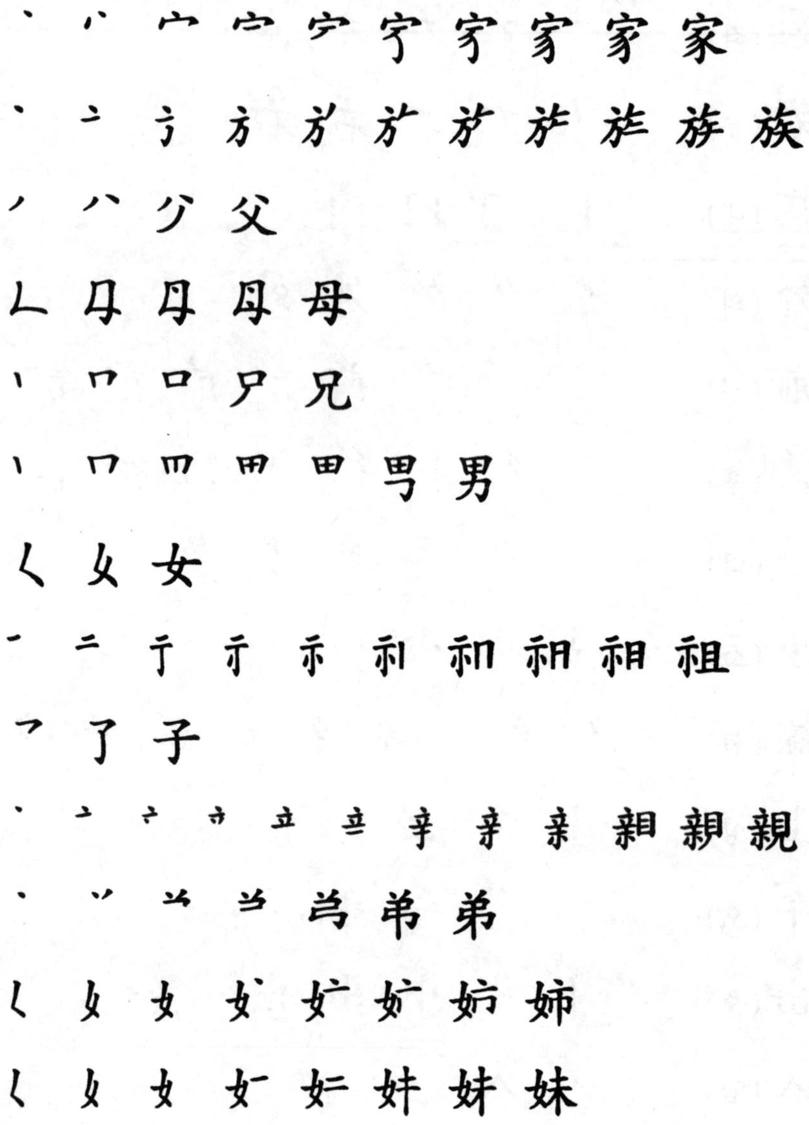

다음 **漢字**를 소리내어 읽으면서 **筆順**에 맞게 점선을 따라 써 보세요.

家 族 父 母 兄 男 女 祖 子 親 弟 姊 妹

第八課 韓國人의 姓名

姓(성) 𡿨 女 女 女 女 奵 姓 姓

名(명) 丿 ク 夕 夕 名 名

氏(씨) 一 𠂆 𠂆 氏

人(인) 丿 人

李(리/이) 一 十 才 木 本 李 李

朴(박) 一 十 才 木 朴 朴

孫(손) ㇇ 了 子 孑 孑 孫 孫 孫 孫 孫

千(천) 丿 二 千

安(안) 丶 丷 宀 宀 安 安

白(백) 丿 亻 白 白 白

全(전) 丿 人 亼 仝 全 全

王(왕) 一 丅 干 王

方(방) 丶 亠 方 方

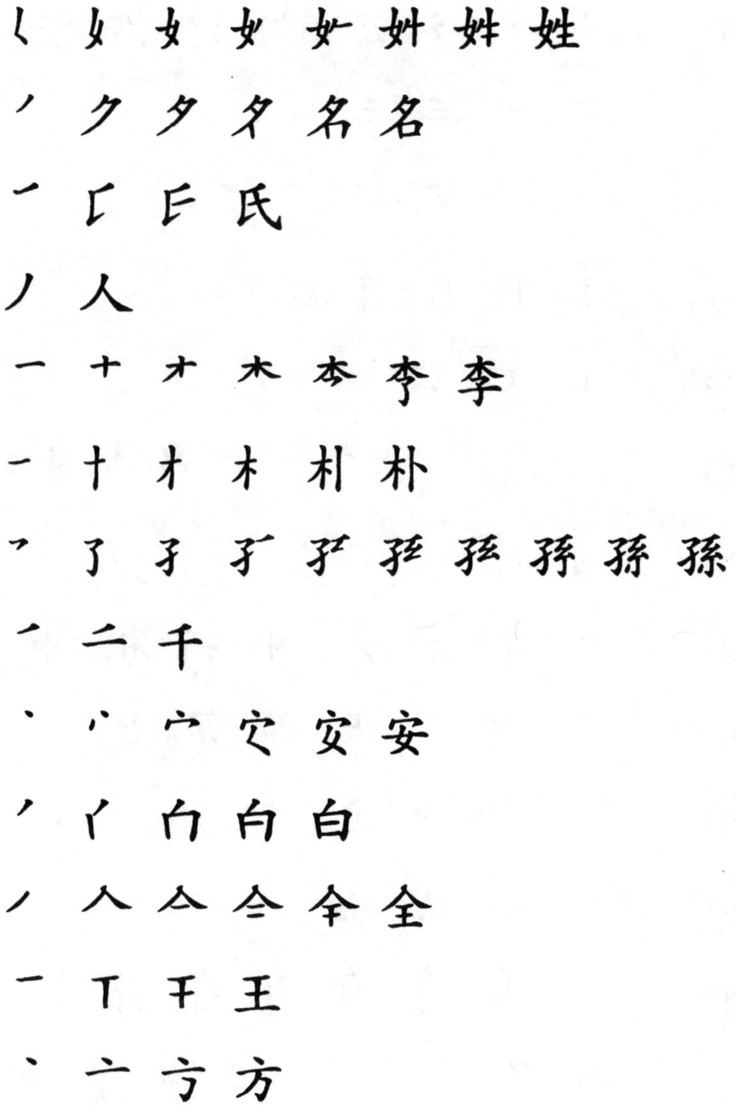

다음 **漢字**를 소리내어 읽으면서 **筆順**에 맞게 점선을 따라 써 보세요.

姓 名 氏 人 李 朴 孫 千 安 白 全 王 方

第九課 누구를 닮았을까요?

洗(세) 洗

手(수) 手

耳(이) 耳

目(목) 目

口(구) 口

鼻(비) 鼻

小(소) 小

相(상) 相

足(족) 足

之(지) 之

心(심) 心

身(신) 身

體(체) 體

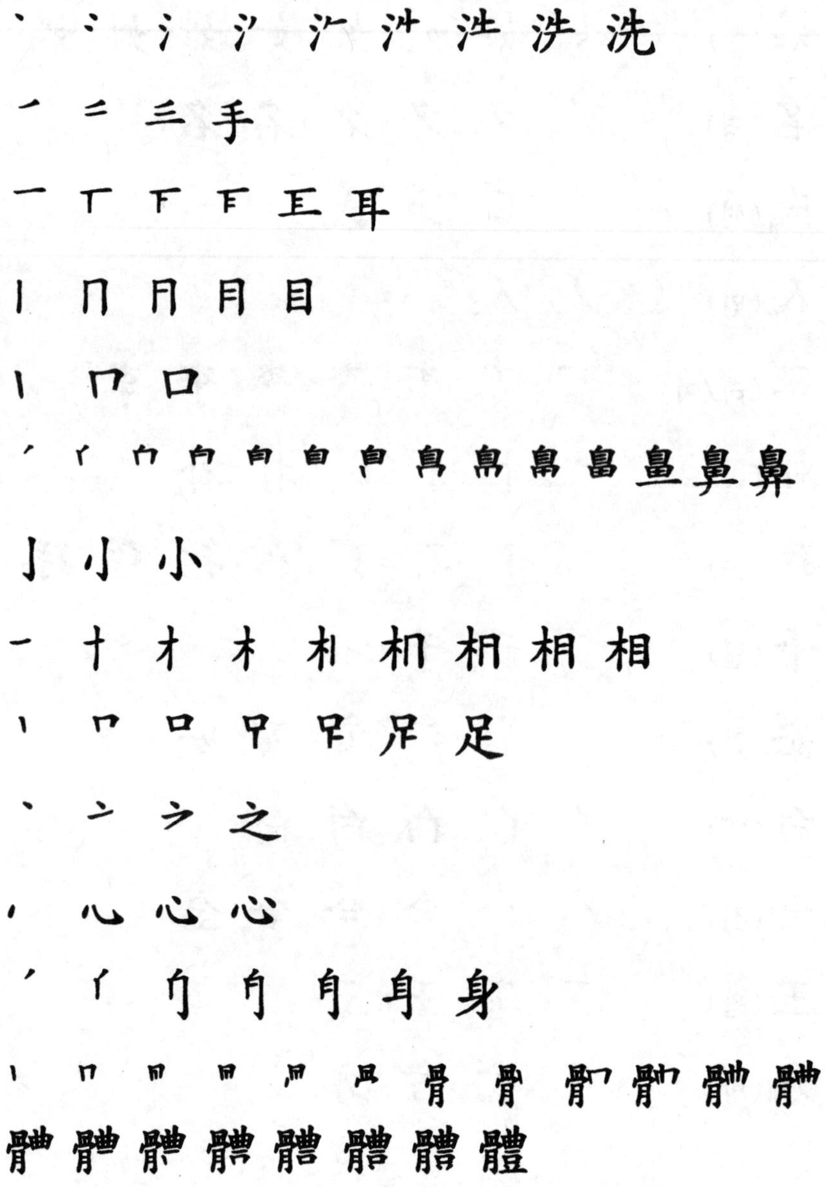

다음 **漢字**를 소리내어 읽으면서 **筆順**에 맞게 점선을 따라 써 보세요.

洗 手 耳 目 口 鼻 小 相 足 之 心 身 體

第十課 한글과 漢字

漢(한)

字(자)

文(문)

世(세)

宗(종)

訓(훈)

民(민)

正(정)

音(음)

百(백)

洋(양)

表(표)

意(의)

다음 **漢字**를 소리내어 읽으면서 **筆順**에 맞게 점선을 따라 써 보세요.

漢 字 文 世 宗 訓 民 正 音 百 洋 表 意

第十一課 韓國의 春夏秋冬

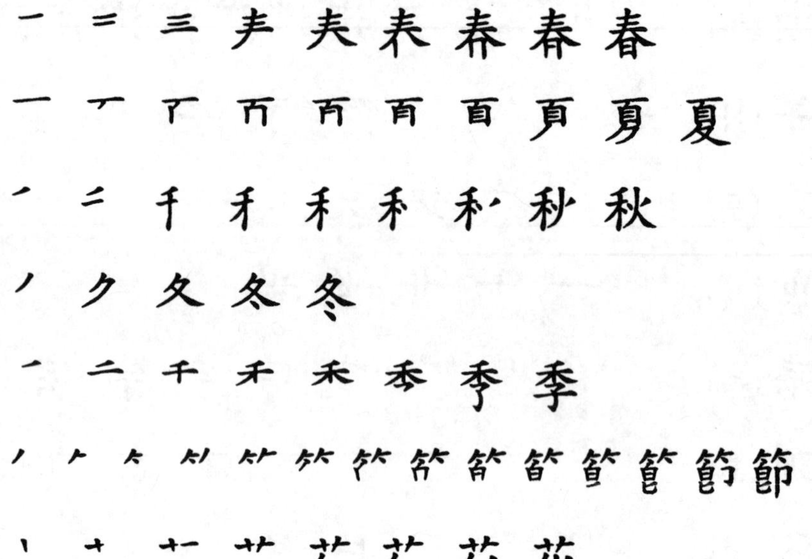

春(춘) 一 二 三 夫 夫 夫 表 春 春

夏(하) 一 丆 丆 丙 丙 百 百 頁 夏 夏

秋(추) 丿 二 千 禾 禾 禾 秒 秒 秋

冬(동) ノ 夕 夂 冬 冬

季(계) 一 二 千 禾 禾 季 季 季

節(절) ノ 𠂉 𥫗 𥫗 竹 竹 竹 笁 笁 笁 笪 節 節

花(화) 丶 十 艹 艹 艹 花 花 花

草(초) 丶 十 艹 艹 艹 节 苩 苩 荁 草

雨(우) 一 冂 冂 而 雨 雨 雨 雨

風(풍) 丿 几 凡 凡 凨 凨 風 風 風

寒(한) 丶 丶 宀 宀 宀 宀 宀 宀 実 寒 寒 寒

溫(온) 丶 丶 氵 氵 氵 氵 氵 氵 氵 溫 溫 溫 溫

雪(설) 一 丆 雨 雨 雨 雨 雨 雨 雪 雪 雪

다음 漢字를 소리내어 읽으면서 筆順에 맞게 점선을 따라 써 보세요.

春 夏 秋 冬 季 節 花 草 雨 風 寒 溫 雪

第十二課 제주도에서

然(연)

青(청)

綠(록/녹)

色(색)

植(식)

物(물)

園(원)

赤(적)

黃(황)

黑(흑)

山(산)

江(강)

川(천)

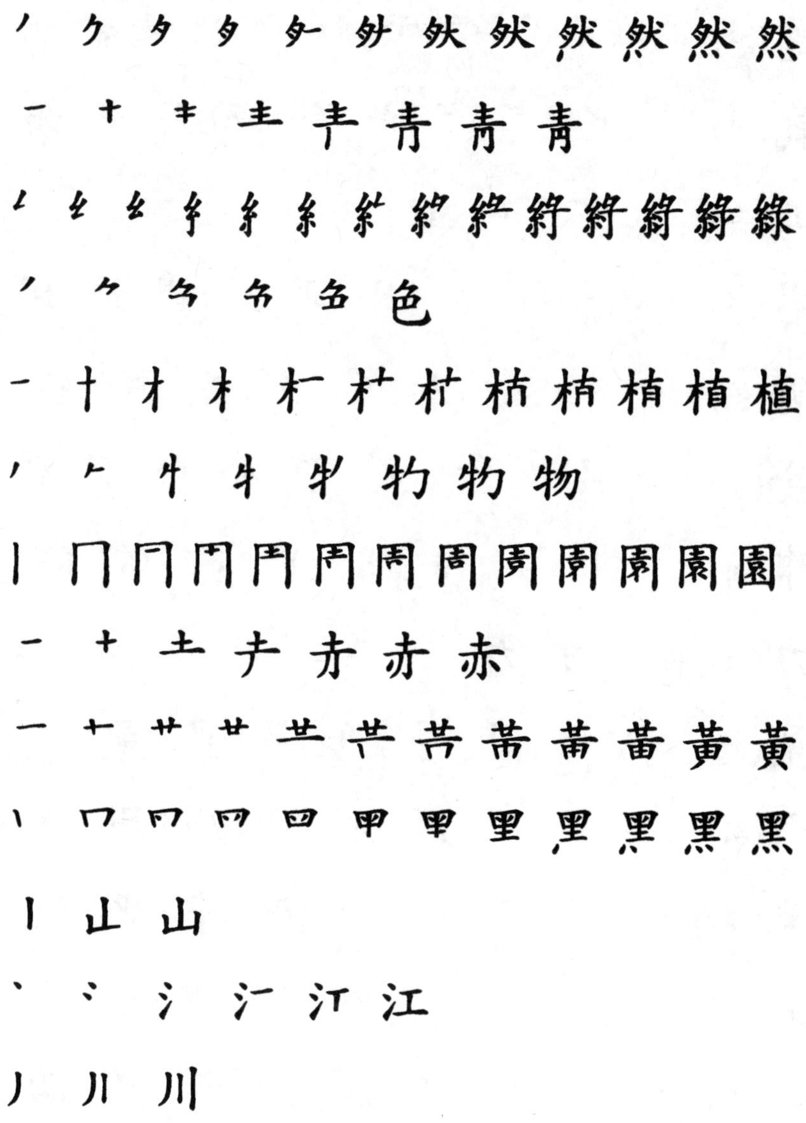

다음 漢字를 소리내어 읽으면서 筆順에 맞게 점선을 따라 써 보세요.

然 青 綠 色 植 物 園 赤 黃 黑 山 江 川

第十三課 電氣불과 호롱불

電(전)

氣(기)

工(공)

場(장)

所(소)

發(발)

昨(작)

力(력/역)

見(견)

原(원)

來(래/내)

空(공)

活(활)

다음 漢字를 소리내어 읽으면서 筆順에 맞게 점선을 따라 써 보세요.

電 氣 工 場 所 發 昨 力 見 原 來 空 活

第十四課 중매 좀 서주세요

農(농)

村(촌)

邑(읍)

面(면)

里(리/이)

都(도)

市(시)

天(천)

夫(부)

區(구)

洞(동)

郡(군)

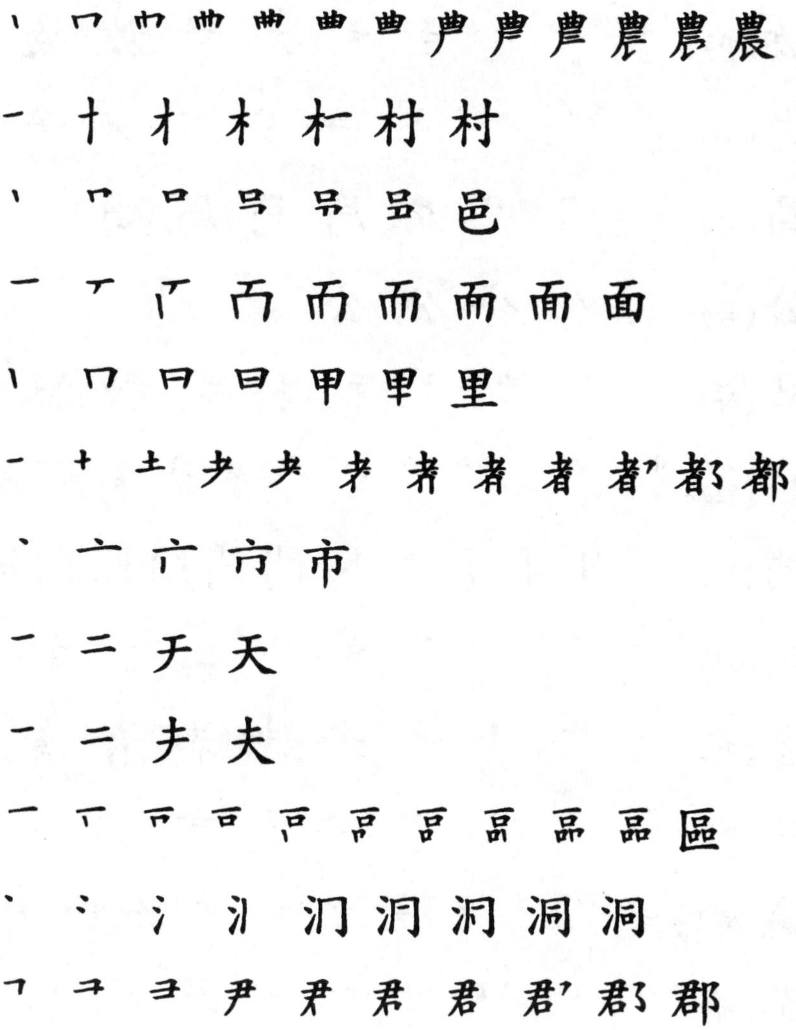

다음 **漢字**를 소리내어 읽으면서 **筆順**에 맞게 점선을 따라 써 보세요.

農 村 邑 面 里 都 市 天 夫 區 洞 郡

第十五課 放送局에 다녀요

放(방)

送(송)

局(국)

公(공) 丿 八 公 公

社(사)

新(신)

聞(문)

記(기)

者(자) 一 十 土 耂 耂 者 者 者 者

言(언) 丶 亠 亠 言 言 言 言

論(론/논)

界(계)

近(근)

다음 漢字를 소리내어 읽으면서 筆順에 맞게 점선을 따라 써 보세요.

放 送 局 公 社 新 聞 記 者 言 論 界 近

第十六課 韓國의 오페라, 판소리

死(사)

幸(행)

福(복)

不(불/부)

現(현)

反(반)

對(대)

長(장)

短(단)

高(고)

低(저)

感(감)

情(정)

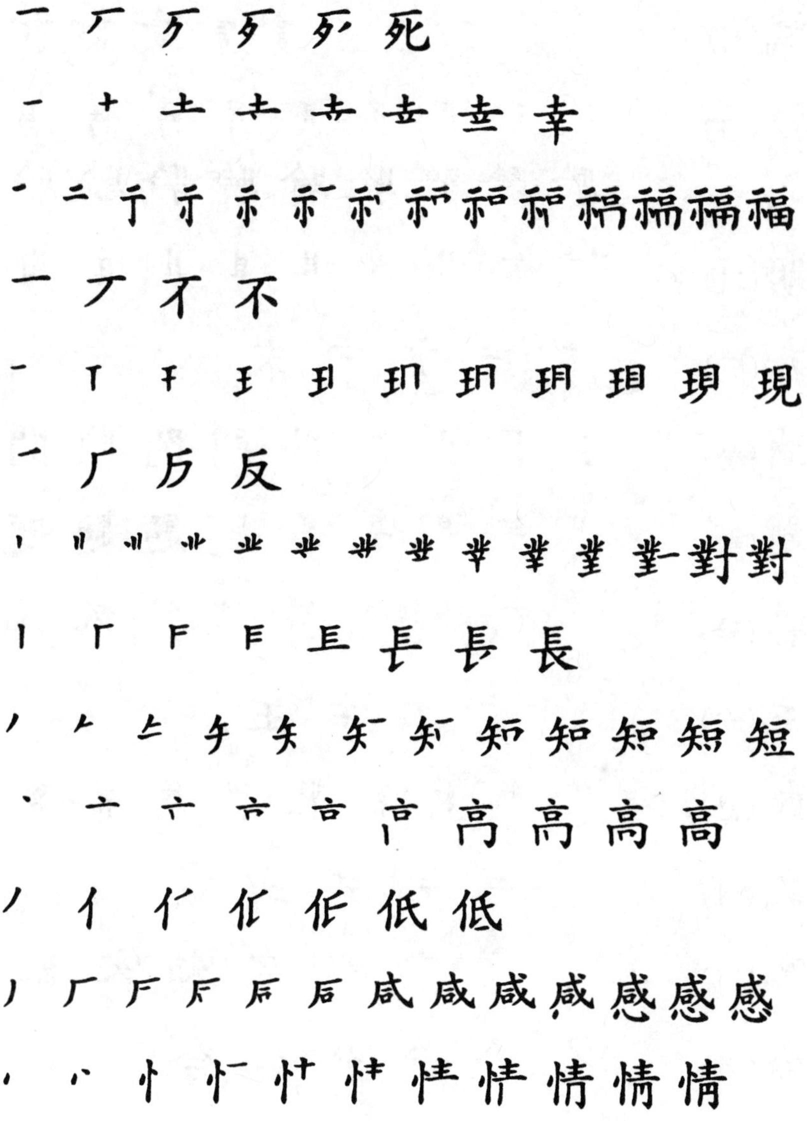

다음 漢字를 소리내어 읽으면서 筆順에 맞게 점선을 따라 써 보세요.

死 幸 福 不 現 反 對 長 短 高 低 感 情

第十七課 校門에 붙인 엿

試(시) 丶 亠 亠 言 言 言 言 訁 訁 訁 訁 試 試

驗(험) 丨 𠂆 冂 冂 冂 馬 馬 馬 馬 馬 馬 馬 驗 驗 驗 驗 驗 驗 驗 驗 驗 驗 驗 驗 驗

期(기) 一 十 卄 卄 甘 甘 其 其 期 期 期 期

末(말) 一 二 丰 才 末

問(문) 丨 冂 冂 冂 門 門 門 門 問 問 問

題(제) 日 旦 早 早 是 是 題 題 題

答(답) 丿 𠂉 ⺮ ⺮ ⺮ ⺮ 笑 笑 笑 答 答 答

主(주) 丶 二 亍 主 主

觀(관) 艹 卝 萈 萈 萈 萈 雚 雚 雚 觀

式(식) 一 二 亍 王 式 式

客(객) 丶 丷 宀 宀 宂 安 客 客 客

合(합) 丿 人 亼 合 合 合

格(격) 一 十 才 木 朩 朸 格 格 格 格

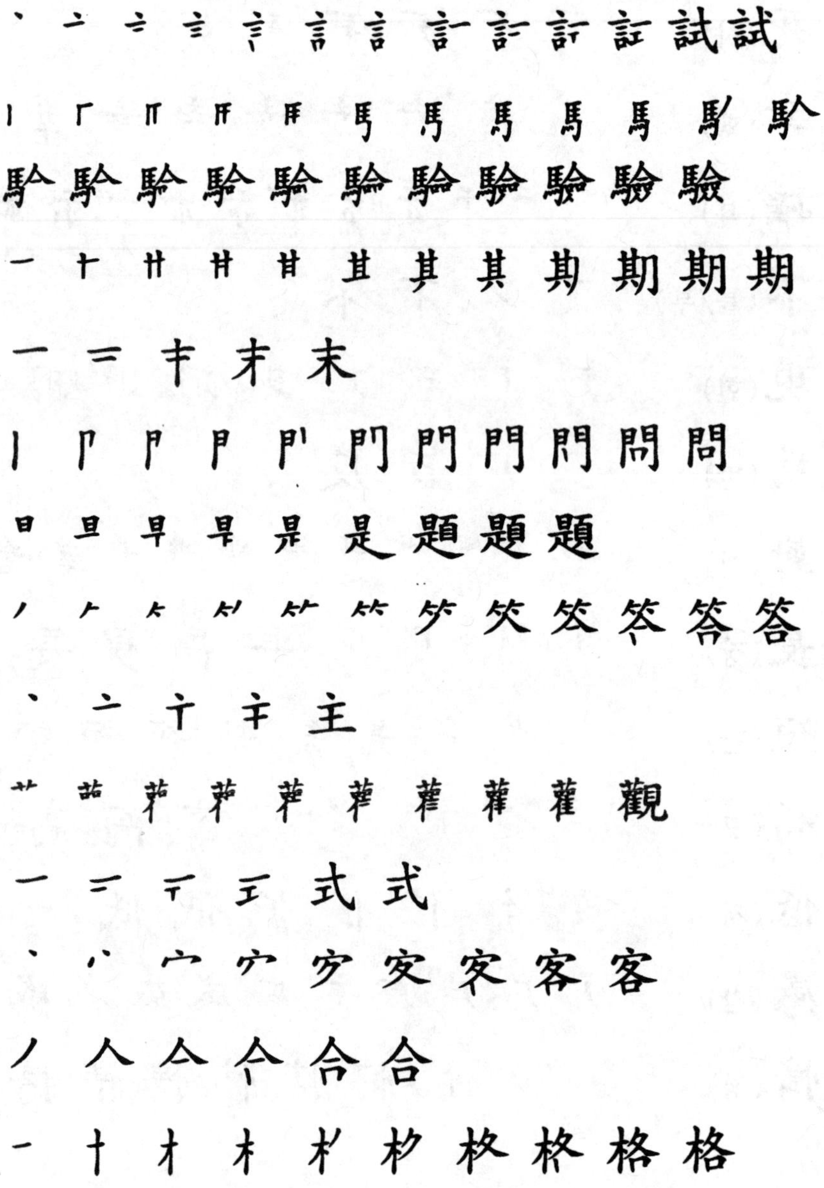

다음 **漢字**를 소리내어 읽으면서 **筆順**에 맞게 점선을 따라 써 보세요.

試 驗 期 末 問 題 答 主 觀 式 客 合 格

第十八課 頂上會談

頂(정) 一 丁 丁一 丁丆 丁丆 丁丙 丁丙 丁百 丁百 丁頁 頂

會(회) ノ 人 𠆢 亼 合 佘 佘 侖 侖 會 會 會 會

談(담) 丶 亠 亠 言 言 言 言 言 訁 訁 訁 訁 談 談 談

共(공) 一 十 廾 丗 共 共

同(동) 丨 冂 冂 冋 同 同

元(원) 一 二 テ 元

首(수) 丶 丷 丷 䒑 䒑 丷 首 首 首

話(화) 丶 亠 亠 亠 言 言 言 言 訁 訁 訁 話 話

各(각) ノ ク 夂 夂 各 各

平(평) 一 一 丷 丷 平

和(화) ノ 二 千 禾 禾 和 和 和

戰(전) 吅 吅 吅 吅 吅 單 單 單 戰 戰 戰

爭(쟁) ノ 𠂊 𠂊 爫 爫 爭 爭 爭

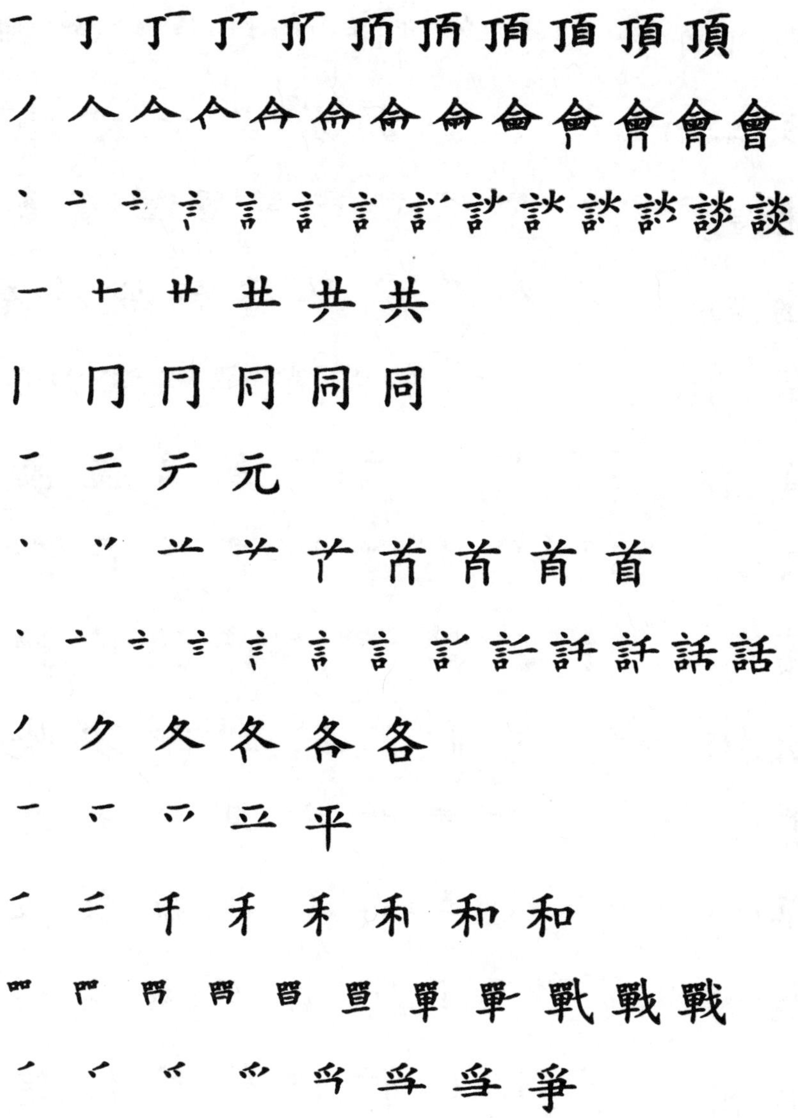

다음 **漢字**를 소리내어 읽으면서 **筆順**에 맞게 점선을 따라 써 보세요.

頂 會 談 共 同 元 首 話 各 平 和 戰 爭

第十九課 취미가 뭐예요?

樂(악, 락/낙)

旅(려/여)

運(운)

登(등)

寫(사)

眞(진)

最(최)

讀(독)

映(영)

畫(화)

無(무)

通(통)

信(신)

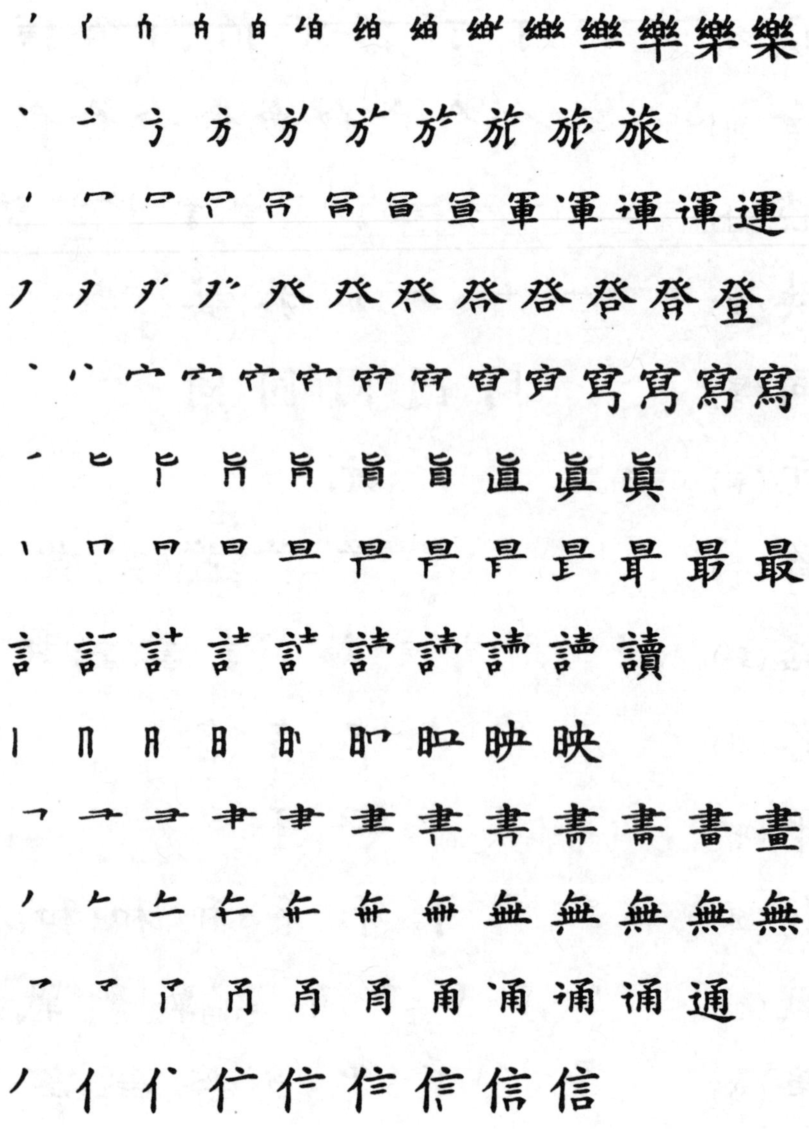

다음 **漢字**를 소리내어 읽으면서 **筆順**에 맞게 점선을 따라 써 보세요.

樂 旅 運 登 寫 眞 最 讀 映 畫 無 通 信

第二十課 尊敬하는 祖父님

尊(존)

敬(경)

初(초)

等(등)

卒(졸)

京(경)

獨(독)

立(립/입)

完(완)

院(원)

休(휴)

朝(조)

夕(석)

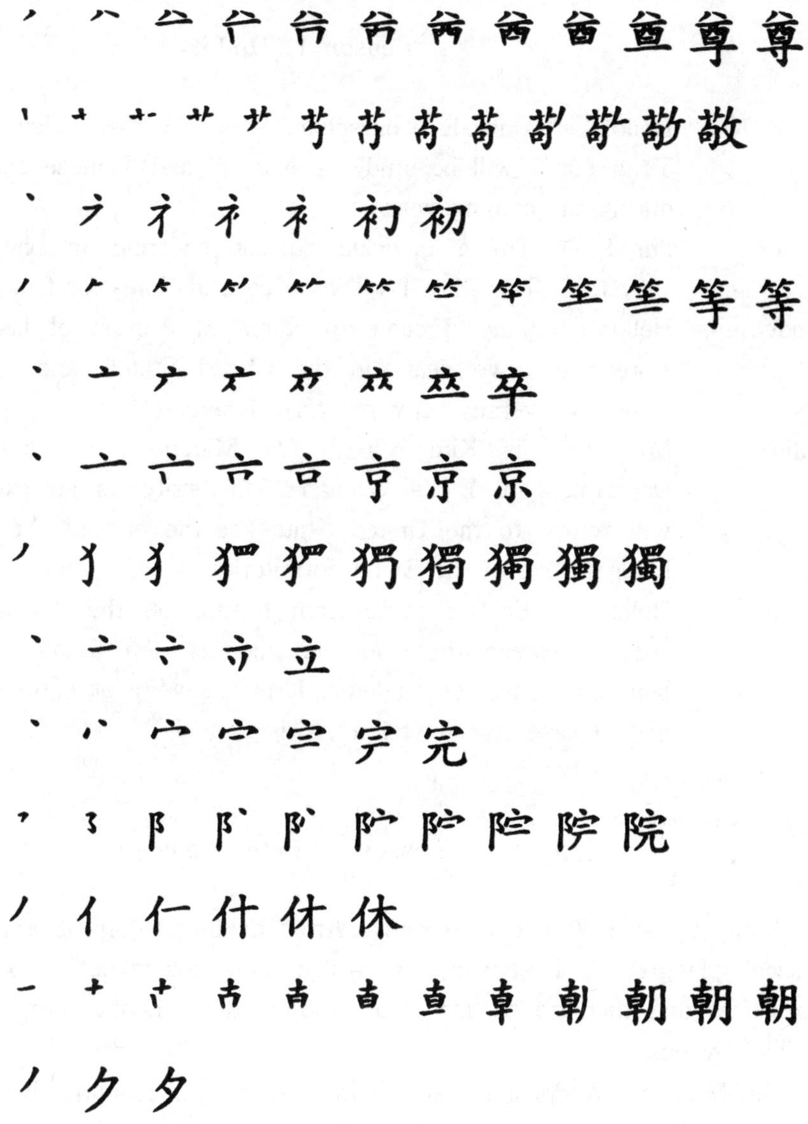

다음 **漢字**를 소리내어 읽으면서 **筆順**에 맞게 점선을 따라 써 보세요.

尊 敬 初 等 卒 京 獨 立 完 院 休 朝 夕

Appendix 2 本文 英語 번역

Lesson 1 Hello!

Prof. Kim: Hello! Let's introduce ourselves to one another today. My name is Kim Yŏng-hŭi. I will be studying Korean, and Chinese characters with you during the coming year.

Peter: I'm Peter. I'm a graduate student majoring in philosophy at Yonsei University. This May, I will have been in Korea for four years. Thank you.

Judy: Hello. I'm Judy. I came to Korea in August of last year. I studied Korean for two years in the United States, and for six months at Yonsei University after my arrival here.

Min-ji: My name is Kim Min-ji. On March 2, I came to the History Department of Ewha Woman's University as an exchange student. I will return to the United States at the end of the year. Now I am living in one of the Ewha dormitories.

Paul: Hello. I'm Paul. I came from France on the 9th last month. I had studied Korean there for ten months. I'm living near campus in a boarding house for students. It is a seven- or eight-minute walk from here. Please stop by for a visit!

Lesson 2 Peter's day

I get up at 6:30 every morning. After having a jog at a nearby elementary school playground, I shower, by which time it's about 7:30. I eat a simple breakfast and then go to school at 8:00. It takes about thirty minutes to reach school by bus.

On Monday, Wednesday, and Friday mornings I study Korean and Chinese characters for three hours. On Mon., Wed., Fri., I do not have afternoon classes, so I use the computer in the computer room or review Chinese characters. Every Friday afternoon I play tennis. On Tuesday and Thursday afternoons, I have classes in my major at my graduate college, so I study my major subjects at the library during the morning.

I usually return home around 6:00. After dinner and a rest, I watch the news on TV at 9:00. Then I read for about two hours. I go to sleep around 12:00. On Saturdays and Sundays I sometimes go to bed later.

Lesson 3 Min-ji's friends

Min-ji: Masako, you speak Korean so well I thought you were a native! Where did you learn it?

Masako: Speak well? I majored in Korean as a university student in Japan.

Min-ji: Oh, really?

Masako: I've had lots of Korean friends since childhood, and I have come to love Korea. So I majored in Korean! Of course I still have lots to learn.

Min-ji: Mei Ling, you teach Chinese, right? We'll have to call you *sŏnsaeng-nim*!

Mei Ling: I instruct college freshmen. But I also study Korean, so I'm a student, too.

Masako: Min-ji, you also teach English, right?

Min-ji: No, I go to a university in the States. I came here in the spring as an exchange student. Now I'm in my third year.

Lesson 4 The four directions [*lit.*, east, west, south, and north] of Seoul

Chun-su: Where are you going, Paul?

Paul: I'm going to catch a taxi. I want to go to the Chong-ro Bookstore.

Chun-su: You don't need a taxi to go there! If you just cross that underpass to the other side of the street, there's a bus that goes to Chong-ro Street #2.

Paul: Where's Chong-ro Street #2? I still don't know my way [*lit.*, east, west, south, and north] around Seoul.

Chun-su: Well, do you know where the Kwanghwa Gate is?

Paul: Yes.

Chun-su: From there, walk for about five minutes toward Tongdaemun [East Gate], and you'll come to Chong-ro Street #2. That's where the Chong-ro Bookstore is. From this direction, it will be on your right.

Paul: How long will it take?

Chun-su: There isn't much traffic at this time of day, so it should take you about twenty minutes. I'm on my way to Namdaemun [South Gate]. Let's go to the bus stop together!

Paul: Thanks! Are there West and North Gates, too?

Chun-su: There was a West Gate a long time ago. It's said that for many years, people crossed through it to enter or exit the city. It's not standing anymore, but place names like "West Gate District" and "West Gate

Crossing" are still in use [*lit.*, still exist]. There was a North Gate, too, but people couldn't pass through it.

Lesson 5 The faculty dining hall

Mei Ling: Where do you usually eat your lunch, Min-ji?
Min-ji: I mainly eat at the student cafeterias. Sometimes I go to one near the library or the bookstore, for ramen noodles or *kimbap* [seasoned rice rolled in dried seaweed]. Where do you eat lunch, Mei Ling?
Mei Ling: I usually bring a sandwich from home. I have so many classes! What with trying to study Korean and teach Chinese at the same time, I often don't have time to go to a cafeteria.
Masako: You really must be busy! Where do you eat your sandwich? I'd also like to bring a bag lunch.
Mei Ling: When the weather is nice, I eat outside on the lawn, or I just stay in the classroom and eat.
Masako: On my way to the campus bank last Friday, I ran into one of my professors. She treated me to lunch at the faculty dining hall. It had a nice atmosphere!
Mei Ling: I've gone there a few times with my faculty colleagues.
Masako: Can't students go there?
Mei Ling: It's O.K. if they go with a faculty member.
Min-ji: I'd like to go there one time with you!
Mei Ling: Fine. How about today?

Review

We are the newcomers!

We are the newcomers. We are the freshmen who entered Yonsei University's Language School this spring. We come from many countries [*lit.*, from east, west, south, north] around the world. Three students from America, three from England, two from China, four from Japan, and one from Southeast Asia; so we have six Westerners, seven Easterners [Asians], for a total of thirteen students in our class. We study Korean for four hours each day, Monday through Friday. Class meetings are from 9 AM until 1 PM. There are 200 hours of study in one semester, and two years are required for graduation. Exams are given twice a semester. Every week there are quizzes.

Students commute to and from school by bus or subway train. Occasionally, some students come by car. We are still not proficient in Korean, so there are many occasions for laughter during (each) class. We laugh when we pronounce words strangely, or when we cannot understand the instructor's question. Our classes are always interesting. The instructor for our class majored in Korean linguistics. She is both pretty and kind. And she does not assign lots of homework. Some students come to school every day because they want to meet with her.

Each day we learn "living Korean," so necessary for our lives. We try to use what we have learned at places like the cafeteria, bank, library, and bookstore.

"Hello!"

"How much is this?"

"Where is the South Gate [Namdaemun] market?"

Everywhere we go is our Korean classroom, and it is always Korean class time. Even the Koreans passing by Kwanghwa Gate in groups of two or three [*lit.*, threes and fives] are our teachers.

We are the newcomers studying Korean. We always have a pleasant time.

Lesson 6 On the highway

Min-u: You're a good driver!

Masako: Am I? [*lit.*, No!] I'm nervous, since it's my first time driving in Korea. Also, in Korea left and right are opposite (from Japan).

Min-u: What? Left and right are opposite?

Masako: In Japan, the driver's seat is on the right side.

Min-u: Really? Then be careful! Don't go too fast, just take your time and stay at around 70 kph. Watch carefully what's going on around [*lit.*, in front, behind, left, right] you!

Masako: You must be a good driver, Min-u.

Min-u: Me? The first time I came out onto the highway there were so many big, speeding automobiles, I was kind of scared. I'm more used to it now, though.

Masako: Southbound [*lit.*, down] traffic is heavy, but there's hardly any city-bound [*lit.*, up] traffic.

Min-u: It's always like that in the morning. In the afternoon it's the other way around, with lots of cars heading toward [*lit.*, going up to] Seoul.

Masako: It will take more than two hours to get to Taejŏn from here. Won't we be too late? After eleven o'clock the (exit and entrance) doors to the meeting will be closed.

Min-u: Don't worry. We have enough time.

Lesson 7 Min-u's family

There are six people in Min-u's family: his parents, an older brother, and a younger brother and sister. When he was six years old, Min-u's family immigrated to the United States. His parents live with Min-u's younger siblings in New York City, where they run a supermarket. His older brother goes to college in Boston; his younger sister will start college this fall. His younger brother will go to college in [*lit.*, after] three years. Min-u attends a university in Los Angeles, but is now in Seoul to learn Korean.

Min-u's grandparents live together with his uncle's family [*lit.*, father's elder brother's family] in a rural area (in Korea). The uncle has a large family with many children. Many of Min-u's other paternal relatives live elsewhere in the countryside. Many of his maternal relatives live in Pusan; but one of his aunts lives in Seoul with her children.

Min-u often misses his family, especially during holidays like Ch'usŏk [Korean Thanksgiving] and Sŏllal [New Year's Day], when parents and siblings get together. At such times, Min-u phones or writes to his parents in New York or to his older brother in Boston.

Lesson 8 Korean names

There is a saying, "Throw a stone from Mt. Nam, and it will fall on the head of somebody named Kim." There are so many Koreans named Kim that some foreigners have jokingly said that one out of three Koreans has that family name. The next most common family names are Yi and Pak. Also, Ch'oe and Chŏng are relatively common. On the other hand, Son, Ch'ŏn, An, Paek, and Chŏn are not common while the names Wang and Pang are very rare.

The Korean custom of naming a person differs from the Western custom. In the latter (Western) case, the given name is spoken first and the family name second. In Korea, the family name precedes the given name. For example, if a girl's family name is Kim and her given name is Kwang-mi, she is called Kim

Kwang-mi. The title *ssi* is usually attached to the full name when the person is addressed by strangers and co-workers, as in "Kim Kwang-mi *ssi*." But it is rude to use *ssi* when addressing a relative, an older person, or a superior in the workplace. To omit the given name and call someone by the family name plus *ssi*, as in "Kim-*ssi*," is usually a grave breach of etiquette, so we must be careful! Also, Koreans do not call older brothers and sisters by given names, but by titles like "big brother" or "big sister number three." Sometimes people use familiar terms like "brother" and "sister" [*ŏnni* and *nuna*] when addressing upperclassmen at school.

Foreigners may find Korean naming customs a little complicated, but the usages will become second nature to them as they learn more about Korean culture.

Lesson 9 Whom do I resemble?

Which parent do I more closely resemble? My paternal relatives [*lit.*, My father's home] say I take after my father. My mother's family says I look like my mother. One day when I was washing my face and hands, my (paternal) grandmother said to me, "You look so much like your father! [*lit.*, your ears, eyes, mouth, and nose look so much like your father's!]"

Then when I go to visit my maternal grandmother in Tongsŏmun, she says, "Our granddaughter's face looks just like her mother's! Her hands and feet (resemble her mother's), too" I laugh whenever that happens. Why? Because I am granddaughter to both grandmothers.

Family members look alike. In some families, the daughter takes after her father; in other families, the son takes after his mother. There are some families in which father and son look like brothers, others in which mother and daughter look like sisters. Sometimes grandparents and grandchildren resemble each other.

It is said that sometimes when one twin becomes tired or ill, the other twin starts feeling the same way. That shows how alike they are.

Parents love their children, and children love their parents. Therefore, their bodies like ears, eyes, mouth, nose, hands, and feet, and even their personalities, seem alike.

Lesson 10 Han'gŭl and Hancha

"The language of Korea is different from that of China, and their scripts [*muncha*] are not mutually intelligible. That is why, even if our foolish peasants have something to say, they often cannot express themselves in writing. Finding this situation pitiable, I have newly devised twenty-eight letters, that everyone may learn easily through daily practice."

These were the Great King Sejong's words to the peasants after he created the Han'gŭl writing system. The quotation expresses well the king's purpose in creating Han'gŭl some five hundred years ago.

There are many countries in the East and the West, but not many of them have their own (unique) writing system. Those that do are indebted to their ancestors.

Han'gŭl is a phonetic writing system. In it words are spelled according to their sounds. Such a system can represent almost any word in any language. Hancha, or Chinese characters, are ideographic symbols, each character with its own meaning. There are many Chinese characters, and learning them takes a lot of time. But students can read quite a number of characters after learning only a few rules [*lit.*, but, as for Chinese characters, you will know ten once you see one].

Review

1. A marriage interview

Today is the day my [*lit.*, our] older sister goes to have a face-to-face interview with a prospective husband. She got up early this morning, washed her hands and face, and carefully applied her make-up. Then she pulled out different outfits [*lit.*, this piece, then that piece of clothing] from her closet and tried them on, thereby spending the entire morning preparing to go out. My sister is pretty, with petite Asian features [*lit.*, small hands and feet], and she appeared especially nice today. My mom, who is going with my sister, seems younger than usual today, all dressed up in her Korean-style dress. As they warmly made their way out the front gate, they seemed more like two sisters than like mother and daughter.

As the time approached for my sister to have her marriage interview, I became very anxious. So I went to the hotel coffee shop where the meeting was taking place. At a distance, I saw my sister and mother sitting side by side by the window, their backs to me. Across from them sat a young man in excellent physical condition and a middle-aged woman who seemed to be his mother. I sat at a safe distance in a corner where I would not be seen, and looked carefully at the prospective groom. Employed at a computer company near Kwanghwa Gate, he had handsome features [*lit.*, ears, eyes, mouth, nose]. He seemed to be a good match for my sister, who was a Korean major at college, and who now teaches Korean at middle school. I do not know what my reserved and cautious sister thinks about him, but her facial expression indicates she likes him. It seems I may have a[n] (older) brother-in-law soon.

2. A visit to the ancestral gravesite

Hanshik fell on a Sunday this year, and my whole family went to visit the family gravesite. Perhaps because the weather was so fine, there was an unusually large number of cemetery visitors. As we approached the entrance to the cemetery park, the four-lane road became packed with cars. A white police car even came to help direct traffic. It was almost noon when we arrived at the cemetery park. It took us two hours longer than on other days.

First, we looked for the graves of my paternal grandparents. My parents set out the food that they had prepared, and then bowed (first) to the graves. Then my brother and I [*lit.*, we brothers] bowed. All around us at the cemetery [*lit.*, in front and behind, left and right, in four directions] over a hundred other people were bowing to graves. Next to us, a middle-aged woman was worshipping together with a ten-year old boy and girl who seemed like brother and sister.

After lunch we went around the cemetery. On every stone erected in the cemetery the names of the deceased were written in Chinese characters. I could read the names like Yi-*ssi* [Mr. Yi) and Pak-*ssi* [Mr. Pak) but the other characters were too difficult. I could have read them all if they were written in hangŭl! I once again thought of Great King Sejong, creator of the Korean alphabet, with gratitude.

When we arrived home late in the afternoon, I was pretty tired. But I felt satisfied that I had done my duty to my ancestors [*lit.*, as a descendant] by going to their graves and worshipping their spirits.

Lesson 11 Spring, summer, autumn, and winter in Korea

Korea has four distinct seasons. In the warm springtime, hundreds of flowers come into full bloom, and the trees and grass get greener every day. May, the most beautiful month of the year, is called "Queen of the Seasons."

Summers are humid with heavy rainfall. Grain and fruit ripen in the fields in summertime. In the hotter months of July and August, people go to the mountains and to the sea to refresh their tired minds and bodies. Those who enjoy traveling seek out nature despite the wetness [*lit.*, rain] of the rainy season.

In autumn, the sky seems high and blue, and the weather gets cooler. The maples on the mountains and in the fields take on dazzling, dye-like colors. Farmers work hard to harvest the rice crop flowing in waves of gold. In November, at the end of the harvest, all the beautiful maple leaves fall to the ground with the autumn wind. How lonely this makes us feel!

Winters are cold with lots of snow. January, the month in which *sohan* and *taehan* [seasonal divisions marking periods of intense cold] fall, is the coldest month of the year. Fortunately, *samhansaon* [*lit.,* cold for three days and warm for four days], makes it somewhat easier to endure the winter months. Recently, however, this is becoming less the case because of abnormal temperatures.

The mood of winter is best captured by the snow flowers. On the morning after a snowfall, we open our windows to see thin tree branches laden with white snow blossoms! Looking at the immaculate snow flowers, we may momentarily feel we are in a heavenly flower garden.

Lesson 12 On Cheju Island

To my dearest Uncle,

Uncle, how have you been? I am now writing this letter to you from Cheju Island. Because Cheju Island in the southernmost part of Korea, it is warm here even in wintertime. Also, there are many tourists all year long [*lit.*, in spring, summer, fall, winter] because of the island's pure air and natural beauty.

Yesterday I spent the whole day at the seaside, where the aquamarine sea and azure sky stretched out endlessly. Today I went to the arboretum. There were many tropical flowers and plants there that one cannot see in Seoul. Everyone especially enjoyed the beautiful blending of the red and gold flowers with the green tree leaves. On the way back from the arboretum, I purchased a "grandpa statue" [*tol-harubang*], for which the island is famous. *Tol-harubang* is an expression in the Cheju dialect meaning "a grandfather made of stone." The statues, made from black, porous volcanic rock, are found everywhere here.

Tomorrow I am going to climb Mt. Halla, the second tallest mountain in Korea. They say that on clear days the sea is visible in every direction from its peak. It looks like the weather will be fine again tomorrow, but who knows how it will change during my climb? Because Cheju is an island, one can enjoy both the mountain and the sea here.

Uncle, you once said that you would never forget the beautiful mountains and rivers of Korea. Korea is a country with such beautiful scenery [*lit.*, mountains and streams]! I would love to come again to Cheju Island with you. I'll close for today. Good-bye!

August 7, 2002

Min-ji
From Cheju Island

Lesson 13 Electric light and gaslight

Long ago, before electricity, people read books at night by the light of kerosene lamps. Before industrial development, not having electricity was not such a big inconvenience. Isn't the image of a wise man reading his book by gaslight nostalgic? But modern man has gotten so that he cannot last a day without electricity. Imagine a day without electric power. All businesses using computers would halt. Factory machines would not operate, and production would cease. Subways would stop running, and elevators in tall buildings would stop, and so on. Entire cities would be paralyzed!

Today it is necessary to have electricity everywhere, especially in hospitals, where patients receive medical care. Therefore, to prevent power outages, hospitals and laboratories are equipped with their own generators.

Last year my friends and I had the experience of observing a hydroelectric power plant. I was surprised at the plant's [extensive] scale. In addition to hydroelectric and conventional power [*lit.*, thermo-electric] plants, atomic power plants have also been around for a long time. Who can say what kinds of power plants there will be in the future?

Just as humans cannot survive without air, it has become difficult for modern man to live (a day) without electricity. But there are times when I feel like spending the night reading a book by the warm light of a gas lamp rather than under bright electric lights, just as one yearns for dim moonlight rather than the brilliant sun.

Lesson 14 Please be my go-between

Marriage is the biggest event governing [*lit.*, deciding left and right of] human life. Recently, the marriage problem facing farm youth has grown severe because young girls from farming villages [*lit.*, *ŭp*, *myŏn*, and *li*] are leaving their hometowns for big cities.

"Do you know what the hardest job in the world is? Farming! I don't want to live like my parents. What do they gain from living such difficult lives?"

What the girls think is that they do not want to live the life of a farmer's wife. Nor do parents want their children to live as farmers in rural areas. So some village farm boys go to the city looking for marriage prospects, get married there, and then return to the farm. Some even look outside Korea for a marriage partner.

Each year more families move to the big cities. It has even happened that some village schools have closed down.

Recently I saw a newspaper article that read, "Young girls of Sŏdaemun-gu [district] meet bachelors from a rural village in Kangwŏn-do [province]!" A businessman living in Yŏnhŭi-1-dong [Yŏnhŭi Village #1] in the Sŏdaemun-gu had invited young men from his native county [*lit.*, *gun*] in Kangwŏn-do to come to Seoul for face-to-face meetings with prospective brides. He clearly loves his hometown!

Please be a matchmaker for the country bachelors!

Lesson 15 He works at a broadcasting station

My eldest brother majored in mass communications in college. He now works at the Korean Broadcasting System (KBS), but he says as a student, his dream was to become a newspaper reporter. After joining KBS, he became a photojournalist. Both newspaper agencies and broadcasting companies are part of the media, so he has fulfilled his dream.

They say a lot of university students in recent years desire a career as a newspaper or broadcast reporter. They also say college juniors and seniors make a great fuss preparing for the test. Nowadays, (public) broadcasting are more popular than the newspapers, perhaps because the broadcast news is delivered faster and is more realistic.

My eldest brother is very busy. He works 365 days of the year and in all seasons without a day off. He goes to wherever the news is, whether in a *gun*, *ŭp*, *myŏn* or *li*. There is nowhere he will not go: city, countryside; east, west, south, and north—every direction! He does not even remember his own birthday, and has long forgotten the birthdays of his family members. Does he have a girlfriend? Of course not. He says he has no time to date!

Anyway, I think it's great that my eldest brother works at a broadcasting station. Thanks to him, I can meet popular celebrities and be the envy of my friends!

Review

My hometown

My hometown is a tiny farming village far to the south. I am now living at 402, Building 103, Lucky Apartments, Taehyŏn-dong [village], Sŏdaemun-gu [district], Seoul-shi [city]. But my birthplace is 943 Songgok-li [rural village], Teuknyang-myŏn [sub-county], Po-sŏng-gun [county], South Chŏlla-do [province]." Mine is a very small village, but it has beautiful natural scenery [*lit.*, mountains and rivers], and is famous for its kind-hearted inhabitants. There are no factories around the village, and the air there was always fresh. Near the village there is a hydroelectric plant, so the village has long been supplied with electric power, and so it was convenient to live there. Sometimes for school trips we would go see the electric plant instead of hiking.

Behind our village was a small mountain, a huge botanical garden that changed its appearance with every season [*lit.*, spring, summer, fall, winter]. After the early spring rains, when all life awakens from its winter slumber, the many-colored flowers looked lovely. In summer, the plant life [*lit.*, grasses and trees] looked as if it were painted a rich green. In fall, the mountains all seemed to burst into flames of red- and gold-colored maples. In winter, when snow covered the ground, the snow flowers blooming on the barren tree branches melted my frozen heart.

I lived in my hometown until my graduation from elementary school. Fields, mountains, rivers—the whole of nature—was our playground. The cows, pigs and chickens were our playmates. In wintertime, with its clear-cut cycle of three cold days and four warm days, we would roast sweet potatoes indoors on cold days, and play tops or marbles until sundown when the weather became warmer.

Last year the Korea Broadcasting Station featured [*lit.*, introduced] our village on television. The TV announcer mentioned that while nearly all farming villages are urbanizing these days, our village still preserved its beautiful natural scenery and village life [*lit.*, farming village] just as in the old days. A geomancer also explained about the excellence of our mountains and rivers. I was so grateful that they did such a great story about my hometown, which after all is only a sub-county.

Lesson 16 *P'ansori,* Korean traditional opera

I'm Steve, a diplomat at the American embassy. I enjoy *p'ansori,* or Korean opera. It is said to have developed after the mid-Chosŏn dynasty. Like Western opera, *p'ansori* expresses in song such themes as life and death, happiness and unhappiness, and romantic love.

But there are many differences between *p'ansori* and Western opera. To begin with, there is a difference in vocal quality. In contrast [*lit.*, opposition] to the voice of the opera singer, the *p'ansori* singer's voice is rough, hoarse, and often changes tone. Next, there is a difference in the characters. Western opera features numerous characters, but in *p'ansori,* only a singer and a percussionist who keeps time with a drum appear on the stage. Is it boring having only two performers? Not at all! Every time the singer changes pitch or rhythm [*lit.*, high, low, long and short sounds] during the performance, the drummer excites interest by striking his drum and shouting, "ŏl-ssu!" or "chot'a!" This is called *chuimsae*. Audience members also call out in this way at appropriate times during the performance, and help to enliven the atmosphere. The stage and the audience become one. There is no equivalent to this in Western opera.

Would you like to learn more about *p'ansori,* the opera of Korea? Or know more about how Koreans feel about life and death, happiness and sadness, and romantic love? If you do, come to Korea and see for yourself: *p'ansori* expresses human emotions using a variety of pitches and rhythms. No doubt if you hear it you will be deeply moved.

Lesson 17 *Yŏt*-candy on the school gate

Is there anyone who has never taken a test? All college students suffer because of midterms and final exams. This is as difficult for the professors who must make up the questions as it is for the students who must write out the answers.

There are two types of exam, subjective and objective. On objective tests, several possible answers are given for each question and the student must select the correct one. On subjective tests, in which students write their own opinions, they must know the intentions of the professor who composed the questions. Otherwise, they may give irrelevant answers [*lit.*, east question, west answer].

The college entrance exam is the ultimate test determining the course [*lit.*, leftand right] of one's life. The results of the exam are very important to high school seniors and their parents. Perhaps that is why, on the day of their child's entrance examination, some parents stick *yŏt*-candy on the school gate. *Yŏt*-candy is well known for its stickiness. To "붙다 [*put'a* 'to stick'] an exam" means the same thing as "pass an exam." Thus, attaching the sticky candy to the gate is parents' way of urging their children to pass the test.

All students hate exams. This is true in both the East and the West. School would be a pleasant place without exams. Will we ever have a world without them?

Lesson 18 The summit meeting

We often see and hear stories about summit meetings in newspapers and on public broadcasts. In summit meetings, top leaders from two countries meet, discuss common problems and exchange opinions. Sometimes leaders from many countries participate. Such is the case of the EEC summit meetings, in which chiefs of state from the EEC nations come together to have dialogues for their mutual development and interests. Of course each nation's leader respectively makes his own country's interests his top priority; but in order to compete with countries like the United States and Japan, the European nations cooperate as one body to achieve common development.

On June 13, 2000, a historical North-South [*lit.*, South-North] Korea summit meeting opened in P'yŏngyang between North and Sounth [*lit.*, South and North] Korea. A joint North-South [*lit.*, South-North] Korean declaration was issued on June 15. Included in that declaration were (the following issues): reconciliation and unification, the establishment of peace, reuniting of separated families, and economic cooperation and increases in cultural exchange.

Since the Korean War, there have been several Red Cross Talks between North and South [*lit.*, South and North], but this was the first instance of a summit meeting being held, so the mood of the entire country was a jubilant one. If such North-South talks continue, before long a peaceful (re)unification will be possible. But the most important thing now is the fact that the danger of war on the peninsula has vanished.

Lesson 19 What's your hobby?

Peter: Whats your hobby, Judy?

Judy: Listening to music. I also like traveling. You like exercise, don't you?

Peter: Yes, I like all kinds of exercise. I especially like tennis and mountain climbing. Last weekend I climbed Mt. Tobong.

Min-ji: Next time you go mountain climbing, let's go together. I'll take some neat photos for you.

Peter: Are you good at photography, Min-ji? Next Saturday, we're climbing Mt. Pukhan. Be sure to come! Mt. Pukhan is awesome!

Min-ji: What time? And where are you meeting?

Paul: Min-ji, did you forget about our reading club's trip to see a movie this Saturday?

Min-ji: Oh, I can't believe I forgot! I'll have to go mountain climbing another time.

Peter: OK, then. By the way, Paul, I thought you only liked ham radio [*lit.*, wireless communication]! When do you read books?

Paul: The members of the reading club communicate by radio, so I can enjoy two hobbies at once!

Lesson 20 My esteemed grandfather

My grandfather experienced many wars during his life. When he was a youngster attending a *sŏdang* [an old-time village school for Chinese classics], a war broke out in Chinese Manchuria. When he was a primary school student, there was a war between China and Japan. Afterwards, when he was a middle school [modern-day high school] student, World War II broke out. During that war my grandfather was graduated from middle school, and then went to China to study at Beijing University.

After completing his study abroad, he returned to Korea and was attending college there when Korea was liberated on August 15, 1945. But the joy of independence that the people longed for was only temporary, because of the outbreak of the Korean War on June 25, 1950. That war entirely extinguished peace on the Korean peninsula. It continued until 1953, when my grandfather completed graduate school. An armistice was reached in July of that year.

Even after the armistice, my grandfather had to worry day and night about his family's well-being at a time when food was scarce everywhere. Despite everything, my grandfather became a professor and poured a lot of energy into teaching. He was respected by his students. Of course, I, his grandson, respect him more than any other person in the world.

Review

A week before finals

Freshman finals are coming up in a week. They say the test problems will be half multiple choice [objective] and half written [subjective]. While objective questions require you to carefully select the correct answer, subjective questions require an understanding of everything you have learned. So both parts are equally difficult.

From elementary school through middle school, high school, and university, I have taken many exams. The university entrance examination seemed the hardest of them all. I studied from morning until night to pass it. Now I want to be free of all tests. I want the tests to be over and vacation to begin.

"Shall I stop studying and go see a movie?" I mumble to myself.

The movie *Life and Death* is very popular now. My favorite actor is playing the lead, which makes me want to see it even more. The lead character, who goes out to war as a radio commander, breathes his last atop a mountain just a half hour before the ceasefire. One half hour makes the difference between life and death! How sad! A drum is played for the scene's background music, and its pitch and rhythm is very moving.

I looked at my watch and saw it was already time for the news. I turned on the TV to have a short break.

"Today in Beijing, heads of state from the United States, China, Russia, etc. held a summit meeting. The leaders agreed to cooperate in bringing peace to their own countries and to the world."

Because the announcer was handsome, it was nice [*lit.*, nicer] listening to his voice. But the footage of the summit meeting shown on TV [monitor] was the same as that in the newspaper this morning. I turned off the TV and sat down at my desk again.

Lesson 21 The way of the *hwarang*

Youth is the hope and future on which a country depends. Educating youth is a very important task, and every nation pours its energies into it. Fifteen hundred years ago there existed in Shilla a system called "the way of the *hwarang*." The *hwarang* were superior youths selected from among young men all over the country, and the way of the *hwarang* strove to educate their whole being.

The *hwarang* underwent physical and spiritual training in famous mountains and fields throughout the country. Their education involved doing their utmost to preserve loyalty to their country and filial devotion to their parents. The *hwarang* showed a deep esteem for faithfulness and performed courageously on the battlefield.

The *hwarang* followed five main principles:

1. Loyalty to the state
2. Filial devotion to parents
3. Truthfulness between friends
4. Respect for living things
5. No retreat on the battlefield

The *hwarang* naturally later became outstanding workers for Shilla. This was the result of their education. This *hwarang* spirit has become a fountainhead of Korean culture [*lit.*, Korean life].

Lesson 22 Some interesting principles of Chinese characters

In China, each time a new word was needed a new character was made up for it. There were several basic principles observed in creating Chinese characters, which are briefly explained below.

First, characters were created by looking at the shapes of objects. Good examples are 日, 月, 火, 水, and 木: the character 日 is based on the shape of the sun, 月 on the moon, and 火, 水, and 木 on fire, water, and trees, respectively.

Characters were also made by adding a line or lines to an already existing character. Here are some examples: a vertical stroke 丨 was added to the horizontal stroke 一 to create the character 十 (ten); a horizontal stroke 一 was added to the top of 白 (white) to create 百 (hundred); and a diagonal stroke ノ was added to 十 (ten) to create 千 (thousand).

Characters could also be combined to create a new character. For example, 明 (brightness) is made up of 日 (sun) and 月 (moon). As the sun and the moon are sources of light [*lit.,* as the sun and the moon are light itself), 明 appears in words like 光明 (light), 明月 (bright moon), 明白 (clear), and 明示 (elucidation), all words associated with brightness.

When transcribing foreign words, characters were selected whose sounds were close to the foreign sounds. Coca-Cola is written 可口可樂. The characters themselves mean "good taste, good times." Just by using these characters, the Coca-Cola company has done some very effective advertising.

It is very useful to know the principles of Chinese characters, because doing so you can easily understand the meanings of thousands (and tens of thousands) of characters. Chinese characters are a truly interesting way of writing.

Lesson 23 Well begun is half done [*lit.*, The beginning is half the work]

Language is both spirit and culture. Understanding a language means understanding the country in which it is spoken.

Today's world has entered the era of the global village and the age of information. East and west are one, and north and south are no longer distinguishable from each another. Many people are taking the time to learn a foreign language. Korean, once a language some people wanted to learn, is now a language more people must learn. Naturally, more schools are offering instruction in the Korean language. This is a fortunate development.

Korea has a rich [*lit.*, deep] history. The same is true of its language and orthography. Perhaps that is why Korean is said to be one of the most difficult languages to learn. Western students particularly seem to think so. This is because its grammar and usage are different (from theirs), and because of the presence of honorifics and impolite [*lit.*, half] speech styles. But all foreign languages are difficult. No language can be learned in a short time.

There is a Korean proverb, "Well begun is half done," which means that once you have started a task, you have already halfway succeeded. It is the same with Korean. With a good teacher, hard effort, and faithful completion of homework, you will become good at it.

Lesson 24 From the world to Seoul

Seoul is the capital of Korea. It became the capital in 1392, at the beginning of the Chosŏn period, and has enjoyed a history of six hundred years.

During the Chosŏn period, Seoul's center was located north of the Han River. Today that center has grown to include areas south of the Han River. In the Great King Sejong's time the population of Seoul was 103,328, In 1988, the year of the Seoul Olympic Games, it was over 10,000,000. In terms of population, Seoul has risen to the first rank of the world's big cities.

Look at Seoul's traffic. We know that in Chosŏn times, people either walked or traveled on horseback. Small sailing vessels made up the city's river traffic. But transportation in present-day Seoul has developed at a dazzling rate; it includes a subway system and more than 2,000,000 automobiles, as well as airplanes and sailing vessels.

Seoul, the heart of Korea's government, economics, culture, and transportation, reflects both the old and the new age. Many citizens still visit the city's old Secret Garden and the Kyŏngbok, Tŏksu, and Changgyŏng palaces to experience the world of the long-ago dynasty.

Seoul is also famous for its many mountains. Mt. Nam is in the middle of Seoul and provides a recreation area for all of the city's citizens.

"The world to Seoul, Seoul to the world!"

Seoul welcomes you all.

Lesson 25 Why do you study?

There is hardly anyone in Korea who cannot read. Korea's illiteracy rate is perhaps the lowest in the world. The reason is because the Korean alphabet is a phonetic one, and it is therefore easy to learn. Koreans' zeal for education is also well known. Korean parents are very devoted to the education of their children, and they will do anything to promote it. A report from the Korea Education Development Institute (KEDI) stated that the educational objectives for boys and girls are different. It is an interesting report. Let's have a look.

"The number one objective for Korean parents educating sons is that their son(s) will find a good job in the future. The next important objectives are refinement of the son's personal character and culture, and development of his personal tastes and talents. They also want an education which will be useful in finding a wife. Objectives for girls, most people responded, emphasized personal character and degree of cultural refinement. Suitability for marriage and development of personal tastes and talents followed next in rank for girls."

And so it can be said that Korean parents want jobs for their sons and cultural refinement for their daughters. Man is reborn through education. For what purpose must we study? To decide this is the task of human life.

Review
Sightseeing in Seoul

1. Namdaemun market

Our teacher gave us a weekend assignment: to go around downtown Seoul, write down our impressions, and bring them to class. The goal was to use the

Korean we had learned.

I boarded the subway train at 10:00 on Saturday morning and went to Namdaemun market. Although it was still morning, masses of people crowded before the shops.

Sometimes I spotted foreigners. Looking at one of the foreigners, I could not tell whether he was a man or a woman. I practiced using honorific forms in Korean and purchased some items I needed. At first I was going out of my mind trying to remember word meanings and word order for sentences, and I could not understand what the shop owners said to me. But it became more interesting as I came to use vocabulary that I had learned.

When I was paying for some pairs of socks in different colors, the shop owner suddenly put one of the paper bills (I used to pay with) to his forehead. Surprised, I asked him why he did so.

"I do so because the market just opened [*kaeshi*], so that we will have good business all day." The shop owner spoke laughingly. I opened my dictionary and looked up the word *kaeshi*. *Kaeshi* is written in Chinese as 開市. It means "selling the first item after the market opens". You see, I learned something new about market culture in Korea!

2. Mt. Nam and the Insa-dong [Insa district]

Coming out of the market, I boarded a cable car and took it up Mt. Nam. Faraway, the Han River came into view. As they say, where there is a civilization, you will find a river. Seoul developed into a metropolis because of the Han River.

Seoul, for six hundred years since the Chosŏn dynasty, the capital!

Seoul, center for politics, economics, education, culture, and the arts!

Viewing Seoul from atop Mount Nam, one can see that it is a big city with old, modern, and contemporary characteristics.

In the afternoon, I went to the Insa-dong. Its streets are famous for their history and tradition. Because the weather was muggy, I walked around drinking cola, which is written 可口可樂 in Chinese characters. The Insa-dong was impressive, just as I'd been told. After sightseeing there, I bought a book entitled *The Way of the Hwarang of the Shilla Dynasty*, and then entered a traditional tea house. The way of the *hwarang* was the educational system used to cultivate the *hwarang*, the young men of Shilla. The *hwarang* learned loyalty, filial piety, courage, and duty. Before coming to Korea I was interested in the old educational systems of Korea, and I was very happy to have purchased the volume.

My friend in England has traveled to many countries, like many young people in the age of the global village. He will visit Korea during his upcoming vacation.

I want to provide him with lots of good information about Seoul.

"Well begun is half done" [*lit.*, the beginning is half the work]. After today, it seems I will be a better Korean speaker.

Lesson 26 The twin sisters next door

"Twin sisters top prestigious university's acceptance list!"

This was the title of an article in this morning's newspaper. Glancing at the photograph, I saw there the smiling faces of the twin girls who live next door. I read the article to my family in a loud voice.

"Twin sisters topped the list of candidates to the law and medical schools of a prestigious university. Since their middle school days, the sisters have competed for their school's top ranking, and have particularly excelled in Korean and mathematics. In the future, the older twin, Pak Yŏng-in, wishes to be an outstanding judge and make efforts to bring about a just society; her sister, Pak Yŏng-sin, wants to further her studies, and after obtaining her Ph.D. in medicine, to become a professor and teach students at her alma mater."

My father and mother, one a surgeon and the other a specialist in internal medicine at a university hospital, were very pleased [*lit.*, happier] about the excellent exam results of Yŏng-sin, who is close to my older sister. Mother congratulated the twins by telephone. To Yŏng-sin she emphasized that the art of medicine is the art of benevolence, and encouraged her to study hard. Yŏng-in and Yŏng-sin were busily accepting congratulatory phone calls from friends and relatives. They and everyone in their immediate family [*lit.*, their parents and siblings, not to mention themselves] seemed very happy.

Lesson 27 An honest boy

Long ago there lived a boy whose name was Honest. His personality was very direct. One day his father stole a goat from someone. The boy, knowing this fact, reported his father to the judge. The judge ordered a soldier to fetch the boy's father. The boy then said, "People who commit crimes must receive punishment. So I reported my father. Therefore, I am honest. But I must be filial to my father and mother. So I will bear the punishment in place of my father. So am I not filial? If you punish me you will be punishing an honest and filial son."

The judge, hearing the boy's forceful argument, ordered the soldier to release the boy's father. The peasants, knowing this fact, complained:

"Pshaw! He reported his father out of honesty?"

"He said he was acting as a filial son by accepting punishment for his father? Hmph! Talk about first giving the disease and then the medicine!"

Some of the peasants strongly asserted that the boy should be poisoned so that there would never again be another like him (to accuse his own father).

If you were the judge, what would you have done?

Lesson 28 What can my personality be?

This morning a newspaper article caught my attention. A certain university conducted a poll of its incoming students by department to assess their personality types. It found that there was a deep connection between the personalities of the students and their majors.

The article summarized the findings of the survey as follows [*lit.*, according to this survey]: "Literature majors tend to value their freedom. On the other hand, the poll showed that social science majors are strong leaders, and economics majors are very responsible. Students in the natural sciences are active in group situations, but have less confidence. Engineering students are relatively stable emotionally, but prefer to devote themselves to their studies alone, not participating in outside activities. Girl students have more commanding, positive relationships with others, as compared to boys."

Just as each face differs, so does each personality. Some people are independent and very responsible; some lack self-confidence and have negative attitudes. There are introverted personalities, extroverted personalities, energetic personalities [*lit.*, personalities that show enthusiasm in whatever they are do], and also personalities that show no interest in anything [*lit.*, all] (they are doing) as a group or as an individual. Some people must weigh issues for days before coming to a decision.

We cannot say that this personality is good, or that one is bad, because personality is [*lit.*, a kind of] an individual characteristic.

Lesson 29 Mr. Kim's business trip

These days, airplanes have become a familiar means of transportation [*lit.*, like hands and feet] to modern people. Both people from farming villages and those from the cities can easily use airplanes to travel. This is a result of an improved economy and comfortable living standards [*lit.*, stable lifestyle]. We feel keenly the saying, "Even rivers and the mountains change in the span of ten years."

Mr. Kim, who is going on a business trip to Cheju Island, (also) boarded a plane at Kimpo Airport. The airplane took off right on schedule. Flying over a sea of clouds, Mr. Kim felt as though he were a bird flying through a celestial paradise. He felt a desire to thank the Wright brothers, the inventors of the first airplane. Looking out from the plane to the ground below, he felt a closer affinity with the natural landscape [*lit.*, mountains, rivers, grass, and trees] and the rich green mountain fields.

After about half an hour, the blue sea appeared.

"The sea is vaster than the land! Our country is a peninsula surrounded on three sides by water. If we use that vast sea wisely, we can become the greatest maritime power in the world."

While he was thinking about this and that, the airplane landed at Cheju Airport. Flying was very convenient compared to traveling by land or sea. Scenic Cheju Island, island of dreams! Perhaps that is why the sound of the waves is so pleasant!

Lesson 30 The National image

People speak of a "national image." In the global village people think of a given country in terms of its national image.

A national image is formed by traditions, like history and culture, and by politics, economics, society, diplomacy, the arts, and sports. A national image has nothing to do with a country's power [*lit.*, whether strong or weak].

There are many examples of (representative) national images across the world [*lit.*, for the world's countries]. If there are some countries known for things like watches, soccer, and windmills, there are other countries that bring to mind famous buildings, composers, singers, and painters. Italian pizza and Japanese *sushi* are foods that have been "imaged" as (national) products.

What kind of national image can represent Korea?

Any number of things [*lit.*, countless things] might represent Korea, a country proud of its history and culture. The Han'gŭl alphabet created by the Great King Sejong; the Sŏkkulam on Mt. Toham in Kyŏngju; the turtle boat; celadon and white porcelains; some of the world's top artists; the *samullori* dance, performed with traditional percussion instruments; the cosmopolitan dishes *pulgogi* and *kimch'i*; *t'aekwŏndo*; *hanbok* [traditional Korean attire]; and so on. It is difficult to decide which is the most important [*lit.*, to determine their relative importance]. Determining as quickly as possible which one is easiest for the world's people to say and remember is the only remaining task.

Review

My friend Yi U-song

My friend Yi U-song is a navy doctor. He received his Ph.D. in Medicine last February, with a dissertation entitled *The Influence of Environmental Hormones on the Human Body*. It was surprising that he decided to join the navy: he is not physically strong and cannot swim. His older brother, a lawyer, served in the navy. But that is not why U-song enlisted.

From high school through university and graduate school, U-song was always at the top of his class. Some people [*lit.*, one part [of his acquaintances]] thought that with his doctorate he would teach medicine at his prestigious alma mater. They knew that the result would be a stable life for him.

But U-song is a special character. He has proven it countless times. He holds strong convictions [*lit.*, assertions], has a strong sense of responsibility, and is straightforward. He hates words like "command," "accusation," "crime," "punishment," and "group." He is introverted, honest, and is a doctor who loves the arts. An individualistic person, he often wears (Korean) traditional clothing. Be that as it may, he is a friend who does his best at everything, and he will do well in the navy.

One Saturday afternoon, I went to the airport and bought a plane ticket to Cheju Island. To visit U-song, traveling by air is more convenient than traveling by ship. I went around the airport shops looking for a graduation gift for him. I bought a water-resistant wristwatch.

The plane left the ground at 2:30. From the sky, I could see all of the mountains and fields of the peninsula at one glance. While I was reading an article about drug abuse [*lit.*, incorrect use and overuse], the plane was flying over the expansive sea. I was in a good mood as I was flying in the plane over the sea of clouds. An in-flight announcement said that we would soon arrive at our destination, Cheju Island.

Lesson 31 A boycott against buying

Recently some university student societies have been carrying out consumer boycotts of the stores located in front of the university, and the number of boycotting students is increasing daily. The reason is that these stores charge students, their main customers, higher than normal prices. Some merchants do not make their prices clear, charging different prices at different times. Sometimes they charge double the market price.

Food prices in university-front restaurants have also risen sharply. When students complain, the merchants make excuses, saying that there is nothing that can be done about rising costs. It is not untrue that general consumer prices have jumped over the past year, and the merchants are to be pitied.

Two years ago students organized protests demanding that scenic improvements be made to the area in front of the university. As a result, the streets were cleaned up, and many improvements were made in the quality of goods and services. It is now hoped that as a result of the resumed boycotts, prices will stabilize and services improve. But this boycotting must not be repeated as an annual event. If merchants do away with such bad [*lit.*, evil] habits as unfair pricing and low-quality service, and consumers refrain from extreme actions like boycotting, business can be carried on in a cheerier and brighter fashion.

Lesson 32 Neighborhood meetings

Tonight at eight o'clock we hosted a neighborhood meeting. After dinner, mother quickly prepared tea and fruit (for the guests).

In the past neighborhood meetings have not always been so energized, but recently citizens have begun taking an interest [*lit.*, voluntarily participating] in them to discuss and decide necessary, fundamental matters affecting the community [*lit.*, the communal life]. Today's topics for discussion are electing a head of the neighborhood association and beautifying the apartment grounds [*lit.*, environment].

In our apartment building, we select a new leader every three months to serve the interests of the residents. We do not have a special election system where people compete and a winner is decided; housewives with the necessary spare time take up the position of association head by turns. Today the lady next door was selected to be the new head. She said she had run for class leader every semester since elementary school, and had never been chosen. Everyone laughed out loud when she said that her becoming association head meant that she had "come up in the world."

Many items relating to the beautification of the apartment grounds were discussed. It was agreed that trash would be put out for collection on Mondays, Wednesdays, and Fridays, and sorted items for economizing and recycling on Tuesday evenings.

I think these neighborhood meetings are wonderful because they are democratic. In contemporary society, where neighbors rarely interact, if such neighborhood association meetings did not exist, residents would not have an opportunity to get to know [*lit.*, become closer to] one another.

Lesson 33 Founding day and alumni day

Tomorrow is [the anniversary of] our university's founding day. Balloons of different shapes and colors decorate the scene, and music fills the air [*lit.*, is heard in many places]. The entire school is in a festive mood. The time [*lit.*, season] happens to be May, and a wide variety of flowers bloom in the fine spring weather. Their scent perfumes the entire campus.

Today, the day before the university's anniversary, is Alumni Day. In different places graduates from different departments gather for alumni meetings. Some alumni have ridden for several hours on a train or bus to get here; others have come by airplane from abroad (to visit their alma mater). Among the group are men and women [*lit.*, grandmothers and grandfathers] in their seventies or eighties, and young people who graduated only this spring. Young and old, male and female [*lit.*, male and female, old and young], the alumni are pleased to witness how their alma mater has developed. They renew old ties [*lit.*, friendships] through their free [*lit.*, without any calculation] and heartfelt exchanges. They also hold musical and gymnastic events. The goal of these gatherings is not to win first prize, but to participate. More important (than winning) is coming together to rehearse, uniting as with one breath, and underscoring friendships. This is why alumni look forward to the university's anniversary each year.

Lesson 34 Private tutoring

For a long time [*lit.*, since a long time ago] extracurricular study has been a serious social problem in Korea. Expenses for extracurricular classes impose a great burden on households [*lit.*, due to the expense of private tutoring, the economic burden on households is great].

Students are damaging their health because of an overload of extracurricular courses. In some cases, students study for their extra courses until one or two in the morning. Naturally, studying day and night without adequate [*lit.*, sufficient] sleep is unhealthy. Not only the students' physical health but also their spiritual health suffers. Many students are so afraid of failing the college entrance exam that they worry excessively or suffer from insomnia. In serious cases, students show signs of mental illness, caused by anxiety.

We cannot say that extracurricular study is itself a negative thing. On the contrary, moderate amounts of these courses are desirable to help students with their deficiencies. But it is a problem when students take these courses without taking their own talent and ability into account, ruining their health and creating an economic burden on their families. You don't have to graduate from a top-ranking university to have success in life.

In the past, private tutoring was forbidden by law, but because of the strong educational zeal of students' parents, the law had no effect. A great task for our society is to create a system of education in which these courses are unnecessary.

Lesson 35 Stepping on fallen leaves

It is autumn. The sun's heat is fading, and the weather is neither hot nor cold. Before long, the mountains' maple trees will turn color, and the hands of industrious housewives will be busy making *kimch'i* and preparing winter clothes.

Autumn is the harvest season. It is the time when the farmer's year of sweat-filled labor yields bountiful results. On Chusŏk, Koreans make rice cakes using ingredients from the new crop, gather the year's fruit, and give thanks to their ancestors. Family members all sit together in one place and enjoy the year's harvest.

Autumn is also the season for reading. The weather is cooler than in summer, and the evenings are longer, suitable for both daytime and evening reading. In a season so good for increasing knowledge and deepening one's thoughts, it is also good to look back at the past in silence, or to stretch the wings of our dreams for the future.

Autumn is also called the season for a cup of tea. Try sitting face-to-face with a friend and enjoying a cup of tea near a window filled with sunshine while talking about the old days. Or take a stroll along a forest trail. While stepping on the fallen leaves, think about eternity, love, and friendship.

Review

1. Myongdong

Myongdong is situated in central Seoul. It is close to the city hall, and in the vicinity of the large department stores and the Namdaemun market. Items are somewhat expensive at the department stores, but they are of top quality; on the other hand, the Namdaemun market sells a variety of goods at cheap prices, and bustles with people day and night. Myongdong competes with the neighboring department stores and markets for young customers [young people] with everything from clothing stores, shoe stores and accessory boutiques, to restaurants and cafes.

Myongdong always overflows with energy. But present-day Myongdong differs in many ways from the Myongdong of the past. If before the streets of Myongdong were known for their universally admired [*lit.*, male and female, old and young] culture and arts, they can now be called streets for young people.

In the past, both men and women, regardless of age, would customarily meet their friends at Myongdong, where they might enjoy a musical performance, go around to art exhibitions, or see some theater. That is why people in their forties or over have a special affection for Myongdong. For them, it is like an eternal home for their memories [*lit.*, hearts].

As for Myongdong today, culture and art lovers have not been going to Myongdong for a long time now. Instead, the materialistic and money-minded young people of the new generation go to Myongdong to show off their health and youth.

2. Traveling by train

Traveling by train is more romantic than traveling by plane or by automobile. Also, trains are less expensive than airplanes, and safer than cars. For this reason, my uncle, who worked many years as a sailor, takes a train trip with his wife every year on their wedding anniversary. My father also uses the train when he goes to the countryside on business. At the end of last year, my whole family boarded a night train and went to a small fishing village on the eastern sea to watch the sun rise. Many people gather from all over the country on the first day of the new year to watch the red sun rise above the sea and to make New Year's wishes.

Train trips are romantic and safe, but they began to gain in popularity only a few years ago. When the National Railroad Administration developed a lot of tourist merchandise, actively carried out promotional campaigns, made the trains luxurious, and improved their overall appeal [*lit.*, environment], the trains became a huge success. It seems that system reforms such as computerized seating reservations, refunds at the service level, effective operation of restaurant cars, and so on, have played a big part [in this success]. On one hand, change in the Korean consciousness has played an important role in enabling these pleasant train journeys. But if the efforts of the government and the citizenry flag, this good system will go to ruin.

Train travel may be enjoyed in any season. In the spring, it is pleasant to ride in the train as it skirts the mountainous country roads where wildlilies and azaleas are in full bloom. In late autumn, there is something appealing about leaning against the train window and looking out at the mountains strewn with piles of fallen leaves. One's eyes are dazzled by the beautiful gathering dusk of summer. It is also a pleasure to sit in a moving train on a snowy winter morning, writing a postcard to an old friend.

Lesson 36 Happiness

Everyone seeks happiness. But what kind of man is a happy man? There is no ready answer to this question. Is a rich man with tens of billions of dollars happy? Will the president of a country or a great artist feel happy?

Here is a person who says without reservation that she is happy. Mrs. Kim Min-sŏn lives in a small, Korean-style house together with her mother- and father-in-law, her husband, and two children. In her difficult day-to-day life, obtaining necessities [*lit.,* clothes, food, and shelter] is not easy; in having to care for her parents-in-law, she has no time to rest [*lit.,* she is so busy she has no time to open her eyes and nostrils] during the day. But Mrs. Kim Min-sŏn's story does not stop there. At the end of last year, she opened her home to two elderly people in her neighborhood with no place to live. Still, she has never received any help from a service organization or from any other person. Because she has the health and ability to care for these elderly people, she says she is a blessed

As our consumption increases at a rapid pace [*lit.,* at a high speed], there are many young people today working hard to gain material happiness. In such times, the praiseworthy anecdote of Mrs. Kim Min-sŏn makes us reflect on the meaning of happiness.

Lesson 37 Increase in bus fare

Beginning tomorrow oil prices and bus fares will go up. Because the rise in oil prices is directly tied to our daily life, Koreans [*lit.,* people] are very sensitive to the increase. At present, our country does not produce even a drop of oil: we import all the oil we need. The price of oil in our country is directly determined by the price of crude oil and the U.S. dollar exchange rate. There are limitations to how much oil can be purchased in advance when oil prices are cheap.

The effect of the increase in bus fares on household economies is sizeable, because buses are a crucial source of transportation for [*lit.,* the feet of] the common people. The government explains that it can no longer ignore the financial difficulties the bus companies are having, and that it has given its approval for the price hike. That is fine. But even so, the news of the fare increase weighs heavily on our hearts.

As our standard of living improves, our rate [*lit.,* the volume] of oil consumption also increases very rapidly. Even in the countryside, fewer homes are using coal for heat. Every day more people are buying their own cars, which is the reason for the increase in the [*lit.,* size of the] oil consumption rate. Using the hike in the price of oil as an opportunity, we need to examine our lifestyle carefully. Right now [at this moment], we should not waste even a drop of oil [*lit.,* isn't there even a drop of oil being wasted?].

Lesson 38 The three principles and the five moral rules

Koreans have observed the three principles and the five moral rules in human relations since ancient times. The three principles are the three moral standards that form the basis of Confucian ideology. They address the principles to be observed between ruler and subject, parents and children, and husband and wife. The five moral rules make up the five principles that must be observed in human relationships: righteousness between king and subjects; love between parents and children [*lit.,* father and son]; moral distinction between husband and wife; the elder's precedence over the younger; and faithfulness between friends.

Broken down, the meanings are as follows:

1. The principle between king and subjects is righteousness.
2. The principle between father and son is intimacy.
3. The principle between husband and wife includes moral distinctions that may not be violated.

4. The principle between adult and child is regularity and order.
5. The principle between friends is trust.

People in many countries of the world hold as their dearest wish their country's entry into the ranks of advanced nations. Of course, becoming a first-ranking country by means of technology is important, as is becoming a great economic power. But the genuine path to becoming an advanced country is to build a sound society grounded in [*lit.*, on the basis of] common sense, by respecting social order and taking a serious view of morality and conscience. Morality and conscience are unique to human beings and are valuable spiritual possessions. We long to be an advanced country, but we must always look back and reflect upon whether our homes and our society are truly sound. The three principles and the five moral rules are not principles of a bygone age, but precious virtues that everyone should abide by in the future.

Lesson 39 The flag and the national anthem of Korea

When a victor emerges in a competition between countries, the winning country's national anthem is performed. On the television screen the Korean national flag is proudly raised, and as it moves up toward the top of the pole, the athletes, who have put in so much effort to win [*lit.*, to reach the summit], sing their national anthem.

Until the waters of the East Sea dry up and the Paekdu Mountains wear away,
God, please watch over our country. Hurrah!
Hibiscus flowers stretching over three thousand miles,
Our brilliant mountains and rivers—
Make the road to Korea safe [*lit.*, preserve Korea eternally] for the Korean people!

Newspapers, too, adorn their columns by making special mention of the event in a string of leading articles on the front page.

The *yin-yang* figure on the national flag symbolizes the universal principle of (natural) creation. The red at the top of the symbol denotes nobility and the *yang* principle; the blue at the bottom reveals hope and the *yin* principle. The trigrams on the four sides of the figure stand for universal nature [sky, earth, sun, moon], the four seasons [spring, summer, fall, winter], the four directions [*lit.*, east, west, south, north] and the four human principles [benevolence, righteousness, propriety, and wisdom]. Altogether, the national flag symbolizes peace, unity, creation, light, and eternity.

Lesson 40 The Korean foundation myth

Each country in the world has a myth about its origin [*lit.*, about the establishment of its country]. Most of the myths are stories including (both) the divine and the earthly worlds. Korea also has such a foundation myth, as follows.

Long ago, the Heavenly King Hwan-in had a son called Hwan-ung. Hwan-ung always showed more interest in the concerns of the earthly world than in those of the divine world. He desired eagerly to descend to earth and save humankind [*lit.*, the human world]. Knowing this, Hwan-in agreed to his son's request, and let him rule over the human domain. Hwan-in gave Hwan-ung three heavenly stamps showing his status of heavenly child, and said to him, "Take these with you. Be of service to all of the humans living there."

Hwan-ung, together with three thousand attendants, descended to a sacred grove on the top of Paekdu Mountain, and from there ruled all mankind. Assisted by P'ungbaek, the god of wind; Usa, the god of rain; and Unsa, the god of clouds, who all came down with Hwan-ung from heaven, men were able to begin agriculture.

One day, a bear and tiger, envious of the life the humans were leading, came to Hwan-ung and implored him to allowed them to become human. Hwan-ung gave them twenty pieces of garlic and a handful of mugwort, and told them if they ate these, and entirely avoided the light of the sun for one hundred days, they would become humans.

The two animals firmly made their promise and entered into a dark cave. This was the beginning of their ordeal. The tiger, king of the mountains, was more impatient than the bear. After only a few days he left the cave. The bear, which bore its difficulty to the end, became a lovely maiden, Ung-nyŏ, after three-sevens [weeks] (twenty-one days). Hwan-ung married Ung-nyŏ, and she bore a son (who became) the nation's founder, Tan'gun. Tan'gun founded a town at P'yŏngyang and established Old Chosŏn on the third day of the tenth month in 2333 B.C. This event is remembered today as a national holiday called Heaven-Opening Day.

Review

1. Sports day at elementary school

At the elementary school I attended as a child, there was a sports festival held every spring. Our school's motto was "knowledge, virtue, and physique," and the festival was the biggest event of the year.

Because our village did not celebrate any special feasts except weddings and sixtieth year birthday parties [*hwangap*], the sports festival was a celebration [*lit.*, feast] for the whole town. A few days before the event, the Korean national flag and flags of other countries would already be hanging up around the playground. The school's financial resources were meager, but the festival was always a splendid affair. The determined and kind-hearted villagers made a lot of special foods like rice cake and sweet steamed rice to share with others. On that day alone, the adults tolerated (nearly all of the) children's jokes and requests that were normally not permitted. Some children pleaded with their parents and got new tennis shoes (to wear to the festival).

Because our school was a one-story building, there weren't many shady spots on the playground, and at midday the sun was hot. From early morning the villagers would rush to claim spaces in the shade of the large tree they called "the sacred tree." When the festival started, they cried out "Win, blue team, win!" "Win, white team, win!" and let out a "Hurrah!" when their team was victorious.

Even today when I feel sad, I see in my mind's eye those elementary school sports festivals. I hope that they will continue to be held just as they were held then.

2. Ung-i and Hwan-i

I have two nephews who attend middle school. Even though they are siblings, their personalities are completely opposite. Ung-i, the eldest, is very polite and is rarely scolded by others. He finishes everything he starts, but his pace is slow. An idealist, Ung-i dreams of becoming a great writer. He fills his notebook pages with poetry and stories [*lit.*, novels]. He has a practical sense, too; he sometimes entertains the neighbor kids by telling them the Tan'gun myth or the story about the woodsman and the fairy. He explains to them the meanings of difficult Chinese phrases like "the relations of sovereign and subject," or "trust between friends." Ung-i wants to attend a foreign-language high school, and he recently sent in his application.

Hwan-i, the younger (nephew), is somewhat more rash than his brother. But he enjoys good health, is honest, and is especially sympathetic toward others. He wept while listening to a story about mine workers digging for coal in deep caves. He always shows consideration for others and has a spirit of service. He often makes mistakes, but is quick to reflect on them. Last spring, when the government announced a raise in taxi fares, Hwan-i became all worked up, saying that our country, which does not produce a drop of oil, spent billions of *won* on excessive purchases of petroleum. He has also criticized people who live luxurious lives while many families can barely afford clothing, food, and shelter. Hwan-i, who hates memorizing English words, has from his youngest years liked to handle machinery. He has said he wants to be an engineer. He sings well, and also wants to become a (professional) singer.

Ung-i and Hwan-i get along well as brothers, but sometimes they get into arguments on the roof of their house. I love my nephews more than anything else in the world.

Appendix 3 漢字 찾아보기

About the Authors

Choon-Hak Cho is the holder of B.A. and M.A. degrees in English from Seoul National University, and also of an M.A. in English as a second language and a Ph.D. in linguistics from the University of Hawai'i. He taught English and linguistics at Seoul National University from 1967 to 1999 and Korean as a visiting professor at the University of Hawai'i from 1999 to 2001. He has served as director of Seoul National University's Language Research Institute and as president of the International Association for Korean Language Education. His publications include *A Study of Korean Pragmatics: Deixis and Politeness* (Seoul: Hanshin, 1982) and "Redundant Expressions in Korean and Teaching of Chinese Characters" (1995). He is now a professor emeritus of Seoul National University.

Yeon-ja Sohn, who received B.A. and M.A. degrees in Korean language and literature from Ewha Womans University, is an instructor at the Yonsei University Korean Language Institute, where she has taught Korean since 1969. She is the author of *Reading Textbook for Level 6 Students* (Yonsei, 1971), *Korean3* (Yonsei, 1992), and *Practical Chinese Characters for Foreigners* (Daiil, 1991). She is also the co-author of *Method and Practice of Korean Education for Foreigners* (Open University, 1999) and is a well-known writer of children's stories.

Heisoon Yang holds B.A. and M.A. degrees in English from Ewha Womans University, as well as a Ph.D. in English linguistics from Seoul National University. She is currently a professor of English linguistics and language pedagogy at Ewha Womans University, has taught Korean at several universities in Korea, and has been a visiting scholar to University of Hawai'i. She is the co-author of *Korean Proficiency Guidelines* (University of Hawai'i, 1994), *Speak Up* (Hyundai English, 1997), and has written several research papers on comparative studies of Korean and English.